中国考古百问

刘文锁——主编

中华书局

图书在版编目（CIP）数据

中国考古百问/刘文锁主编. —北京：中华书局，2024.10
ISBN 978-7-101-16521-0

Ⅰ.中…　Ⅱ.刘…　Ⅲ.考古发现–中国–问题解答
Ⅳ.K87-44

中国国家版本馆 CIP 数据核字（2024）第 027045 号

书　　名	中国考古百问
主　　编	刘文锁
责任编辑	董邦冠
装帧设计	周　玉
责任印制	陈丽娜
出版发行	中华书局
	（北京市丰台区太平桥西里 38 号　100073）
	http://www.zhbc.com.cn
	E-mail：zhbc@zhbc.com.cn
印　　刷	北京盛通印刷股份有限公司
版　　次	2024 年 10 月第 1 版
	2024 年 10 月第 1 次印刷
规　　格	开本/710×1000 毫米　1/16
	印张 36　字数 460 千字
印　　数	1-4000 册
国际书号	ISBN 978-7-101-16521-0
定　　价	148.00 元

《中国考古百问》编委会

主　编　刘文锁

编　委　孙国平　　周繁文　　杨石霞　　王子奇

　　　　冯筱媛　　王泽祥　　曹叶安青　丁曼玉

目　录

考古是什么

刘文锁

　　我们在少年时都梦想过探险和发现宝藏，这源于人的天性。也许长大后会觉得这是心智的不成熟，非非之想，于是就把梦想舍弃了。如果有人愿意坚持少年的梦想，他（她）的一生会是什么样子呢？无论如何，有梦想的人生终究是美好的。少年的探险梦想激励着人的心志，让他（她）总想去突破有限，发现身心之外的世界的秘密。

　　人的探险天性中，还有着对人类过去和未来的求知欲。这也是哲学的终极命题——"我是谁？""我从哪里来？"人类最古老的知识——历史和哲学，就蕴含在我们的天性中。

　　考古学就是从人类的探险和发现宝藏的欲望中发展出的一门学科。它生而带着这一副神奇的面谱。从前有人说，考古是"探险英雄的学科"，考古学家就是探险家和发现宝藏的人。甚至有人把考古和古董收藏、挖宝、盗墓、神秘存在等牵涉在一起……这些都是对考古学的浪漫想象。真实的考古学是什么样的呢？

　　为着这样的目的，我们发心为这门带有传奇色彩的、古老又年轻的学科描画出一幅真容，向那些对考古学和古代生活好奇的人们讲述我们所知道的"考古故事"。这本书就这样写出来了，里面包含了"考古是什么""怎样做考古"等基本问题，也包含了这门学科里最有魅力的内容，即考古学发现了什么样的古代中国。

　　但是，要把"考古"的和"考古学"的往事——尤其是考古发现的古代中国，变成文字讲述出来，是一件不容易的事。怎么说呢？首先，要回答"考古是什么"的问题，就是一件复杂的事情，牵涉到从"考古"到"考古学"的嬗变，需要对"考古"本身也进行考古。

原来，"考古"这个名词和概念也是一个"古董"。它本是宋代的金石学家发明的，就是号称"关中四吕"之一的吕大临在《考古图》中的发明，现代人在翻译英语的 archaeology 时，借用了这个概念。很多人误会"考古学"就是金石学，就是这个缘故。实际上，现代考古学和金石学既有着深长的因缘，也有着泾渭分明的区别。

以发现、收藏古物为目的的"考古"，是从古代士大夫的借古讽今开始的，有人把孔子、吕不韦都看成是"考古家"，说的就是这个意思。孔子曾说："我非生而知之者，好古，敏以求之者也。"（《论语·述而》）这个"古"，有人就解释为"古代的东西"，原来孔子是从中去探求知识的。这些古代的东西，包含了先人留下的古物，也包含了可以传承的礼仪、文化。

古物里隐含着先人的信息，也隐含着历史的"密码"。士大夫"好古"、收藏古董的风习延绵不绝，后来发展出了金石学、古物学之类的学问。这些都是精英文化，传播到民间就是古董收藏风。

把这种人人都可以参与的"考古"变成"考古学"，是近代科学体系兴起以后的事。当年，号称"中国考古学之父"的李济，在向公众解释考古学与金石学、古物学的关系时，就用现代化学和古代炼丹术做比喻：近代科学是从古代知识中发展而来的，但它们是两回事。

对大众来讲，"怎样做考古"可能也是感兴趣的话题。从地下或不为人知的隐秘地方发掘出古物，这种事本身就带有神秘性。考古学依靠的是一套科学的作业方式和科学的技术支持，这是与盗墓、挖宝泾渭分明的。虽然，考古学家不屑于盗墓、挖宝的勾当，但中国考古学的工具中保留了"洛阳铲"这种大名鼎鼎的盗墓工具，这一点看上去还是匪夷所思。

现在，考古学正在变成一个越来越庞大的知识体系，使得这门本来就牵涉很广、很有情趣的学科，变成了科技界的"宠儿"。试想一想，现在考古学还与哪门现代学科没有关系呢？从地学、环境到天文，从陆上、空中到水下，从艺术、宗教到 DNA、同位素……为了揭秘古人生活的方方面面，保护珍贵的文化遗产，所有的现代知识和技术手段都用上了。今天，人们甚至开始谈论起了 AI（人工智能）考古。

21 世纪的考古学被赋予了新的使命，需要满足公众对于古代的好奇心。我们生活的这个时代，是人类历史上一个全新的时代，从思想情感、知识体系到生活方式，与过去的一切是那样不同。也许是因为向着未来走得太快了，人们需要停下来喘息，需要在静夜里沉思：我们是怎样从过去走到今天的。

考古学就是人类群体对于自身历史追寻和发问，并且用尽方法去解答的学科。可能，仅是这样的解说还不够，因为有不少学科都是涉及人类过去的；考古学的学科特色，就是通过探察过去的物质文化遗产，来追寻人类的历史。而考古学的特别技艺，就是作为考古学家"看家本领"的田野调查与发掘，正是它们把考古学跟探险、发现宝藏牵扯在了一起。

古代的文化遗产真是太丰富了，从数百万年前的旧石器时代的人类化石、石器、洞穴遗址，到明清时期的帝陵陵园、瓷器、沉船遗址；从地下埋藏的城市废墟、墓葬，到地上遗存的石窟、寺院、万里长城，古代的一切物质遗存，都是考古学探察的对象。"上穷碧落下黄泉，动手动脚找东西"，就是考古学的写照。

一个多世纪以来，中国考古学取得了一系列的重大发现。为了使读者了解中国考古学的全貌，我们精选了迄今为止中国考古学的重要发现，把它们分作七个话题来介绍，即：何以为居：古代聚落与城市考古；地下世界：古代墓葬考古；特种考古；石窟考古；技术与文明；古代文化；丝绸之路：在中国发现世界。

每个话题都通过一些设计的问题来展现。譬如"何以为居：古代聚落与城市考古"，是根据考古发现的各种居住的遗址、遗迹，解释我们的祖先是如何从旧石器时代的穴居和聚落，一步步走向辉煌的都市文明的。另一个话题"地下世界：古代墓葬考古"，则是告诉人们，在历史长河中的古人是如何面对死亡的。上述两个方面，是考古学主要的工作对象。

考古学中引人入胜的，是一些特种形式的考古：在江河湖海的水下探察古代的城镇、村落或港口、沉船，在"死亡之海"的沙漠探察城市、村落、道路的废墟；或者利用航空器材进行考古勘查，利用计算机技术进行模拟考古……水下考古和沙漠考古为考古学赋予了探险色彩，而航空考古和计算机考古则给考古学披上了科技的外衣。

其他几个话题中，"石窟考古"讲述了中国最负盛名的石窟寺遗址——莫高窟、云冈石窟、龙门石窟、麦积山石窟以及龟兹石窟的考古发现。"技术与文明"是根据考古发现，讲述从最古老的"旧石器"——打制石器，到"五谷""六畜"的驯育技艺，直至丝绸、青铜、纸张、瓷器、印刷以及粘土建筑等技术的发明创造。至于那些文字、书籍、绘画、雕塑等的考古故事，我们把它们置入"古代文化"的话题之中。

最后，是关于古代中国与世界的话题"丝绸之路：在中国发现世界"。正是考古学发现了丝绸之路，并且随着考古新发现不断丰富着丝绸之路的内容。通过这些发现，我们看到了祖先的聪明才智，看到他们对人类做出的贡献，以及他们是如何拥抱世界的。

这本书就写了这些东西。当设计和写作这本书时，我们常常想，怎样才能与读者沟通呢？仅仅靠文字还不够，考古学是一门重视亲历和感性认识的学科，要有"现场感"。可惜我们不能邀请读者到每一个遗址去观摩，只能靠一些图片来辅助文字的解说。这样做，并非是把这本书做成插图本或画本，而是为了读者在阅读文字时，为他们的想象找到着落。

这本书的主要作者，都是正当年华的考古学才俊。他们既深悉学科的奥秘，也愿意为读者着想。但是，在付诸努力之后，我们的学力和文字能力还是太有限了。毋须说，书中的缺陷、讹误恐怕不在少数，唯有祈求读者明鉴和指点，以便我们完善。

最后，我们想起考古学的未来命运。不知不觉间，我们已开始进入人工智能和星际旅行的时代。像考古这样专门与过去、与古物为伍的学科，它未来的价值是什么呢？作为作者和从业者，我们需要想得多一点，想得更远一些。

本书的作者根据自己的所学专长，分别撰写了下述各章的有关篇目。

中山大学人类学系教授刘文锁：第三、第四、第五、第七、第八、第九章；浙江省文物考古研究所研究馆员孙国平：第三、第七、第八章；中山大学人类学系副教授周繁文：第三、第四、第五、第七、第八章；中国科学院古脊椎动物与古人类研究所青年研究员杨石霞：第三、第七章；中国人民大学历史学院副教授王子奇：第三、第四、第七、第八章；南越王博物院（西汉南越国史研究中心）研究部冯筱媛：第三、第四、第七、第八、第九章；中央民族大学民族学与社会学学院讲师王泽祥：第一、第二、第三、第六、第七、第八章；中山大学人类学系博士生曹叶安青：第三、第四、第七、第八、第九章；中山大学人类学系博士生丁曼玉：第二、第四、第五、第六、第七章。

中山大学人类学系的硕士生梁蕙心、孙淑婷同学参与了部分篇目的编写。衷心感谢所有为本书提供图片的同仁、友人！

二零二四年三月

一、考古是什么

1. 考古是探险吗

在人们的想象中，考古学家是一群探险者，在深山密林、荒原大漠中寻找古代宝藏。他们带着装备，深入古城、荒冢，探索秘境。1900 年开启的楼兰故城探险以及敦煌莫高窟神秘"藏经洞"的发现，为这种想象提供了素材。

现实中的考古却没有这么传奇。真实的考古学是什么样的？让我们一同走进考古工作者的日常中。

考古学，是一门研究古代人类历史文化的学科。但千万年前的古人早已逝去，我们要想了解他们的生活，就必须依赖他们所留下的痕迹与物品。

其中，古人留下来的痕迹被考古学家称作"遗迹"，比如他们居住的房屋、举行宗教活动的寺庙、耕种的农田、死后的墓葬，甚至倾倒垃圾的坑等等。而有大量遗迹聚集的区域就被称为"遗址"，比如著名的殷墟遗址，便是商代人的首都，商人在那里留下了城市、房屋、作坊、墓葬等各种各样的遗迹。

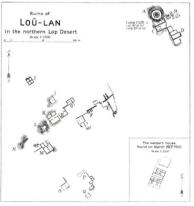

斯文·赫定发现的楼兰故城遗址（采自斯
文·赫定《中亚科考报告（1899—1902）》）

古人制造、使用的物品被称为"遗物",比如劳动用的工具、饮食用的锅碗等等。遗迹和遗物是考古学研究的主要对象,是古人在当代的"发言人",它们记录了古人的信息,可以替古人讲述他们的生活。

既然如此,如何发现遗迹、遗物便成了考古工作者的主要任务之一。考古学家一般通过考古调查、勘探和发掘来发现遗址、遗迹和遗物。在一些文学作品中,获取古代遗物的过程十分神秘与传奇,甚至要破解各种各样的机关,但现实中的考古却没有这么多的浪漫色彩。

考古学中有句名言:"上穷碧落下黄泉,动手动脚找东西。"说的就是考古学的基本方法和学科特点。考古调查就是通过访问和实地考察的方式,对可能存在古代遗址的地区进行摸底,为开展进一步的考古发掘和研究提供基础。

考古调查最主要的方式是踏勘,通俗地讲,即是用双脚走遍调查区域的每一寸土地,观察现场,收集地表散落的陶片等遗物。通过这些残存在地面上的蛛丝马迹,就可以判断地下埋藏的大致是什么,它们可能的位置和年代。

对一些重要遗址来说,地面踏勘是不足以提供足够信息来呈现古人的生活的,因此就需要对重点区域开展考古勘探。此时,鼎鼎大名的"洛阳铲"就登场了。这是在洛阳地区发明的一种钻探工具,据说其"前世"是盗墓者的工具,考古工作者把它改良了,用来钻探地表下的土层。

在有着黏土沉积的平原地带,洛阳铲发挥了神奇的作用。经过不断的改良,洛阳铲已成为低成本、高效率的考古利器。通过对铲头带上来的各种土壤的分析,经验丰富的考古工作者可以判断出地下遗存的位置、形状、内容等信息。

除了用洛阳铲勘探外,现代考古学还运用探地雷达、磁力仪等现代仪器对地下遗存的情况进行了解,以无损的方法获取更加详细准确的信息。

考古调查

除了主动的调查和勘探外，现代人类活动也会意外发现很多古代遗迹，例如 1974 年陕西临潼村民在打井时发现了很多破碎的陶俑残片，促成了举世闻名的秦始皇陵兵马俑的大发现。

遗址被发现后，考古工作者会根据遗址的保存情况、重要程度，对其中一部分进行考古发掘。发掘是遵照科学的方法将地层打开，以揭示埋藏的遗迹、获取文物，以及发现各种古代留存的信息。这个方法就是探方发掘法和考古地层学方法。这使得考古学成为科学活动，而非"挖宝"。

　　现代考古学的发掘活动，还进化到为地下文物的保护和展示（修建遗址博物馆、考古公园等）提供基础。上述目的决定了考古发掘的过程必须十分细致，对各种遗迹、遗物的原始位置、人类或动物的遗骸、破碎的陶片，甚至土壤中包含的动植物等，都要给予揭示和记录，尽可能地保护不可移动的遗迹，采集可移动的文物和自然样品。一些重要的遗迹、遗物，还会采取整体搬运的方式，运到实验室中进行精细发掘。

　　另外，通过考古调查、勘探和发掘所发现的遗迹遗物，大多数都是残缺和破碎的，比如被盗掘的墓葬、仅剩基础的房屋、残破的陶瓷器等。对

洛阳铲，考古勘探的利器

殷墟发现的甲骨

这些"文明的碎片"进行观察和分析，重建古人的社会生活和文化，便是考古学的又一项任务。这也是考古发掘的主要目的。

遗迹、遗物和样品的分析，随着考古学和科技的进步，日益成为一项精细、复杂的工作。早期的考古学从金石学、古物学中脱胎，重视文字遗物（如碑铭、文书等）和美术品的获取与研究。1928 年开始的殷墟考古发掘，就是被甲骨文的发现催生的。

今天的考古学早已采取了全面采集和多学科参与的方式，考古学的分析方法和手段日臻完善。既然考古学的目的是探察被埋藏的古人及其文化，而这些内容包括了古代的方方面面，因此，大多数学科都可以参与到考古学的研究当中。

对实物的认知是考古学者的拿手本领，他们最擅长的是对那些日常生活器物的考察和研究，尤其是陶瓷器、石器、青铜器、铁器等。陶瓷器是古代主要器物之一，在大多数考古遗址中，都可以发现数量众多的陶瓷器或碎片。在旁人看来，这些陶瓷片其貌不扬，毫无价值；但在考古工作者眼中，陶瓷片却是古人留下的重要"宝藏"。

考古学上习称的"摸陶片"，指的是研究陶瓷器的类型、形状和制法（专业术语叫"形制"）、功能和用途，以及陶瓷器的演变过程等，可以在一定程度上复原古代人群的族属、生活的年代、地域以及生活方式等，可以说，陶瓷器就是考古工作者认识古代人类的一把"钥匙"。

除常规的研究方法，对采集和出土的各种遗物、遗骸、样本等进行分析时，考古工作者还会结合历史学、古文字学、艺术史学、人类学、古生物学、测绘学等，以及从各种高新科技中发展出的科技考古（如放射性碳素测年、同位素考古、分子考古等）、实验考古和计算机模拟考古，将浩如烟海的"碎片"拼对成真实的历史图景。相较于考古发掘，考古研究的过

整理出土陶瓷器

程往往是漫长的。

　　所以说，考古学是一项充满发现与惊喜的学科，但并非探险。它没有那么明显的传奇色彩，取而代之的是田野的坚守、室内的研究、实验室里的分析等。考古工作者通过遗迹遗物与古人对话，用无数"碎片"与"片段"唤醒国家和民族的记忆。

2. 考古学是如何出现的

　　在中国，考古学是一门既古老又年轻的学科。说它古老，是因为早在1000多年前的宋代，考古学的前身——金石学就已经诞生。说它年轻，是因为现代田野考古学来到中国才刚刚一百年。

　　金石学，顾名思义是一门研究"金"和"石"的学问。这里的"金"指"吉金"，也就是青铜器，"石"则是指古代石刻。不难看出，金石学所关注的对象往往是有文字的古代物品，通过收集、研究、考订古代文物上的文字，获取关于古代历史的更多信息，以达到证实、订正、补充史书记载的目的。

我们现在熟知的"考古"一词，就是来自北宋年间吕大临所编撰的金石学著作《考古图》。有趣的是，在 2009 年，考古学家发掘了位于陕西蓝田县的吕氏家族墓地，其中就有吕大临的墓葬。

起源于宋代的金石学，在经历了元、明两代的低谷后，到清代又发展为古物学。古物学研究的文物，也从青铜器、石刻等少量品类，扩大到了玉器、造像、画像石、墓志、铜镜、印玺、封泥、简牍、甲骨等各类文物。可以说，只要是有字的文物，统统被纳入古物学家的视域中了。

这时期涌现了一批大名鼎鼎的古物学家。与纪昀一起号称"南钱北

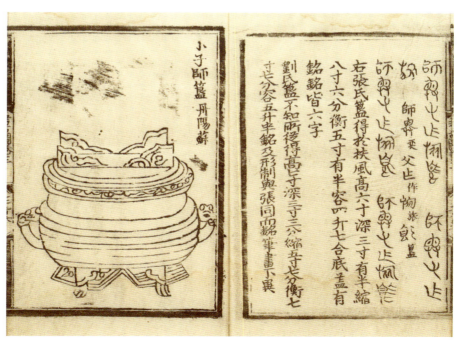

（北宋）吕大临《考古图》书影

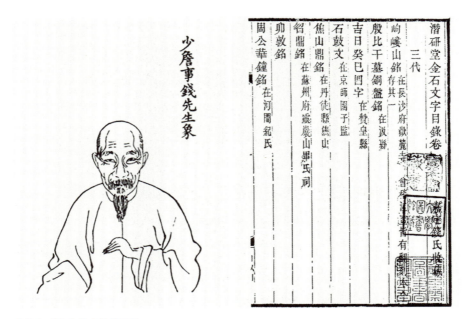

清钱大昕像及其古物学著作

纪"的钱大昕，以藏书和渊博学问著称。在收藏之余，撰写了八卷的《潜研堂金石文字目录》。"潜研堂"是他的一处书房的名号。

对古物的追求与对未知历史的好奇是全人类共有的特征。在中国金石学蓬勃发展的同时，西方也产生了类似的古物学。在 14 世纪的文艺复兴时代，欧洲人就开始了对古希腊、古罗马雕刻和铭刻的收集，后来他们的收集对象又扩大到了两河流域、埃及等古代文明古国的文物。

到了 18 至 19 世纪，仅仅收集传世文物已经无法满足人们的好奇心了，欧美人开始对古代遗址进行发掘以获取文物。后来成为美国总统的托马斯·杰斐逊在 1784 年对美国弗吉尼亚一座土墩墓进行了发掘。在这次发掘工作中，杰斐逊识别出了不同的地层。这次发掘也被西方学者认为是考古学史上最早的科学发掘。

随着发掘和研究的深入，人们所探求的历史越来越早，逐渐超越了文

法国人在埃及搜寻到的古物罗塞塔石碑

字出现的年代，进入史前时代。但失去了文字证据，史前时代的年代问题就显得扑朔迷离，直到1819年，丹麦人汤姆森提出了划时代的三期说，即人类使用工具和武器的材质依次为石器、铜器、铁器，通过文物的材质就可以大致判断其年代，这也奠定了史前考古的研究基础。在这些基础上，科学发掘方法和年代分期方法逐渐完善，现代考古学也由此诞生。

中国现代考古学有两个来源：传统的金石学—古物学以及西方田野考古学。20世纪初，随着"西学东渐"和中国现代科学体系的创建，田野考古学被引介到中国。这一时期，大量重要遗址和文物重现于世，其中就包括殷墟甲骨、敦煌藏经洞文书、西北汉晋简牍、北京猿人头骨等，每一项发现都震动国内外学界。也是从这一时期开始，我国政府和学者认识到考古学在研究中国古史和中国文明中的关键作用。

1921 年，当时受雇于北洋政府的瑞典地质学家安特生，在河南渑池县仰韶村发现了一处中国远古时代的遗址，后经中国政府批准对该遗址进行了考古发掘。这处遗址便是著名的仰韶遗址，这次发掘也被认为是中国现代考古学的开端。

在此之后，中国的考古学术机构纷纷成立，如北京大学国学门考古学研究室、清华大学国学科、中央研究院历史语言研究所考古组等，开展了中国人自己的考古发掘。如 1926 年清华大学李济发掘山西夏县西阴村遗址、1928 年中央研究院开始河南安阳殷墟考古发掘……现代考古学就此在中国这片古老的土地上落地生根，辉煌的古代中国文明被一铲铲揭开神秘面纱。

我们不难发现，现代考古学与金石学、古物学的区别主要有三点：一是现代考古学通过完善、科学的发掘、调查方法获取遗址遗物资料，而金石学、古物学则局限于收集传世文物；二是现代考古学的研究目标是复原古代社会，而后两者是证补古代文献的记载；三是现代考古学在研究时代上可以囊括古代人类的任何时期，包括没有文字记载的史前时代，而后者则只能研究有文字记载的历史时期。"中国考古学之父"李济曾这样评价金石学与考古学的关系："（两者如同）炼丹学之与现代化学，采药学之与现代植物学。"

虽然现代考古学与金石学之间存在诸多差异，但金石学仍然是中国现代考古学的重要基石：在中国考古学草创阶段，王国维、罗振玉、马衡等古物学家都十分重视考古发掘和出土遗物的研究，王国维、罗振玉对甲骨文的研究证实了商代的真实存在，也促进了殷墟考古发掘的开展；马衡甚至亲身参与了考古调查、发掘工作。更加重要的是，金石学不仅推动了中国考古学的诞生，更影响了中国考古学的发展方向，直到今天，金石学的主要研究方向——"三代"（夏、商、周）研究仍然是中国考古学的"显学"。重建中国古史、重现古代文明，是二者共同的研究目标。

相信随着中国考古学的发展，通过考古学家的不断努力，我们终将一步步揭开中国古代文明的神秘面纱，告诉世人：辉煌灿烂的中国文明不只是"传说"。

3. 中国考古学是怎样诞生的

仰韶村，位于河南省三门峡市渑池县黄河南岸的一座普通村庄。1921年的一次考古发掘，让这座村庄名扬天下，成了中国现代考古学的诞生地，也成了"仰韶文化"的命名地。让我们回望一百多年前，看看中国考古学的孩提时代。

中国现代考古学的诞生，与瑞典地质学家安特生密不可分。1914 年，安特生受聘为北洋政府农商部矿政顾问，隶属于中国地质调查局。刚到中国时，安特生主要负责寻找铁矿和煤矿。1916 年后，由于中国国内政局动荡，寻矿资金短缺，安特生的工作重心便转向古化石的收集。

河南仰韶村的发现改变了他的人生轨迹，也改写了中国考古学史。1920 年底，安特生的助手刘长山从河南带回来数百件石器标本，据称这些石器绝大多数都来源于一个地方：位于豫西的渑池县仰韶村。

翌年初，安特生与刘长山一同来到仰韶村考察。在村南一处断崖上，安特生发现了很厚的灰色土层，并且在土层中发现了石器和绘有图案的彩色陶片。安特生很快意识到，这是一处规模较大的史前遗址，有必要进行考古发掘。于是他将采集到的大量陶片、石器等装箱带回北京，在农商部及中国地质调查所的支持下，获得了当时北洋政府及河南省、渑池县政府的考古发掘批准。同年 10 月，安特生领队来到仰韶村，开始了考古发掘工作。

一百年前的仰韶村，安特生摄

仰韶村发掘部分人员合影（左一袁复礼、左二安特生）

　　在为期一个多月的发掘中，安特生基本上秉持了科学的考古发掘方法。他不仅对遗址地形、地貌进行了详细测绘，还对出土文物的深度、层位、坐标等信息进行了详细的记录。安特生在发掘中引入了手铲作为发掘工具，它至今仍然是田野考古发掘最主要的工具之一。

　　仰韶遗址的这次考古发掘，出土了数量众多的石器、彩陶、骨器等文物，证实了仰韶遗址是一处新石器时代遗址，当时流行的"中国无石器时代"说法不攻自破。对遗址出土文物进行研究之后，安特生根据考古学文化命名的一般规则，将其命名为"仰韶文化"。这是我国第一个被正式命名的史前考古学文化，这一名称沿用至今。

　　仰韶村遗址的发掘对于中国考古学的建立以及中国文明史的探索，产生了深远的影响。这是中国这片古老土地上第一次由中国政府许可的科学考古发掘，既标志着中国现代考古学的诞生，也揭开了以地下实物探索中国远古文明的序幕。

现代考古工作者使用的手铲

在开启殷墟遗址的发掘之前，还有一次里程碑意义的考古发掘——西阴村发掘，这是首次由中国人主持的考古发掘。

仰韶遗址发掘的成功，使中国知识分子认识到了考古学对于探索中国古代文明的意义。由于那个年代最关注的是中国文明源头的上古史和三代文明，学术界纷纷将重建中国上古史的希望寄托于考古学。在这种背景下，一些学术机构便筹划开展考古活动，其中中国地质调查所的工作最引人注目。

被誉为"中国考古学之父"的李济，是最早从事考古工作的中国人之一。他在美国哈佛大学学习人类学获得博士学位，并于1923年回国，1925起受聘为清华学校（即后来的清华大学）国学院导师。当时在国学院任导师的，还有被称作"四大导师"的王国维、梁启超、陈寅恪、赵元任。

1926年，李济与地质调查所的地质学家袁复礼一起，赴山西考察。李济后来回忆说，当时考察的目的是在山西寻找夏代大禹的陵墓，途中经过夏县西阴村，发现了一片满布陶片的区域，经研究全部是史前时期的陶片，

清华国学院时期的李济（左起第一人）

因此二人决定对西阴村遗址进行考古发掘。

这次发掘极为精细，在一个月的时间里仅发掘了约40平方米，但却出土了超过10万片的陶片以及少量的石器、骨器和动物骨骼等。这些残破文物当时受到了一些人的质疑，他们很难理解工作人员"这些箱子所装的东西都是科学标本"的解释。甚至，它们和人们理解的古董也相差甚远。毕竟，对中国民众来说，"赛先生"（Mr. Science）还是个陌生面孔。这正是中国考古学的使命：通过挖掘古物的活动，向公众普及科学。

向公众解释"考古学是科学活动"的事例，在不久的殷墟遗址发掘中也发生了，这是后话。考古学家要让公众明白，不管多么残破、碎小的古代文物，都值得我们珍视，提炼它们所蕴含的信息，便能一点点拼出古代人类的生活图景。

除了对各种残破文物的珍视，李济在西阴村发掘中采用的遗物"三点记载法"、探沟探方发掘法、逐层向下发掘等方法，都成为中国田野考古发掘中沿用至今的原则。

在赴西阴村发掘的行程中，李济在介休作了一次居民体质人类学调查。西阴村的发掘受到重视。1927年7月，经梁启超介绍，梁思永归国准备考古学硕士学位论文，在考古学研究室研究西阴村的出土物。这一年，清华国学院为李济西阴村发掘归来举行欢迎会，王国维在会上建议，找一个"有历史根据的地方进行发掘，一层层掘下去，看它的文化堆积可好"。这反映了早期考古发掘的倾向，即致力于重建上古史。这一建议，直接指向了后来对殷墟的发掘。

西阴村的发掘可以说是殷墟发掘的预习。1928年，中国第一个专门考古机构——中央研究院历史语言研究所考古组成立，并选择河南安阳殷墟作为发掘对象。

　　之所以选择殷墟进行考古发掘，是因为从清末开始，此地便陆续挖掘出刻写有文字的商代甲骨，是研究商代历史的可靠材料，发掘殷墟可以实现"重建上古史"的目标。

　　考古组于 1928 年 10 月开展了第一次发掘，当时委派甲骨学家董作宾赴殷墟调查和试掘。这次活动是试探性的，因为此前罗振玉在社会上散布说殷墟甲骨已经挖尽，目的是想阻止对甲骨的盗掘，于是董作宾受命去确认殷墟是否还有发掘的价值。他的试掘证实了殷墟的丰富埋藏，也开启了当时最大规模的考古发掘活动。

　　从 1929 年到"卢沟桥事变"前夕，由史语所考古组主持的殷墟发掘连续开展了 15 次。这期间有众多的人先后参与了发掘工作，某种程度上

殷墟第十三次发掘中绘制车马坑图（绘图者为石璋如，1936 年）

使得殷墟成为中国的考古培训学校。李济和梁思永担任了考古队的负责人，后来成为新中国考古学领军人物的夏鼐，在赴英国留学之前，也在殷墟实习。

正是李济和梁思永等人的加入，使殷墟的考古发掘逐步完成了科学化和系统化。这为中国考古学的发展奠定了学科基础。日本侵华战争期间，安阳落入日寇之手，殷墟发掘被迫停止，直至新中国成立后才得以恢复。殷墟的发掘和考察工作，延续至今。

殷墟考古发掘开启了由我国考古机构独立组织长期系统考古发掘之先河，向世人宣告了三千多年前的商代史为可靠的信史。在近十年的发掘过程中，田野考古发掘方法日益精进，奠定了中国现代田野考古技术的基石。地层学、类型学、遗物整理和命名方法等理论趋于成熟。梁思永、吴金鼎、石璋如、夏鼐等一批考古学家崭露头角。

可以说，从安特生发掘仰韶遗址，到李济主持西阴村发掘，再到史语所开展连续的殷墟发掘工作，中国考古学从诞生，走向了成熟。从殷墟发掘开始，考古发掘逐渐从一件"稀罕事"变成了全国各地纷纷开展的"平常事"，一大批古代文明重见天日，中国文明的古老记忆愈发清晰。

当一百年后的我们再次走进考古现场，会发现有很多的变与不变：变的是，今天的考古学更加科学、更加倚重现代科技；不变的是，我们使用的手铲、工作的探方、按地层发掘的方法、探索中国文明的终极目的始终如一。

二、怎样做考古

4. 考古学中会用到哪些现代科技

在人们的传统认知里，考古是和古老的事物打交道，与现代科技毫不相干。然而，真实情况并非如此，今天的考古调查、发掘、文物保护和考古学研究中，已经有越来越多的科学技术被广泛运用。今日的考古学，科技手段已经贯穿了工作程序的始终，成为考古人的得力助手，帮助我们发现遗址和保护文物，让我们看到肉眼无法发现的古代信息，从中可以认识古人的生老病死、衣食住行……可以说，今天的考古学是在用最现代的科技来研究古老的事物。

让我们从发现遗址的方法——"天空之上"的遥感考古说起。

在过去，考古工作者想在野外发现一处新的遗址十分困难，这是因为绝大多数古代遗址在地表没有什么明显的痕迹，考古工作者只能如大海捞针一样在田野中靠人力搜寻散落在地表的陶片、地形的微小异样等线索。即便是找到了遗址，由于其深埋地下，考古工作者也很难清楚地了解它的具体样貌。

遥感考古：地下石质建筑遗存导致的植被变化（德国巴伐利亚州）

　　但现代科技改变了这一切，现在我们可以利用卫星、飞机和无人机等从空中的视角帮助我们寻找和了解遗址，这在考古学中被称为"遥感考古"。它的原理是，地下遗址的存在往往会对地表的地形或者植被等产生一定的影响，比如古代城墙或宫殿基础的残存一般会略高于地面，在阳光下会产生一定的阴影；古代道路与现代土壤的颜色有明显不同；而如果地下有墓葬、墙、瓦砾堆等遗迹存在，地面上植被也会受到影响。特别在农田中，有遗迹的区域长出的庄稼就会比正常区域的成熟更早或更晚。这些变化在地面上观察是难以觉察的，但如果从高空以较大的视角来观测，则会看得十分明显。

　　考古学家曾利用卫星影像，在河南安阳发现一些区域的麦苗长势很差，推测地下有古代建筑遗址。古代遗址导致了土壤土质干燥、致密，而且缺少植物生长必备的腐殖质，因此导致麦苗长势异常。后来，殷墟考古队对这些区域进行了考古发掘，证实了这些异常区域果然存在宫殿、宗庙等遗址。

　　除了寻找地表不易发现的遗迹外，遥感考古还可以帮考古工作者更直观地认识古代城市这类规模较大的遗址的形状、结构、布局等。毕竟，空

新疆高昌故城航拍图（无人机拍摄）

新疆高昌故城卫星图（"吉林一号"遥感卫星拍摄）

中的辽阔视角是站在地面上的视角无法比拟的。

现代科技的另一个贡献，是保护文物，让脆弱的文物重焕生机。

如果说，我们没能发现一些深埋于地下的古代遗存是一种遗憾，那么不能保护好发掘出土的珍贵文物则是对历史的犯罪。考古发掘会出土各种各样材质的古代文物，其中不乏如纺织物、纸张、漆木、皮革等文物，这些文物经过千百年的掩埋，已经变得十分脆弱，在出土后与空气接触可能会迅速氧化，造成褪色、腐朽、变质等不可逆的损坏，因此如何保护出土文物一直是考古工作面临的难题。

随着科技的进步，保持文物出土原状，甚至恢复千百年前的本来样貌成为可能。现在的考古发掘团队一般都配备有专业的文物保护人员，他们会提前制定出土文物的保护计划并准备所需要的文保设备。

举世瞩目的江西南昌海昏侯墓的考古发掘过程中，文物保护就起到了关键的作用。在海昏侯墓中，考古工作者发现了 5000 枚以上的西汉竹简。但是这些竹简在地下埋藏了两千多年，考古工作者发现它们的时候，它们已经严重腐朽、干缩，表面氧化成了黑色。显然，首要的任务是保护好这批珍贵的文物。

在经过现场拍照、绘图和三维扫描后，这批竹简被整体搬运回实验室。考古工作者用显微镜、扫描电镜等仪器对竹简做了全方位的"体检"，发现竹简存在含水量高、竹子自身纤维降解以及铁元素氧化发黑等"疾病"。因此，考古和文物保护工作者"对症下药"，小心翼翼清理了附着在竹简上的淤泥之后，用特别配制的化学制剂对竹简进行了保护性复原和加固，利用红外扫描等技术对竹简上书写的文字进行了记录。已经面目全非的竹简基本恢复了原有的样貌。

后来，考古学家在这批竹简中释读出了《诗经》《礼记》《论语》，以

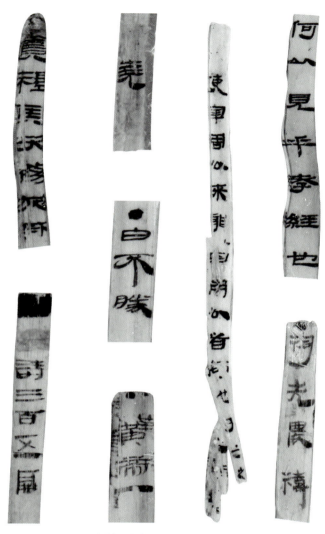

保护、修复后的海昏侯墓竹简

及当时的奏疏等内容。试想，如果没有这些科学技术的参与，这些珍贵的文献将无法被认识，将会错失很多关于古代的珍贵信息。

在"让文物说话"、认识古人上，现代科技是考古学家的"望远镜"和"显微镜"。

　　除了在考古调查、发掘和文物保护中的应用外，现代科技还广泛应用在考古学研究之中。墓葬是考古发掘中最常见的遗迹种类之一，其中多数墓葬中会出土墓主的骨骼，相比于其他出土文物，墓主本人的遗骸显得尤为重要。通过对人骨的测量，我们可以了解死者的性别、年龄、生前的疾病、死因，甚至人种等信息。而如果对人骨进行进一步的分析，他（她）体内残存的同位素甚至可以告诉我们他（她）生前的食谱是以谷物为主，还是以肉类为主。一些骨骼还可以提取DNA残留，进而可以研究这些墓主的遗传信息和祖先来源。如果你想知道这些科技分析有多么神奇，本章的其他题目将会给你答案。

　　动物骨骼、植物遗存，甚至出土遗物都可以通过科技手段分析出各种信息。比如利用显微镜可以观察石器表面的加工痕迹和残留物，从而知晓它们是如何被制作出来的，它们的用途是什么。利用残留物分析，可以知晓古代容器中曾经盛装过的物品。比如对仰韶文化小口尖底瓶的分析，就发现了酒类的残留物。

　　除了上述应用之外，科技分析还可以帮助我们了解文物的年代、产地、冶炼技术等种种信息。这些都是通过传统的考古学方法难以获得的信息。

　　在21世纪的今天，现代科技已经融入了考古学的方方面面：我们用它发现遗址，保护文物，探索人类的来源与古人的衣食住行、生老病死……这里提到的技术方法只是科技考古的冰山一角，在现实的考古工作中，科技无处不在，而且随着时间的推移与科技的发展，能够应用于考古中的现代科技手段将愈发丰富，它们将为考古学探索人类的古代文明提供更多帮助。或许到了未来某一天，考古发掘工地将会变成科技实验室，这将是考古学的主要工作场景。

5. 考古工作者为什么要用到洛阳铲

考古使用的工具中，最有名气的无疑是洛阳铲，传说它是盗墓贼的工具，后来被用到考古工作中。这是真实的吗？它的真正用途和使用方法是怎样的，又为何而得名？这些问题，你会在这篇文章里得到答案。

在民间传说中，洛阳铲是民国年间河南洛阳马坡村村民李鸭子首创，他将村民们挖坑时所用的筒状铁铲略作改良，用于探寻古墓，洛阳铲从此诞生。

这种工具头部为金属锻造，呈半筒状，最前端一般有较锋利的刃，后端则与木柄相连，使用时将铲头插入地下，再拔出时即可带出土样，有经验的人便可通过这些土样判断下方是否有古墓。洛阳铲制作简易，携带方便，因此被盗墓贼广泛使用。

然而，在古代史书的记载中，类似的工具至少在明代就已经出现了。明代王士性在《广志绎》中说：洛阳的水土深厚，墓葬下挖四五丈都达不到黄泉……虽然墓葬如此深，盗墓的人仍能用铁锥探入地下，他们嗅泥土的味道，发现有金、银、铜、铁的气味，就开始挖掘。

也就是说，早在明代，盗墓者就已经使用铁锥插入地下，进而通过带出的土壤判断地下的墓葬及随葬品。明代水利学家潘季驯在《河防一览》一书中，记载了使用"铁锥筒"验堤的方法，用法是将铁锥筒插入堤坝再取出，则可检查堤坝修筑的质量，其原理与洛阳铲如出一辙。此外，《天工开物》一书中还绘制了当时凿井取盐时使用的一种尖锹形的钻探工具，与现代洛阳铲的操作方法十分相似。

由此，我们可以得出结论，洛阳铲并非近代人的发明，并非盗墓贼的专利，而是有十分悠久的使用历史，被广泛应用于水利、凿井等行业。洛阳铲的得名或许与李鸭子的传说有关，又或许因为这种工具常常出现在以洛阳为中心的黄河流域而得名，或许它的真正发明者与得名原因已经被历史湮没，成为永远的谜团。

洛阳铲为什么能探到地下遗存呢？

在考古学中，我们一般将洛阳铲称为"探铲"。顾名思义，它的主要功能就是勘探地下遗迹，因此它并不是考古发掘工具，而是一种勘探工具。

早在中国考古学刚刚诞生的 20 世纪二三十年代，李济和董作宾就在殷墟发掘时使用了探铲进行探测。新中国成立后，洛阳铲的应用更加普遍，成为考古勘探最主要的工具。无论是乡村还是城市，只要是需要考古勘探的地方，都能见到它的身影。

也许有人会问，探铲这样一种简单的工具，为何能够长期受到考古工作者的青睐，又是如何据以判断地下遗存情况的呢？其实这与中国古代遗址的特性有关。在古代，大多数建筑是土木结构，被废弃后只能残存土遗址。这些古人使用或加工过的土，与自然状态的土是不一样的，比如宫殿

考古工作者根据土质土色划分遗址地层

等大型建筑的土壤十分坚硬，垃圾坑的土松散且颜色灰黑，墓葬里的"五花土"颜色斑驳，考古工作者根据这些不同的土壤的质地、颜色，便可以判断它们是来自古代的墓葬、建筑，还是道路。

洛阳铲怎么用呢？

洛阳铲的功能是将地下的土壤带上地面，因此在使用时要将铲头垂直插入土壤之中，再取出时就会将土带出。将附着在铲头上的土样卸下后再次进行下探，循环往复，即可获得一个位置的由地表至一定深度的土壤。

洛阳铲下探取出土壤后在地面残留的圆孔，被称为"探孔"。考古工作者会对每一个探孔进行编号，对不同深度提取的土壤进行排列、拍照和记录，从而获取每一个探孔土样的完整信息。根据这些信息的组合，再对地下遗存的性质和形状等进行判断。

然而，因为探铲只有一个很小的铲头，因此也只能获得探孔内的土样

使用洛阳铲钻探土层

对土样中的黑色灰烬进行记录拍照（可能为焚烧痕迹）

信息，这对于认识古代遗存的样貌是远远不够的。因此，钻探的位置往往需要精心设计。现代考古学已经摸索出了一些钻探方法，比如考古工作者一般会使用每隔 2 米或 3 米钻探一次，形成 4 个角，再在 4 个探孔中心点钻探一次的"梅花式钻探法"。这种钻探法相对节省人力，又可以获取较大面积的遗迹的情况。

在此基础上，如果发现了地下遗迹，考古学工作者还会根据遗迹的种类对其进行详细钻探。比如发现墓葬的"五花土"时，就会通过较密集钻探的方式找出墓葬的边缘，搞清楚墓葬的形状。这样通过钻探，就可以无须进行考古发掘，以一种相对小的成本了解地下遗存。如果勘探的面积很大，钻探的工作量也会变得十分惊人，比如汉代长安城南部的昆明池遗址就曾钻探了超过 60 万个探孔。

总而言之，利用探铲进行钻探工作所获取的地下信息是有限的，我们只能对地层和遗迹情况进行初步的了解。不过，这些信息却能为进一步的文物保护、考古发掘提供最重要的资料。有了钻探结果，考古工作者才能知道这片土地需不需要发掘、值不值得发掘、怎样发掘。

在世界各国的考古学中，中国使用的洛阳铲是独一无二的。这并不意味着洛阳铲只适用于中国。近些年，随着中国考古走出国门，在埃及、乌兹别克斯坦、蒙古、越南等"一带一路"沿线国家和文明古国开展考古工作，中国的考古工作者也将洛阳铲带出国门。洛阳铲在国外的遗址中大展雄风，受到了国外同行的关注与称赞。可以说，这是中国考古对世界考古的独特贡献。

6. 考古学家如何确定古物的年代

大家通常都很好奇，考古学家如何判断古物的年代呢？这和警察破案时推断案发时间有些相似。警察通过现场留下的"证据"推断案发时间，考古学家则根据遗址中的遗迹和遗物来推断其年代。考古学上的年代，可分为绝对年代（具体年代）和相对年代两种。

判断绝对年代，可以有多种方法。譬如某个历史时期的古物，有些会有纪年的题铭，像碑刻等。此外，古代墓葬中，有时会随葬几种记录了安葬年代的物品，像"买地券"（为逝者购买墓地或阴宅的虚拟合同）、"衣物疏"（为逝者随葬衣物、财产等的虚拟账单）。通过对这些纪年遗物的考察，还可以推定整个墓葬的年代。

不过，大多数古物断代，需要依靠自然科学的测年方法，如最常用的碳十四（^{14}C）测年法和树轮年代测定法；此外，还有热释光、光释光、孢粉分析、氮分析、氟分析、铀分析，以及钾、氩断代、古地磁等方法。

碳十四（^{14}C）测年法，又称作放射性碳素测年。它是通过检测遗物中有机物的碳含量，从而得到它们的"死亡年龄"。考古中选择检测的样本通常为木炭、泥炭、木材、骨头、陶器、头发等遗物。

碳十四（^{14}C）测年法的原理是：当自然界中的有机物（含碳物质）因死亡等原因停止与大气的碳交换后，碳物质中原有的碳同位素 ^{14}C 按照衰变规律，每隔约 5730 年减少一半；因此，只要测出现在有机物中的 ^{14}C 含量，就可以测算出它停止与大气进行碳交换的时间，也就是死亡或埋藏的年代。

西藏吉隆《大唐天竺使出铭》摩崖石刻，记录唐显庆三年（658）王玄策出使天竺史事

　　相对年代，是指遗迹和遗物之间的时间先后关系。判断相对年代，主要依靠考古地层学和考古类型学两种方法。考古地层学，是通过分析地层的叠压和打破关系，来判断遗迹形成的先后顺序的研究。地层形成的规律，一般是年代晚的地层叠压在年代早的地层之上（除非发生人为扰动）。好比垃圾桶中，最先被丢弃的垃圾会在最底层，最后丢弃的垃圾会在最上层。打破规律，通常为晚的打破早的。

　　如果遗址较小，地层关系通常比较简单，但当处理一个大遗址时，常碰到地层关系错综复杂、叠压打破、关系混乱的情况。所以在大遗址发掘的过程中，通常将遗址划分为同等规格的面积单位（通常为 5 米 ×5 米或 10 米 ×10 米），先搞清楚小单位内的地层，最后再打破各个单位之间的界限，统一整个遗址的地层关系，如此层层推进，更具有可操作性。

　　考古类型学，则是将同一类的遗迹和遗物，按照其形态差异进行排

贵州沿河和平镇小河口遗址 T33 关键柱的地层剖面。①层为耕土层（现代文化层）；②层为清代文化层；③层为明代文化层；④层为唐宋文化层；⑤A 为汉代文化层；⑥层为先秦文化层

列，从而总结其变化规律的研究。如苏秉琦先生对瓦（陶）鬲的类型学研究，在考古学中十分经典。苏秉琦先生根据瓦鬲的"高矮胖瘦"，对其进行分类和排队，从而得到了它们的先后变化规律。

遗址中类型学的使用，还需放到地层的环境中，这样在同一遗址中才能够判断这类遗迹和遗物的"最早"和"最晚"形态。

考古学界有一句名言："绝对年代是相对的，相对年代则是绝对的。"这是因为，判断绝对年代时，如果检测的样品受到污染，或者操作有问题，都会对结果产生非常大的影响，可谓失之毫厘，差之千里。而相对年代，则是通过实实在在的地层学和类型学规律得出的结果，虽然年代比较宽泛，但是前后关系较为准确。

考古学家在判断古物的年代时，通常都会综合其绝对年代和相对年代，这样得到的结果才更为可靠。

7. 考古学家能从古代植物中获得什么信息

考古遗址中除了出土各种各样的石器、陶器、骨器、玉器、铜器、铁器等，有时还会出土一些植物遗存。这样的例子不胜枚举，譬如陕西西安半坡遗址中出土的菜籽，甘肃临夏林家遗址出土的大麻，河南舞阳贾湖遗址出土的菱角、莲藕、栎果、山楂等，湖南澧县城头山遗址出土的薏苡幼果、蘡薁种子、甜瓜种子、小葫芦、冬瓜种子、野菱、黄荆核果等。

在考古学中，对古代种子等植物遗存进行研究的学科，称为植物考古（Paleoethnobotany）。考古发现的植物遗存通常分为两类，一类是植物大遗存，如种子、果核、果壳、炭屑、木材、根茎等。一类是植物微小遗存，包括孢粉、植硅体、淀粉粒等。

种子、果核、果壳等植物遗存，在自然界中通常会被分解，只有在极其干燥的条件下，或者完全浸泡在水中才能保存下来。我国新疆地区的小河墓地、洋海墓地，以及浙江余姚河姆渡遗址出土的大量种子遗存，就属于这种情况。另外，被火烧过的植物种子遗存，碳化后也能够长期留存在土壤中。

不同植物遗存的采集和提取方式不同。在遗址中提取植物大遗存时，对于肉眼可见的木材、根茎等样品，可直接采集。埋藏在泥土中碳化的植物种子或微小遗存，仅靠肉眼难以发现，通常需要采集大量土样，随后通过浮选获得样品。

浮选法，也称为水洗分离法，1962年由美国考古学者斯楚艾夫开始应用于考古发掘中。浮选法原理是：泥土和碳化植物种子的质量不同，与水充分混合之后，质量大的土壤颗粒会下沉，质量较轻的碳化种子等则会上浮至水面。提取植物遗存后，下一步是对其进行整理、称重、过筛、分类，辨别植物遗存的种属。

在植物微小遗存中，孢粉产量大，对温度、压力、酸碱都有耐性，且体积小。这些特性，使得它们容易保存且数量巨大，在土壤中的文化层或陶器、石器缝中都可以提取到孢粉。

采集到的孢粉样本需密封保存，每次采集完成后都需要清洁采集工具，防止样本受到污染。经过分离、烘干、氧化处理、分选、浮选、制片后，对其进行观察和统计。孢粉包括孢子和花粉，孢粉分析的原理为：不同科属的植物，其孢粉外壁的形状、结构，以及表面纹饰不同。通过在显微镜下观察孢粉的外壁特征，可鉴定其科属。

植硅石（phytolish）分析，常与孢粉分析结合，是植物考古中最普遍的研究方法。植硅石是植物在土壤中吸收大量硅酸之后，在细胞中形成的微小二氧化硅颗粒，也被称为植硅体和植物蛋白石。

植硅石的特性和孢粉相似，它体积小，但不像孢粉一样容易被风吹散，比孢粉更耐高温（熔点在950℃），在被火烧过的红烧土、陶片中仍能提取，同时具有超强的耐酸碱性。在显微镜下，不仅不同植物的植硅石大小、形态不同，同一植物不同部位的植硅石形态也不同。不过利用植硅石分析法鉴定植物，通常只能鉴定到科一级，比较难鉴定到种属级。

淀粉粒分析，是近20年来新兴的植物考古研究方法。淀粉粒是植物光合作用的产物，贮藏在植物的根、茎、种子中。不同种属的植物，淀粉粒的形态不同。淀粉粒分析在鉴定种属上具有突出优势，通过淀粉粒分析，对植物标本的鉴别能够精确到种属一级。不过淀粉粒极其不耐高温，在40℃以上就会变形。因其不易保存，难以采集，目前而言，淀粉粒分析法还不是非常成熟。

此外，植物微小遗存分析方法还包括硅藻（具有硅质细胞壁的藻类）分析、植物 DNA 分析、角质层（草本植物叶片表皮最外层的保护层）分析等多种方法。

通过鉴别植物种属，对古代植物进行研究，我们可以考察古代居民种植的作物，间接了解古代的植被情况和气候条件，复原古代社会的环境。同时还能了解古人与植物和环境的关系，考察农业起源、古人农业的运行状况、环境演化对人的影响，以及人对环境的适应情况。

在我们印象里，新石器时代，北方黄河流域出土最多的旱作农作物遗存是粟（谷子，俗称小米）。这一点没错，不过，人类最早驯化的旱地作物并非是粟，而是黍（糜子，俗称黄米）。

新石器时代早期，像甘肃秦安的大地湾遗址、内蒙古赤峰的兴隆沟遗址等，黍的出土率通常大于粟。在新石器时代中晚期的遗址中，粟的出土率才超过黍。至新石器时代晚期，长江流域的水稻传入黄河流域，黄河流域的农业才从以粟为主转向稻粟混合。同时期遗址中还出土了不少小麦、大豆等农作物的种子。从此之后，粟、黍、水稻，以及小麦、大豆等"五谷"，才共同构成了黄河流域的农业格局，一直延续至今。

新石器时代黄河流域居民的主要农作物，经历了黍—粟—稻粟混合的转变。这样的转变，与植物的适应性、当地的气候和环境条件、作物的传播，以及古代居民的饮食偏好等许多因素有关。人们最先驯化黍，可能是因为黍的驯化更为简易，黍对土壤肥力的要求也比较低，且较粟更加耐旱、耐寒。新石器时代晚期水稻在黄河流域逐渐推广，或许与当时北方的气候环境发生变化有关。

稻作农业的起源和发展，也是考古学研究中一个十分重要的问题。水

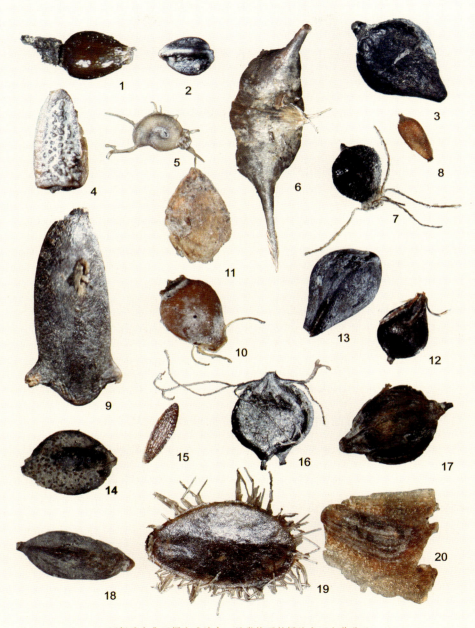

河姆渡文化田螺山遗址中，显微镜下拍摄的农田杂草种子

稻原生于中国，说到中国最早的水稻，最为大众熟知的是 20 世纪 70 年代浙江余姚河姆渡遗址中出土的距今 7000 年的水稻。其实在更早之前，我国古代居民就已经开始利用水稻了。

1993—1995 年，中美联合考古队在江西万年仙人洞遗址、吊桶环遗址中的新石器时代早期地层中，发现了丰富的野生稻和栽培稻的植硅石。这表明在距今 1 万年，人们采集野生稻的同时，也开始栽培水稻。

2001 年，考古学者在浙江浦江上山遗址（距今 11000—8500 年）中，发现出土的陶器、陶片坯土的羼和料中含有大量稻的颖壳，通过对陶片进行植物硅酸体分析，发现其中也具有野生稻和现代栽培稻类型。2006 年，考古学者又在上山遗址早期灰坑中发现了一粒完整的炭化稻米，研究表明，这粒炭化稻应属于驯化初级阶段的原始栽培稻。

2001 年以来，通过对浙江余姚田螺山遗址（距今 7000—5500 年）的多年考古发掘，考古学者也发现了大量稻作遗存。经分析研究，在田螺山遗址的早中晚三个阶段，水稻的使用比例和驯化水稻的比例均在不断增长，水稻逐渐成为人们食物的主要来源。

从 10000 年前的仙人洞遗址、吊桶环遗址出土的稻作遗存，至 10000 年左右的上山遗址发现的稻壳遗存，到 7000 年前的田螺山遗址、河姆渡遗址出土的稻作遗存，再到距今 5000 年前良渚遗址中出土的大型稻谷贮藏遗迹、规模化的水稻田，我们可以看到，古代水稻的驯化以及稻作农业的发展是一个十分漫长的过程。古人历经五千年，才完成了从狩猎采集到以稻作农业为主的转变。

8. 古代动物的遗骸能够为我们提供哪些信息

猪、鱼、鸡、羊这些动物是从何时变为家养动物，成为我们日常饮食来源的呢？调皮可爱的猫和狗，又是从何时开始与人类共处生活的呢？这些都是动物考古研究中关注的问题。

通过对动物遗存进行研究，我们不仅可以了解人类何时驯化动物，为何随葬动物，如何利用动物制造工具，还可以通过动物遗存了解古代的气候条件和自然环境。

动物考古最早出现于19世纪早期的法国。当时，法国的爱德华·拉代和英国的亨利·克里斯蒂等人，通过寻找灭绝动物的化石，对遗址进行编年。

进入20世纪后，一些动物学家开始对遗址中出土动物的种类和习性进行研究，逐渐形成了一门新的学科：动物考古学。1976年，在法国第九届先史学与原史学国际会议上，正式成立了国际动物考古学会（International Council for Archaeozoology），简称ICAZ。

中国的动物考古研究之路，则开始于20世纪30年代，当时考古学者对安阳殷墟出土的一些动物遗存进行了鉴定。20世纪80年代以后，一些中国学者将国外动物考古学的理论和方法介绍到国内。历经近百年的发展，如今，中国的动物考古学也逐渐走向成熟。

动物考古研究的整体思路与植物考古相似。动物遗存和植物遗存一样，也分为微小动物遗存和大型动物遗存。微小动物遗存包括食虫类、啮齿类、陆生软体动物、昆虫、海洋软体动物等，通常使用干筛法、水洗法，以及蜡法浮选等方法对其进行采集。

与大型动物相比，小型动物通常对气候和环境更为敏感。因此考古学者倾向于通过微小动物遗存来研究古代的气候和环境。通过动物遗存来研究古代的气候和环境还存在一个前提，即假设古今的动物对环境的适应是一致的，通过动物现今的生活环境，即可推测这些动物所在遗址的古代环境。这样的假设理论，称为均变说。

根据均变说的原理，考古学者通过海洋软体动物遗骸所形成的贝丘遗址，来考察辽东半岛至广西沿海地区的古海岸线和古气候环境，以及古代人们的生活方式。以胶东半岛贝丘遗址为例，结合孢粉分析，胶东半岛在5000年前左右，植被变为以针叶树为主，气候从温暖湿润转向温和略干，发生海退，胶东半岛的贝丘遗址开始消亡。

采集大型动物遗存时，考古工作人员通常采用手工分选、筛选等方法。随后对动物骨骼进行清洗、晾晒、拼对，之后再对其进行鉴定、测量、称重。鉴定动物骨骼时，需要判断其纲、目、科、属、种，有时可根据犄角等动物的关键部位，来判断骨骼所属的物种。另外还要判断动物骨骼的部位、骨骼的年龄和雌雄性别，还要观察骨骼的埋葬痕迹、人工痕迹，以及病理现象等。

完成以上整理和记录后，则需要根据动物骨骼统计不同物种的数量。遗址中出土的动物骨骼通常极为破碎，因此一般不根据出土的标本数量进行统计，而是根据动物下颌骨等特定部位进行统计，这就是动物考古中的最小个体数统计法。

大型动物遗存，通常用于研究古代人类和动物的关系，如研究人类驯养动物、随葬动物、人类的肉食来源等课题。

如何判断动物是野生还是家养？在动物被驯化的初期，其形态特征和野生动物并无差别，只有经过很长时间的驯养之后，家养动物和野生动物才会产生较为明显的差别。因此除了观察形态特征，还需要结合年龄统计、性别鉴定、数量统计等方法，判定该种动物是否为家养动物。

人类出于食用或祭祀等需要，通常会宰杀特定年龄的驯养动物，在饲养某类动物时也会选择特定的性别，如母牛、母鸡等。另外，某地某种动物的丰富数量，也能从侧面证明该种动物应为饲养。

近来，考古学者还可以通过碳氮稳定同位素来分析动物的食物来源，从而判断其是否属于人类驯化的动物；或者通过分析出土动物骨骼中的 DNA，来研究不同地区和不同时期动物之间的亲缘关系。

1972 年，河北武安磁山遗址（公元前 5400 年左右）曾出土一些动物骨骼，经鉴定共包括 23 种动物，其中鹿、猕猴、花面狸等大部分动物应为野生动物，只有猪、狗属于家畜。另外磁山遗址还发现了较多的鸟骨，将其跗跖骨与现代原鸡比对，两者的形态和大小都很相似。且磁山标本稍大于现代原鸡，小于现代家鸡。因此，学者们认为磁山的标本应是原鸡属，是驯养的早期家鸡。这也是目前世界上发现最早的家养鸡。

随葬动物研究，也是动物考古中主要关注的课题。河南舞阳贾湖遗址、河北武安磁山遗址、陕西宝鸡北首岭遗址、湖北枣阳雕龙碑遗址等众多新石器时代遗址中出土的动物骨骼表明，家猪是当时最为常见的随葬动物。为什么新石器时代的人们通常选择家猪随葬？学者们提出了各种文化上的解释，如随葬家猪可能与当时的祭祀仪式或者原始宗教有关，或是为了守护死者，也可能是当时的人们认为这种形式有巫术作用，还有学者认为随葬家猪可能是为了显示财富。

除了家猪，新石器时代的遗址中还随葬狗、绵羊、黄牛等动物。鸡、猪、狗、羊、牛、马是中国古人最早驯养的家畜，后来被称作"六畜"。

除了以上讨论的内容，动物考古还涉及一些生动有趣的研究内容，如骨器制作、骑马研究、绵羊次级产品研究（剪羊毛、挤羊奶）、动物艺术形象研究，等等。

9. 考古工作者是如何知道古人的食谱的

2002 年秋天，考古学者从青海民和喇家遗址一个倒扣的陶碗中发现了面条。经过对文化层中的炭样测年，面条的年代被推断为距今 4000 年左右。这是目前所知世界上最早食用面条的证据。

研究人员通过对出土残留物和面条碎片的植硅体分析，发现该面条的主要成分为粟（小米）和黍。与此同时，考古学者通过实验复原了面条的制作方法，它是通过类似制作饸饹面的方法，挤压糊化凝胶而成型的。

除了面条，考古学者在遗址和墓葬中也发现过不少的酒和食物。一些商周时期（前1600—前256）和汉代（前206—公元220）的墓葬，如河南鹿邑太清宫商末周初的大墓、河北平山战国中山王墓、西安北郊凤鸣原汉墓中，都曾出土过酒。经科学检测，这些酒多为粮食发酵酿造。

2020年，从山西垣曲县的北白鹅东周墓地一号墓出土的铜壶中，发现了残存的一些液体，经过检测，这些液体可能是果酒的遗存。这项考古发现，也证明中国在先秦时期已经开始酿造果酒。

向前追溯，20世纪在新疆吐鲁番阿斯塔那—哈拉和卓墓地的考古发掘中，曾经出土了一批制作精美的面食和点心，其中有小麦粉包的水饺和馄饨，以及各式花样点心；此外，还有大量的葡萄、酸梅、大枣等果品。因

青海民和喇家遗址

为吐鲁番气候干燥，这些食物经过千年，仍然保持着当初的形态。

通过考古出土的这些实物遗存，我们可以直接看到古人的饮食情况。除此之外，与食物有关的图像，也记载了古人餐桌上的内容和烹调食物的过程。上文提到的阿斯塔那—哈拉和卓墓地，墓中还出土过一组绘彩的泥俑，表现了五位（阙一）妇女舂粮、簸粮、磨粉、擀面、烙饼的劳作场景。

汉代画像石或画像砖中，也有一类"庖厨图"，表现炊厨的场景。例如山东诸城凉台东汉孙琮墓出土的庖厨图画像石，细致地刻画了烹饪全过程，其中，画面中间刻画了屠宰（宰羊、椎牛、烫鸡）、汲水等场景，右上方则刻画了烤肉的场景，包括切羊肉、穿串、传送等步骤，这和我们今天烤羊肉串的方式也差不多。

如今，考古学者也逐渐开始利用现代科学技术，来研究考古中出土的食物遗存，以及人骨、器物上留存的饮食信息和食物残迹。一个有名的例

新疆出土的面食和点心

阿斯塔那—哈拉和卓墓地出土的制作面食的泥俑

子是长沙马王堆西汉墓，在对墓主人轪候夫人尸体进行解剖时，在她的食管、胃和肠部发现了 138 粒甜瓜籽。这是她生前最后的一餐。

另一个例子是甘肃酒泉西沟村魏晋墓地中的 5 号墓，墓中出土的铜甑釜中留存有白色膏状残留物，研究人员利用红外光谱、脂质分析等方法，识别出这些白色膏状残留物应为反刍动物油脂，推测应为蒸铜甑时，其中的牛肉或羊肉渗出的油脂。

层出不穷的新发现也日益引起人们对古人饮食的浓厚兴趣。科技考古学者对新疆尉犁县克亚克库杜克唐代烽燧遗址出土的葫芦器壁附着残留物进行检测，发现当年葫芦里曾经盛放过葡萄酒。这个发现很有趣，证明当年驻守西域的官兵，曾经嗜爱西域盛产的葡萄美酒。

通过实物遗存、与食物有关的图像，以及人类胃中的食物、粪便、器物上的残留物等，我们能够得知古人餐桌上的一部分食物，但还无法了解他们长期的饮食结构。正如汞、镉、铅等重金属元素会随着食物链富集在

东汉孙琮墓出土的庖厨图画像石

人体中，长期食用的动植物体内的同位素和微量元素也会积累在人体内。因此，要想了解古人长期的饮食结构，需要对人类遗骸中的同位素和微量元素进行分析。

碳氮同位素分析，是目前考古中最为常见的研究古代食谱的方法。碳（C）是组成生命的基本元素，主要来源于大气，大气中二氧化碳 ^{13}C 与 ^{12}C 的稳定比为 1:100，但植物通过光合作用会改变 ^{13}C 和 ^{12}C 之间的比率。

陆地植物中合成三个碳分子的植物，称为 C3 植物，包括水稻、麦子等温带植物。合成四个碳分子的植物，祢为 C4 植物，包括玉米、小米、甘蔗、高粱、粟、稷等。通常来说，海洋植物比陆地植物拥有更高的 ^{13}C 与 ^{12}C 的比值。不同的比率通过食物链，固定在人体的骨骼中，通过测定人类骨骼骨胶原中 ^{13}C 与 ^{12}C 的比值（$\delta^{13}C$），就可以得知该个体的主食是基于 C3、C4 的陆生植物，还是海生植物。

人体骨骼中的氮同位素的比值，则可以反映个体蛋白质的摄入情况。^{15}N 由植物向动物流动时，会累积在人体内。以动物肉类、奶制品为主食的人，他们的 ^{15}N 与 ^{14}N 的比值（$\delta^{15}N$）通常会比以农作物为主食的人更高。根据 ^{15}N 与 ^{14}N 的比值，我们甚至可以确定食物的种类。

根据目前考古学者对中国境内众多新石器时代遗址出土人骨的碳氮同位素研究，可知那时的中国北方一直以小米（粟）为主食；河南与湖北交界地带的南北交汇区居民，饮食结构为水稻和粟作植物的混合；南方则以稻米为主食，同时混合了一些渔猎食物。与此同时，内蒙古和新疆地区的居民，则主要以肉类为主。这也与我们今天各地人民的饮食习惯大体相符。

人类骨骼中的锶（Sr）、钡（Ba）元素的含量，也可以反映饮食习惯。当动物吃掉植物的时候，会偏向吸收钙（Ca）而排斥锶和钡。因此考古学者可以通过测定骨骼中 Sr/Ca、Ba/Ca 的值，来判断古人的饮食结构。

另外，考古学者还可以通过古人牙齿的磨耗程度与方式、龋齿、牙齿脱落等情况，来推测其饮食来源。

牙齿咀嚼食物，会造成牙齿与牙本质的损耗。考古学者曾对新疆、内蒙古、河南、山西等地遗址中出土的人类牙齿标本进行观察和研究，来比较新疆、内蒙古地区和内地古代居民的牙齿磨耗的差别。研究表明，青铜时代至早期铁器时代的新疆和内蒙古地区居民的牙齿，平均磨耗程度更高，并且一些牙齿呈现严重磨耗和局部过度磨耗的现象。这反映了当时本地居民的饮食状况，他们比内地居民食用更为粗糙坚硬、含颗粒成分更高的食物，并且经常需要用牙齿啃咬。

龋齿和牙齿的脱落情况，也能间接反映个体的主要食物来源。谷类食物中含有丰富的碳水化合物，而且古人很少刷牙，长期食用淀粉类食物，会使他们更容易有龋齿，严重的还会牙齿脱落。因此某遗址或墓葬中人类的牙齿，如果有比较高的龋齿率或常见牙齿脱落，很可能与他们长期以谷物为主食的饮食结构有关。

上述饮食考古方法，逐渐向世人呈现出古人的餐桌和他们的饮食文化。更进一步，鉴于古人获取的食物通常受周围环境的影响，因此了解他们的饮食结构，还能够帮助我们了解他们所处的环境、气候条件、植被情况等。同时，了解古代居民的饮食，也为我们研究古代农业起源和传播、动物驯养、人类迁徙等课题提供了重要信息。

10. 从古人的骨骸可以看出什么信息

很多时候，考古工作会遇到"死者"，考古学家是在跟"死者"打交道。譬如在古墓或者一些遗迹的发掘中，会遭遇被埋藏的尸体或是骷髅等骸骨，就像是在命案的现场。不过，这些"死者"通常只剩下了骨骸，而且往往残缺不全。只有在特别的埋藏环境下，例如经过有效防腐处置的尸体放置在干燥的墓室或墓穴当中，"死者"的毛发、皮肤等才会保存下来。

考古学者之所以想"侦探"这些骨骼，是因为每一块骨骼中都包含了"死者"生前的身份信息，——或者说，它们是"死者"的 ID。这些骨骼也在考古学家与"死者"之间，搭建了跨越时空对话的桥梁。

考古学中专门对人类骨骼进行研究的学科，是从体质人类学中分化出的。当一座古墓地发掘之后，如果可能的话，体质人类学家会为每位"死者"建立一份档案，也可以称之为"体检表"，其中涵盖了有关该个体的各种信息。在这张体检表中，首先需要填写的是个体的性别和年龄。

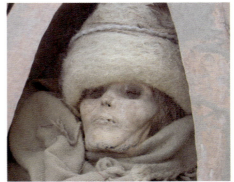

小河墓地的女尸，隐含着逝者一生的信息。孙华摄

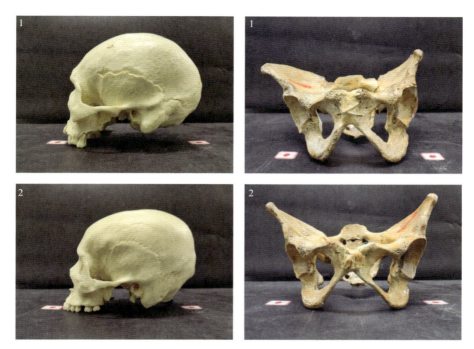

男性和女性颅骨、髋骨的差异（1 为男性、2 为女性），李法军供图

逝者的遗骸，只要保存有盆骨和颅骨，就可以鉴别出他（她）的性别。盆骨和颅骨是男女性别差异最为明显的地方，通过观察和测量，就可以鉴别出个体的性别，准确率能够达到 90% 以上。

从人体测量学上来看，男性的骨盆通常高而窄，坐骨大切迹夹角比较小；女性的骨盆通常浅而宽，容量更大，坐骨大切迹夹角比较大，且常见耳前沟。男性的颅骨一般比较大且厚重，眉弓发达，乳突和枕外隆突均较发达；女性的颅骨较小，眉弓不发达，乳突和枕外隆突不发达。有时还需要结合下颌骨、胸骨、锁骨等其他性别差异比较明显的骨骼，辅助判断个体的性别。

死者的年龄一般不以骨骼的大小来判断。每个人的基因以及生活环境不同，生长和发育情况可能存在很大的差异。同一年龄的人骨骼大小可能存在非常大的差别，不同年龄的人骨骼也可能大小差不多。

牙齿是判断年龄最为可靠的依据。未成年的个体可根据其牙齿的萌出情况来判断年龄。至于成年个体，考古人员通常将其牙齿与该地区已知死亡年龄之人的牙齿样本的磨耗程度进行比对，可推算死者的年龄。此外，根据根牙本质的半透明性、牙骨质的生长线，也可以较为准确地判断个体的死亡年龄。

如果要通过骨骼鉴定年龄，最为可靠的方法是观察耻骨联合面的形态。从青年到老年，人类的耻骨联合面会由沟嵴交替变得平滑，甚至下凹。将需要鉴定个体的耻骨联合面，与各年龄段的耻骨联合面的模型进行比对，也可鉴定出个体的大致年龄。此外，颅顶骨缝的愈合情况、第四肋骨胸骨端的形态退化情况，也可用于辅助判断死者的年龄。

除了对骨骼进行直观的形态学观察，还可以通过对手指、手腕、肱骨头、股骨头、锁骨等进行放射影像观察，来测定青少年或成年个体的年龄。

通过对骨骼进行"体检"，还能够得知该个体生前所患的疾病，如骨质疏松、骨性关节炎、骨刺、类风湿性关节炎，以及龋齿、牙周病等，这些都是考古中常见的古人所患的疾病。

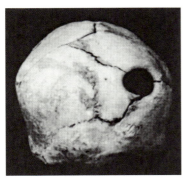

山东广饶傅家大汶口文化遗址 M392
穿孔头骨

在山东广饶傅家大汶口文化遗址出土的人骨标本中，曾发现一具 5000 年前的颅骨，在其右侧顶骨靠后部有一个直径为 31×25 毫米的近圆形缺损。经考古学、人类学、医学专家的联合鉴定，该缺损应为人工开颅手术所致。专家根据其愈合情况判断，该个体在术后至少存活了两年以上，这也是目前中国最早开颅手术成功的案例。

类似的考古发现还有很多，在中国甘肃、青海、新疆、陕西、河南等地，以及世界一些地方的史前墓葬中，都发现有头骨穿孔现象。考古学者研究认为，这应是古人通过开颅手术来治疗其头部创伤，或者为缓解因脑水肿、脑溢血而产生的颅内压力所致。不过，也有人认为，在颅骨上穿孔可能与某种奇特习俗有关。

通过人体骨骼，我们不仅可以得到有关该个体的身体信息，还能得知古人的生活习惯和社会风俗。在新石器时代，不少地区都有改变头形和拔牙的习俗。头骨变形的习俗，主要见于华北地区和辽东半岛，表现为出土人骨的头骨枕部变扁，应是婴儿出生后长期仰卧枕于硬具之上所致。民俗学资料显示，不同时期世界各地都流行各自的"审美头形"，北美印第安人流行窄头，南美秘鲁的印加人则流行宽头。

拔牙的现象或习俗，则见于山东、江苏、广东、福建、台湾等东部和东南沿海地区的新石器时代墓葬中。人骨显示，拔牙年龄通常在12岁以上，通常拔掉的是门齿、侧门齿、犬齿。考古学家结合民族学资料推测，这种风俗可能与成年仪式有关。

另外，体质人类学还可以用来研究古代人口问题。考古学者通过分析墓地人骨的性别比例、年龄结构，来考察当时社会的丧葬习俗、婚姻制度、社会分工等。根据大量的人骨统计，考古学者推测，中国新石器时代的居民平均寿命大多在30—50岁。

另外一个现象是，在新石器时代的墓地中，青少年女性和老年女性的骨骼一般多于同年龄段的男性骨骼，成年男性骨骼则多于成年女性骨骼。这可能是因为当时青少年女性受医疗卫生条件的制约，常死于难产或产后感染病，而成年男性因承担着较重的体力劳动和部落争斗的责任，死亡率也比较高。

分子生物学也加入了对考古发现的人骨的研究当中，这催生出了一个崭新的领域——分子考古学。通过对不同地区人的体质特征和古 DNA 进行研究，可以考察古代人种的分布和迁徙情况。

如今，通过体质人类学、古 DNA 技术，以及计算机模拟技术，还可以对个体进行三维容貌复原。其中一个例子，是吉林大学边疆考古研究中心对北京石景山老山汉墓女墓主的颅骨所做的复原。这位女墓主人是西汉中期的燕国王后，年龄在 30 岁左右。通过容貌复原，我们对墓主人的社会身份、容貌和背景有了更为直观的认识。

通过骨骼这个死者的 ID，我们能了解的古人信息还有很多，而且可以预期，未来的新科技可以做得更多。

11. 我们是怎么了解古人的基因传承的

在我们生活的当代，基因（gene）的知识以及开发出的生物科技，正在越来越多地影响着人们的社会生活，像人们熟知的利用基因技术识别血亲关系，或者诊疗疾病之类。

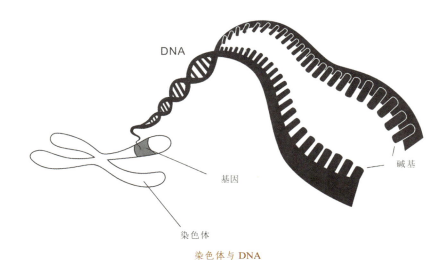

DNA

碱基

基因

染色体

染色体与 DNA

从科学上说，基因是 DNA（脱氧核糖核酸）中的一个有效片段，基因组（genome）是生物体中 DNA 里的全部遗传信息。DNA 呈双螺旋结构，2 条 DNA 单链由互补配对的碱基连接而成。在 DNA 复制过程中，如果某些碱基发生插入、缺失、改变，也就是基因发生突变，那么基因所对应的外在性状也会发生改变。

科学无止境。在对现代人的基因研究中，终有人获得灵感，想到对古人基因进行检测。这项突破来自瑞典学者斯万特·帕博。帕博从小对埃及考古有浓厚的兴趣，他长大后从事分子生物学研究时，产生了一个大胆的想法：既然我们可以从人和动物血液中提取 DNA，对其进行测序，这样的方法是否可以应用在木乃伊身上？

从提取木乃伊的 DNA 开始，斯万特·帕博开始从事古 DNA 研究，并开创了"分子考古学"。13 年后，他发现了著名的尼安德特人的线粒体 DNA。

"分子考古学"（molecular archaeology），是分子生物学和考古学的交叉学科，即在分子水平上研究古代动植物的遗传物质，核心为古 DNA 研究，主要目的为重建古代人群的渊源、遗传结构、进化过程和迁徙模式。

古 DNA 的研究对象包括细胞核中的常染色体 DNA、线粒体 DNA（mtDNA）和 Y 染色体。线粒体 DNA 几乎均来自卵细胞，为母系遗传。每个人只有一种类型的线粒体 DNA，而且线粒体 DNA 在线粒体中有数百份副本，因此极为容易研究，广泛用于研究现代人类群体的起源和演化。Y 染色体仅存在于精子中，具有父系遗传的重要特征，在考古学中主要用于研究人类进化。

我们可以从人体的血液中提取大量的 DNA。但当人体死亡时，其体内的 DNA 立即开始降解和损伤，因此在考古中我们能够提取的古 DNA 含量极少。另外，受埋藏环境的影响，古 DNA 还很容易受到污染。DNA 通常在恒定低温，低湿度、弱碱性的环境中保存较好，因此在冰原地区提取的古 DNA 样本相对理想。

考古学家一般从人类骨骼、牙齿等硬组织中提取 DNA，较少从毛发、皮肤、内脏等"软组织"中提取 DNA。一方面是因为考古中极少见到"软组织"；另一方面，也是因为这类组织中的 DNA 更容易受到污染。此外，从化石、洞穴或湖泊等沉积物中也可以提取古 DNA 样本。

因为古 DNA 不易提取，在很长一段时间内，考古学家很难对其进行研究。直至 1986 年，美国化学家穆里发明了聚合酶链反应（polymerase chain reaction）技术，可以在短期内将提取的微量 DNA 进行大量扩增，考古学者将这项技术应用到古 DNA 研究中，极大地推动了古 DNA 研究的发展。现如今，随着高效核基因组捕获等相关技术的发展，古 DNA 研究发展极为迅猛且日益成熟，逐渐成为科技考古中的热点。

那么，考古学家通过古 DNA，能对古人进行哪些方面的研究？

和现代人的基因检测一样，通过古 DNA 也可对古人进行病理检测分析。不过这在分子考古学中应用不多。在分子考古学中，古 DNA 研究主要集中于遗传学方面，包括个体和群体两个层面。个体研究包括性别鉴定、身份鉴定、血统和族属研究等方面。

1980 年，中国的医学人员从长沙马王堆汉墓的墓主辛追夫人的肝胆中，提取出了 DNA。不过，将提取的古 DNA 用于研究，则是后来才开展的。2000 年，考古学者通过对北京老山汉墓女墓主人的脑组织线粒体 DNA 进行研究，证明她的种族应属于东亚地区的蒙古人种。

群体层面的研究，主要包括比较群体间的遗传关系，研究群体的渊源、分布和迁徙。这也是目前分子考古学研究中最为热门的领域。

尼安德特人（Homo neanderthalensis，简称尼人）的发现是关于古DNA研究最为著名的案例。迪士尼公司创作的动画片《疯狂原始人》，即以尼安德特人为原型。尼人的化石最初于1856年在德国的尼安德河谷被发现。20世纪90年代以来，帕博团队对其线粒体DNA、核基因组进行了大量的研究。

学者的研究表明，尼人的基因组和现代人（指解剖意义上的现代人）有99.5%相似，两者共同的祖先生活于约70万年前。约37万年前，尼人和现代人分离，开始独立进化，大约在5—6万年前，他们和现代人还发生过混血。虽然尼人约在3万年前灭绝了，但是通过混血，尼人的基因仍广泛存在于现代人的细胞中，甚至在非洲人身上也能找到尼人的DNA序列。

继尼人之后，近年来对丹尼索瓦人的研究再一次引发全球的关注。中国的古DNA研究团队也参与其中。

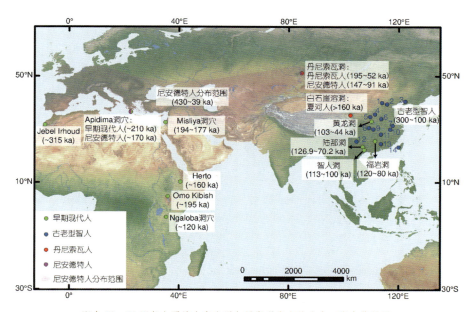

距今30—10万年主要的古老人群与早期现代人的分布，张东菊供图

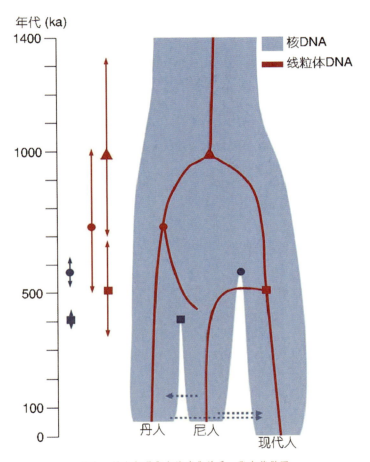

年代 (ka)

核DNA
线粒体DNA

丹人、尼人与现代人的演化关系，张东菊供图

　　2008 年，俄罗斯考古学家在西伯利亚阿尔泰山脉地区的丹尼索瓦洞穴发现了一截手指骨骼。两年后，德国马克斯 - 普朗克研究所（Max-Planck Institut, MPI）通过对其线粒体 DNA 的研究，发现了它的基因序列和我们现代人的区别很大，可能为某一未知的古老人群。因为发现于丹尼索瓦洞，该人种被命名为丹尼索瓦人（Denisovans，简称丹人）。

　　2020 年，兰州大学环境考古团队在甘肃省夏河县白石崖洞沉积物中，提取出人类线粒体 DNA。经比对，认定其为丹人的 DNA，地层年代显示，丹人在 10—6 万年前曾生活在青藏高原上。这是首次在丹尼索瓦洞穴以外的地区发现丹人，相关研究数次发表在《细胞》（Cell）、《自然》（Nature）、《科学》（Science）等期刊上，引起考古学、生物学、人类学等领域学者的关注。

　　研究表明，丹人具有适应高寒缺氧环境的基因（EPAS1）。而这一基因仅以高频形式存在于现今的藏族中，在现今的汉族中仅以低频形式存在，且不见于欧洲、非洲等其他大洲的人群中。这表明古丹人和现今藏人的祖先曾发生过基因交流，帮助藏人更好地适应了高原缺氧的环境。

　　丹人不仅对现今藏人具有遗传贡献，对现代东亚、南亚、大洋洲、美洲人群也都有遗传贡献。丹人约在 70 万年前和现代人分离，约在 40 万年前和尼人分离，丹人和现代人亲缘较远，反而与尼人属于姐妹种群，两个人群曾共同生活过很长时间，并发生过多次混血。对丹人、尼人和现代人的 DNA 研究表明，现代人类的谱系发展远比我们想象的复杂。

三、何以为居：古代聚落与城市考古

12. 周口店的北京人是怎样生活的

电影《疯狂原始人》让大众认识了住在山洞里的咕噜一家。是的，在进化历史上，人类有很长一段时间选择以山洞为居所，因而也被称为"穴居人"。

提起"洞穴""穴居人"，我们很容易想到"北京猿人"。赫赫有名的"北京人之家"坐落在北京市房山区的周口店龙骨山，距北京中心城区约50公里。这里是平原与山区的连接处，向西向北是太行山脉，向东向南为开阔的华北平原，地理条件优越。

要知道，在我们的祖先学会耕种和蓄养动物之前，丰富多变的地貌意味着多样的、赖以生存的动植物资源。周口店附近有一系列洞穴遗址，在数十万年的跨度里记录了多重的人类活动。我们谈论北京人遗址时，通常指的是周口店第一地点，但周边其实还有第四地点、第十五地点等，也出土了丰富的早期人类活动遗存。同样具有极高知名度的山顶洞也位于周口店。在详细介绍周口店的穴居情况前，我们可以先了解一下它的发现过程。

周口店北京人遗址"猿人洞"远景（银色部分为遗址保护棚）

　　20世纪20年代的科考工作，不仅使得周口店成为人类演化研究的重要宝库，也使它化身为"造星"的摇篮。这里曾成长起一批奠定中国地质学、考古学与古生物学学科基础的科学家，如杨钟健、裴文中、翁文灏、贾兰坡等等。

　　1929年，北京人第一头盖骨的出土轰动了国际学术界，周口店"北京人之家"被正式认证。事实上，早在1921年，瑞典地质学家安特生就在周口店注意到了锋利的石英碎片，当时的人们也因此决心在这里寻找"我们祖先的遗骸"。这些石英碎片就是石器，是人类活动的有力证据。

　　石英是一种十分坚硬耐磨的矿物，它的薄锐边缘锋利程度不亚于现在的小钢刀。熟悉地质背景的安特生明白，这一区域的石英岩应该在砂页岩地层，而它们却出现在灰岩里，意味着这些石英岩很可能是古人类活动带来的。与此同时，这里还出现了大量的动物化石，并伴有珍贵的古人类牙齿。正是在这些线索的推动下，周口店遗址的发掘于 1927 年春正式开始。

第二次世界大战爆发前，周口店北京人遗址已经收获了丰富的发掘成果。发掘出的北京人化石可以代表大约 40 个个体，包括 5 个比较完整的头骨，另有许多头骨碎片、面骨、牙齿和肢骨等。同时，北京人遗址还出土了大量哺乳动物化石、两种植物化石。更重要的是，考古学家们在这里发现了用火遗迹。

在这一背景下，我们来看看周口店猿人的家——洞穴。

洞穴是旧石器时代人类主要的居所之一，也是今天考古学家们获得相关信息的主要场所。最常见的洞穴是石灰岩洞穴，从成因上看，在岩溶作用下，水流对石灰岩进行化学溶解和重新堆积，进而形成洞穴。周口店的洞穴便是一种石灰岩洞穴。

当然，也有少量其他类型的洞穴。例如，砂岩山体在受到侵蚀时会形成洞穴，这一类型的洞穴遗址曾出现在北美洲东部。另外，火成岩区域受构造活动影响时也会形成洞穴，夏威夷的洞穴和岩厦便是由熔岩管道等火山岩结构形成。

岩厦是另一种常见的古人类居址。与洞穴不同的地方在于，岩厦是岩石经过长期地质作用而形成的，呈现类似"屋檐"的微地貌，也被称为岩棚和岩荫。一般来说，古老的岩石比较陡直的断面上较可能存在岩厦，因为软质岩石易于风化或侵蚀，它们剥落之后，坚硬的岩石就凸了出来，成为可以遮日避风的地方。

不管洞穴还是岩厦，都是大自然为古人类制造的"房子"。古人类利用这些"房子"挡风遮雨，在这里生活起居。由于很长时间里人类都在洞穴中活动，并且洞穴的沉积环境相对封闭，因此古人类的遗骸也最有可能被遗留在这里。

事实也的确如此。目前，出土的古人类化石大部分都来自洞穴。2020年，中国科学家运用沉积物 DNA 技术获得了青藏高原白石崖洞中丹尼索瓦人的 DNA，年代为距今 10 万—6 万年前后。高原洞穴内的环境犹如天然冰箱，将古老的 DNA 保存在沉积物中。这是洞穴在保存古人类活动直接证据方面的另一大贡献。

除了化石和 DNA，洞穴内留下更多的是当时人们生产生活的遗迹和遗物。最常见的人类活动是生火，既可以用来取暖、烧制熟食，也可以防御在洞口蠢蠢欲动的野兽。周口店"北京人之家"就记录了当时人类的用火情况。

周口店第一地点丰富的用火遗存将人类控制用火的历史大大提前。根据已有的科学测年数据，周口店第一地点含有灰烬的地层不晚于距今 50 万年。有控制的用火对于加速人类演化与帮助人类适应环境有着极大帮助，尤其是食用熟食，在提升人类体质和延长人类寿命方面起到了重要的作用。

洞穴里发现的人类活动遗存，不但可以记录生活、取食等日常行为，还能够反映当时人类的精神文化行为。在一些洞穴里，考古学家曾发现洞穴壁画以及集中分布的花粉或颜料。其中，最有名的是位于法国南部的肖维岩洞（Grotte Chauvet），在那里，我们可以见识到人类在 3 万年前的绘画能力。这一洞穴也因此堪称"史前艺术博物馆"。

随着科学技术的发展，越来越多的科技力量应用到考古学研究中，洞

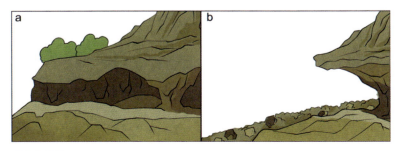

洞穴和岩厦

法国肖维岩洞的壁画

穴居址里的秘密也有望得到进一步揭示。

除了周口店第一地点的"北京人之家"，在百年的考古历程中，祖国南北，尤其是在云贵喀斯特地貌区，也曾发现大量的洞穴遗址。例如贵州的盘县大洞、观音洞、猫猫洞，还有新发现的招果洞；云南的大河洞穴遗址、马鹿洞、娜咪囡洞等。这些洞穴遗址中保存了它们昔日主人的生活痕迹和生活用品，有些甚至保存了主人的遗骸。

就这样，那些曾为古人类遮风挡雨的洞穴，如今成了我们解读他们生活的资料宝库，犹如一个个"盲盒"，等待考古学家和地质学家翻山越岭去找寻，并用科学方法打开它们、解读它们。

13. 仰韶时代的人类怎样居住

在很多中国人的传统印象中，黄河流域自古至今是中华文化最重要的发祥地和历朝历代的政治中心。夏商周三代以下的无数历史典籍的记载，强化了这一认知或者说成见。

通过最近一百年的大量考古工作，虽未能证实黄河流域始终领先于整个中国历史发展的进程，但起码能表明，这里从六七千年前的新石器时代中期开始，一直到唐宋时期，几乎是最重要的中国历史轴心。

这一历史进程的开端，可以说就是以仰韶遗址命名的仰韶文化。因此，若要透视这一宏大的历史脉络，以仰韶遗址为切入视角无疑是有意义的。

仰韶遗址，位于河南省渑池县城北 9 公里处的仰韶村，坐落在村南缓坡台地上。这个遗址出土的彩陶太引人瞩目了，以至于发掘者安特生把它作为命名和确认仰韶文化的主要标准。彩陶的大范围传播，被考古学家认为是中国史前第一次艺术浪潮。

以仰韶遗址为中心，在黄河流域发现了越来越多的属于仰韶文化的遗址和墓地。这是中国新石器时代最重要、分布地域最广、命名最早、影响十分深远的考古学文化。从 1921 年至今，共发现仰韶文化遗址 5000 多处，分布于整个黄河中游地区及其边缘地区，大致覆盖从甘肃省到河南省之间的广大区域，北到长城沿线及内蒙古河套地区，南达鄂西北，东至豫东一带，西到甘、青接壤地带，处于北纬 32—41 度、东经 106—114 度之间。分布地域辽阔的仰韶文化，代表了一个发达的、影响力强盛的共同体，也代表了史前中国的一个时代——仰韶时代。

仰韶文化被分为六个区系，中心是渭、汾、洛诸黄河支流汇集的关中至豫西、晋南地区。经过精确的年代学研究，这一文化从公元前 5000 年持续到公元前 3000 年（即距今约 7000 年至 5000 年），大致分为早、中、晚三个发展阶段。

这个史前社会发展高峰期，数以百计的聚落遗址被发掘出来。人们不禁要问：仰韶时代的人们是怎样居住的呢？

那时的人们居住在一个个聚落中，这是城和城市这种高级居住形态出现前的居住方式，是人类走出"穴居"所迈出的至关重要的一步。

聚落，通俗讲就是史前的村落，是那个时代人们居住的基本形态。它由集中在一起的房屋组成，聚落的外围（相当于城市的郊区）是人们安置逝者的公共墓地。一个聚落就代表了史前时代的一个小社会，它可能是基于血缘关系组织在一起的，或者说是一个氏族群落。

仰韶时代的人们就居住在这样的聚落里，仰韶文化就是由这样大大小小的聚落组成的共同体。

构成仰韶文化的数千个遗址背后的村落，一般都是坐落在河流两岸，那里有着经过长期侵蚀而形成的地势高爽的阶地或台地。或者坐落在两河汇流处较高而平坦的地方，这里土地肥沃，有利于农业、畜牧、采集、渔猎等经济活动，取水和交通也很方便。

重要的村落周围往往有一条壕沟环绕，给村落内的社会群体提供安全的生存环境和地域识别边界。村落外的合适地点则布置墓地和窑场，可能还有田园。墓地用来安置逝去的同伴，窑场则给村民们提供日常生活必需的陶器。

受人口规模和生存环境的影响，村落的规模往往大小不一。一个较大的村落，内部布局往往清晰而讲究，整齐有序。普通的居住房屋大小相似、建筑工艺相近，在排列方式上均呈现向心式分布的特征。这就明确显示出，当时的氏族社会背后有着集中群体智慧和意志的管理体制和社会结构。

在仰韶时代，村落内的房屋，平面上看主要有圆形和方形两种。早时候的房屋以圆形单间为主，后期则以方形多间为主。这反映出社会组织和家庭结构的变化。这些房屋可分为半地穴式和地面式，房顶则是用木条从墙顶上聚合成圆锥顶，或编扎成长方形人字顶。

有的房子从地面上开始，直接做成墙、顶一体的三角体形窝棚；有的

甘肃秦安大地湾遗址复原的房屋

从地面上开槽，打入密集木桩或挖坑埋木柱形成墙体骨架，并用混合草叶的泥土抹成木骨泥墙，墙的外表有的被烘烧过，以加强其坚固度和耐水性。房屋内近中间处通常会挖出一个浅土坑作为灶坑，以此作为取暖、照明、烹烧食物以及聚会的场所。

这种在中国黄河流域或整个北方地区史前考古中普遍发现的居住方式和房屋样式、建筑工艺技术，同样可以在几千年后的中国传统建筑中清晰地看到。这是古老中国传承有序的建筑文化基因——土木之缘。

1953 年，在西安东郊的平原，发现了一座仰韶文化的村落遗址——半坡遗址。考古发掘显示了在 5 万多平方米的遗址范围里，分布着生活区、墓葬区和制陶作坊区等。村落呈椭圆形，外围是一条长 3000 米、宽 5.6 米的壕沟，类似后世的护城河（城壕）。沟北是公共墓地，沟东是烧制陶器的窑区。

生活区内显示出明确的规划：一条横贯东西的街道将生活区分为两片，每片中心有一座面积达 160 平方米的长方形"大房子"，似乎是氏族首领居住地或氏族成员议事，举行集会、祭祀等公共活动的场所。大房子前面有一个开阔的广场，居于村寨的中心部位。周围是密集的用来居住的小房屋、储藏食物的窖穴和饲养牲畜的圈栏。小房子的门都朝向大房子。

遗址中出土了大量的生产工具和生活器具，包括磨制石器、陶器以及用骨头制作的箭头、鱼钩和鱼叉等，甚至还出土了陶制的动物塑像和乐器埙。遗址中还发现了斑鹿、水鹿、獐、貉、狐狸、竹鼠、兔、鱼类的骨头，以及果核和腐烂的谷子（粟）、蔬菜籽粒等。

根据发掘的同一时期的 30 座房屋推算，当时村里生活的居民有 500 人左右，他们以氏族或部落为单位组成村落。从随葬品数量来看，它还是一个尚未出现明显贫富差别的原始平等社会，妇女在氏族村落里占有重要的地位。

就在半坡遗址附近的临潼区临河北岸、骊山山前的黄土台地上，又发现了另一座仰韶时代的聚落遗址——姜寨遗址。它保存得比较完整，西南以临河为天然屏障，东、南、北三面有人工壕沟环绕，平面形状呈椭圆形，也是由生活区、陶窑场和墓地三部分组成。

村落中心是一个公共活动的大广场，周围分布着 100 余座房屋，分为五组建筑群，每组建筑群都围绕一座中心大房子。因此，这种布局显示出村落是由若干个血缘群体组成，每座大房子都是各自的公共场所。

经过发掘的房屋，平面大多呈方形或圆形，有大型、中型、小型三种，包括了地穴、半地穴及地面建筑。大型、中型、小型房屋是有不同功能的。大型房屋的面积约 100 平方米，都是方形的半地穴式或地面建筑，门道内设一个大型深穴连通灶坑。灶坑两侧至墙边还筑有低平的方形土台。每座大房子可容纳二十余人，可能用于氏族集体议事、娱乐等公共活动。

中小型房屋面积一般为 15—20 平方米，也有方形、圆形两种，可住六至八人或三至四人。小型房屋可能是这个母系社会里一个成年女子的住房，就像如今为结婚新人住的"鸳鸯楼"，当时还只是一个生活单元，没有发现独立的粮窖和炉灶，说明她们过的是集体生活。这种房屋建在中型房屋的周围。

中型房屋是供一个家庭使用的，家长是女性，带领着老人、未成年的孩子住在一起，好比今天的三代之家。这种房屋里设有灶，还有一处地方用来举行集会活动，类似民居中的堂屋。室内睡觉的床位往往分成左右两半，分布在入口两侧，可能是因男女分睡的要求而设置的。

在观察仰韶时代聚落形态时，我们还可以通过聚落外围墓地，来了解当时人们对自己家园的空间构建，并通过墓葬的形制、丧葬方式、安置尸体的姿势、随葬器物的数量和品质等，来探索先民们的社会组织、结构、习俗甚至宗教信仰。

将逝去的村民就近安葬，这是很多民族都曾有过的，但是仰韶文化的人们是怎么想的呢？无论如何，墓地构成了聚落生活的重要部分。

从发掘中我们看到了很多有趣的现象：那时的人们会遵照氏族或部落内确立的习俗埋葬逝者，这些习俗体现在了墓穴的形状、尸骨摆放姿势、合葬或单人葬、随葬品等方面。举例来说，那时流行把墓穴建造成长方形坑穴，对儿童则实行瓮棺葬（用陶瓮等装殓尸体）。盛行单人仰身的直肢葬，但合葬墓占一定比例。合葬的人数多少不等，多的达 80 人，这暗示了一套氏族组织的"密码"。墓中有陶器等随葬品。葬制上实行女性厚葬和母子合葬，反映了以女性为中心的特点，这些与母系氏族社会组织的特征相吻合。

也有学者认为，仰韶文化展示了中国母系氏族社会衰落期到父系氏族社会早期的社会关系和文化状态，它主要是一个父系社会。成年男女合葬墓、成年男子与小孩合葬墓，以及大量的小型单间房屋，说明一夫一妻制家庭日趋增多并占据统治地位。体现男性生殖器崇拜的陶（石）祖、男根图，以及表现"贵族的感情"的遗迹、遗物，则是父权与君主（世袭酋长）统治在意识形态领域的反映。这些迹象表明，中原地区在仰韶文化早中期逐渐演变为父系氏族社会。

这些葬俗在很大程度上反映了仰韶社会的生产、生活方式和日常生活状况。

支撑聚落生活的是一套日益发达的经济体系，可以从聚落遗址中出土的生产工具上得到证明。

那时的黄河流域，农业和家畜饲养业已经空前发达。我们可以将当时的生产领域概括为旱作农业、家畜饲养业、采集渔猎和手工业等行业。

仰韶文化各个部落继承了前仰韶时期各种文化的传统生产方式，是一个以粟作、黍作农业为主的文化，处于原始的锄耕农业阶段，采用刀耕火种的方法和土地轮休的耕作方式，还掌握了少量蔬菜的种植技术。当时，饲养的家畜有猪、狗和羊。马（野马）的骨头也有少量发现。鸡骨也发现较多，鸡可能已经驯化为家禽。

部落生活中，采集和渔猎经济仍占有比较重要的地位。普遍出土的石制、陶制网坠和骨制鱼钩、鱼叉等工具，说明当时氏族先民有多样的捕捞方法。彩陶器上常见的鱼网纹和鱼纹，显然是长期捕捞活动的真实反应。狩猎工具多种多样，最常见的是箭头，还有较多石制、角制的矛头和投掷用的石球。在当时，鹿是狩猎的主要对象。

在各个部落里，氏族成员从事的生产劳动主要是按性别和年龄来分工。手工业生产中的一些专业性技术，开始由氏族内部积累了一定经验的成员掌握，这些专业分工尚不十分明确，门类主要是制陶业和制石、制骨、制革、纺织、编织等。制陶业发达，人们较好地掌握了选用陶土、造型、装饰等工序。陶器多采用泥条盘筑法成型，用慢轮修整口沿，在器表装饰各种精美的纹饰。彩陶工艺特别发达、成熟。在半坡等地的彩陶钵口沿黑宽带纹上，还发现有 50 多种刻划符号，可能具有原始文字的性质。从彩陶图案纹饰的痕迹分析，当时绘画已经使用毛笔一类较软的工具。

这就是我们根据考古发现和研究，所能够描述的仰韶时代先民们的居住生活情景。这个时代开启了早期中华文明的进程，其文明特质为后来的夏商周三代所继承和发扬，为中华大地上早期国家的诞生奠定了基础。

14. 史前时代的城市是什么形态

穴居到聚落到城市，是人类居住形态进化的"三部曲"。城市是人类居住的高级形态。人们经常用"四大文明"（古埃及、古巴比伦、古印度、古中国）来讲述人类历史上最为先进的国家，按考古学界通常的说法，文明的主要标准就是城市、文字、冶金术等的出现。

既然城市的出现是文明的标志，那么，中国古代的城市是什么时候开始出现的呢？中国考古学都有哪些重要发现呢？经过百年来尤其是近三十年来在黄河流域和长江流域的考古，我们已经可以清楚地回答这个问题了。

在大约公元前 3000 纪的新石器时代最后时期，黄河流域和长江流域一些地方，先后出现了一批城市（更准确地说，是城）。它们的出现标志着一个新时代的来临。

1928 年，清华学校国学院的研究生吴金鼎，在济南附近的龙山镇调查了城子崖遗址，这即是后来的"龙山文化"的遗址命名地。经过细致而缜密的发掘，这个遗址被确认是新石器时代晚期的古城。

古城的平面呈长方形，南北最长处有 530 米左右，东西宽 430 米左右，总面积达到 22 万平方米，采用了古老的版筑夯土技术建筑城墙。城内分布着房基、水井、窖穴等。遗址出土了名闻遐迩的龙山文化黑陶，另有一些磨制石器、骨器等。

这座城延续到了相当于夏代的岳石文化时期，当时在外围增建了新的城垣。这座城址无论规模还是建筑工艺水平都是空前的，甚至超出了同时期二里头文化的相关发现。

城子崖遗址的发掘，把黄河下游地区探寻龙山文化城址的考古工作推向了高潮。之后接连发现龙山文化城址的有邹平丁公、临淄桐林、阳谷景阳岗、五莲丹土、日照两城镇、茌平教场铺等。景阳岗、丹土、桐林、两城镇古城的面积均超过 20 万平方米，城址中还发现了大型建筑的夯土台基。

城子崖遗址的龙山文化城址、岳石文化城址具有早期城市的雏形，已成为一个权力中心和经济、文化中心，这是中国史前城址的首次发现，填补了中国城市考古的空白，对研究中国史前城址和文明起源等具有十分重要的意义。2017 年，城子崖国家考古遗址公园建成。2021 年，遗址入选全国"百年百大考古发现"。

在中国文明起源和早期发展的进程中，地处陕北黄土高原上的榆林神木，也有一个石破天惊的大发现——距今 4000 多年的石峁古城。这是分布最北的中国史前城市遗址。

石峁遗址，位于陕西省神木市高家堡镇石峁村的黄河支流秃尾河及其支流洞川沟交汇处北面的山峁上。"峁"在陕北方言里指丘陵。这里地处黄土高原北部边缘的黄河西岸，毛乌素沙漠东南缘，历史上是一个农牧交错的地方。

20 世纪 70 年代，由于从陕北地区征集到一批玉器，以后逐渐被确认为出自神木石峁一带的古城，石峁遗址进入考古学家的视野。从 1976 年起，他们对遗址陆续开展了考古调查和发掘。

最初发现了一些房屋、坑穴和土坑墓、石椁墓、瓮棺葬等，从陶、玉、石器等遗物上可以看出遗址的古老。后来的研究表明，它的年代在龙山时代晚期至夏代（约公元前 3000 年）。

这时尚未发现它的巨型城墙和复杂结构。2011 年，由陕西省、榆林市和神木县的考古文物机构组成的石峁考古队，对遗址做了系统考古调查和重点复查，全面了解了遗址的分布范围和保存现状，首次发现和确认了石峁遗址是由"皇城台"、内城、外城组成的一座保存良好、举世罕见的三重结构的大型石砌城址。

这个发现确实令人惊叹,它彰显出华夏文明形成过程中,陕北的黄土高原地带曾经扮演的角色。从 2011 年起至今,人们对遗址进行了连续的考古发掘,对古城的了解也越来越多了。

一些具有重要意义的遗迹和遗物,显示出当时城市所达到的文明程度:借助地形建筑的规模庞大而复杂的、体现了政治结构的城墙,城内各种形制和功能的房屋,反映不同社会等级和财产状况的墓葬,反映社会意识形态的祭坛、祭祀坑等祭祀遗迹,具有中国文化符号色彩的玉器,成熟的建筑技术,等等。

位居中心的"皇城台"相当于后世都城的宫城。它建在内城中心偏西部位,三面临沟,是一座四面包砌护坡石墙的台城,大致呈方形,视觉上像是"金字塔"。台顶分布着成组的类似宫殿的大型高级建筑,另外还有池苑、护墙、门道等建筑。这里出土的数量可观的陶瓦,显示当时存在着覆瓦的高级建筑。

台顶上弃置了万余枚骨针以及制作工具,这表明皇城台不仅是贵族的活动区域,也是当时的手工作坊区。这里还出土了二十多件完整的骨制口簧,这是一种原始乐器,是目前世界范围内发现的年代最早的口簧。

皇城台的石砌护墙,将台体包裹为一个独立的空间。在坍塌的建筑中保存了玉器、石范、壁画,以及环首铜刀等象征身份等级的奢侈品,还发现了铸铜、制骨等早期核心技术的生产遗存。由此推断皇城台应是高等级贵族或"王"居住的核心区域,是早期"宫城"所在。

南护墙中发现了七十余件石雕像,大部分是人面雕像,也有半身或全身的石像;另外还有一些刻着符号的雕像,动物、神兽的雕像以及似乎表现神的面孔的雕像。它们可能来自其他高级建筑,在修砌大台基时被嵌入南护墙。

石雕图案的主题与艺术风格,与后来的二里头文化绿松石龙、虎以及商周

时期青铜器上的纹样，都有一定的联系。显示了当年的石峁与中原之间的联系。

台体的东北部是皇城台的城门。它只有这一条出入的通道。城门由广场、外瓮城、南北墩台、铺石坡道、内瓮城、主门道几部分构成，还有石砌的台基、道路、护墙等。长方形的广场用两道石墙围成，面积超过 2000 平方米，这也是目前确认的中国史前时期最大的广场了。

在这座城门遗迹区出土了数以万计的陶、骨、石、玉、铜等各类材质的遗物，其中，在上部堆积中出土了被弃置的陶鹰、鳄鱼骨板、鸵鸟蛋壳等。

采用多种考古年代学方法推测，皇城台是整个城址中最早开始营建的，约在龙山时代的中期或略晚时（距今约 4300 年）。以后又营建了内城和外城。这座城大约在公元前 1800 年的夏代被废弃了。

"皇城台"是石峁城址的核心区，也是祭祀区，同时也是巫觋阶层与贵族居住的区域。它具有早期"宫城"性质，高居于城的中央。石峁古城反映了中国史前社会的发展历程和文明程度，在中华文明进程中占据了至关重要的地位。石峁古城的考古发现也获得了中国考古学界的肯定：继入选"2012 年十大考古新发现"和"二十一世纪世界重大考古发现"后，2019 年 5 月被列入《中国世界文化遗产预备名单》，2021 年入选口国"百年百大考古发现"名录。

在北方黄河流域早期文明的考古发现之外，多少让人有点意外的是，南方的长江流域也相继有了史前城市遗址的发现，印证着中国文明起源进程中，黄河与长江扮演的并驾齐驱的角色。

这就是在长江下游的杭嘉湖平原以及长江中游的澧阳平原分别发现的良渚古城和城头山古城。

其实，江南一带的考古，在 20 世纪 30 年代就已揭开了序幕。1936 年，浙江省立西湖博物馆的年轻学者施昕更，在家乡杭县良渚镇发现了良渚遗址。1959 年，考古学家夏鼐将以良渚遗址为代表的史前遗存命名为"良渚文化"。此后，经过几代考古学者的不懈努力，数百处良渚文化遗址被发现，越来越清楚地展现出长江下游太湖流域地区迈向文明时代的历史画卷。

对这个以精美玉器为代表的良渚文化的研究，在 2006 年后有了新的突破。当时，浙江省文物考古研究所的刘斌等人，在瓶窑镇边上一处叫葡萄畈的隆起岗地下发现了密集排列的石块，经过勘探调查，确认是良渚文化的古城墙。

以城墙的考古为线索，经过长达十余年的系列考古调查、发掘，最终呈现出了良渚古城的面貌。这是长江下游地区首次发现的新石器时代城址，当时还是中国范围内最大的史前城址，总面积近 300 万平方米，被誉为"中华第一城"。它是长江下游环太湖地区的一个区域性早期国家的权力与文化中心。

良渚古城遗址地处浙西山地丘陵与杭嘉湖平原接壤地带，南面、北面被天目山脉的支脉环绕，东苕溪和良渚港分别由城的北侧、南侧向东流去。古城略呈圆角长方形，正南北方向。城墙底部铺垫石块作为基础，宽度达 40—60 米，基础以上用较纯净的黄土堆筑，部分地段地表以上还残留着 4 米多高的城墙。在城墙的不同位置发现了六座水门。

利用卫星影像，2016 年发现了与古城功能紧密相关的外围大型水利工程设施的遗迹——古水坝群和集水库区，这也是世界上最早的水坝系统，距今 4700 至 5100 年。那时的长江下游满布沼泽和水网，这一发现说明当时的良渚人已经掌握了高效控制水能、调动自然资源的知识和能力。

这座古城的空间布局呈向心式三重结构，位居中央的是宫殿区，向外依次是内城与外城。以往在古城周围和良渚文化分布范围内陆续发现的不同等级的墓葬、祭坛、稻作遗迹，以及大量的礼仪玉器、接近文字的符号系统、玉器上的神人兽面纹、丝织业遗迹、漆器制造遗迹等，如今随着城址的发现，也都被整合起来了。

根据多个碳十四测年数据，古城的始建年代在距今 5000 年前后。如果我们把它放到中国文明进程的大背景下来考察，良渚古城与周边的相关重要遗迹，可能就是长江下游一个“古国”的中心，姑且称作“良渚古国”吧。这是正在跨过文明门槛的史前中国大地上，众多耀眼的“星斗”之一。

一系列惊人的考古发现，也凸显了良渚古城的文化遗产价值。2019 年 7 月 6 日，在阿塞拜疆举行的世界遗产大会上，良渚古城遗址获准列入世界遗产名录。当年，良渚遗址入编《中国历史》教科书。2020 年 5 月，良渚古城遗址入选首批“浙江文化印记”名单。2021 年 10 月 18 日，良渚遗址入选中国“百年百大考古发现”。

位于湖南省澧县车溪乡城头山村的城头山遗址，也在改变着人们对于长江中游地区史前历史的原有印象。

该遗址位于澧阳平原西北部，东南距澧州古城 10 公里，总占地面积约 15 万平方米。遗址处在高出四周平原 2—4 米的矮岗上。发掘显示出，7000 年前就有人类在这个岗地上居住并从事经济活动，这是迄今中国发现时代最早、遗物最丰富、保存最完整的古城遗址，被誉为"中国最早的城市"。遗址内还发现了水稻田遗存。

考古工作始于 1979 年。从 1991 年至 2011 年，由湖南省文物考古研究所主持，在遗址里进行了 13 次发掘，共揭露面积近 9000 平方米。考古发现展现了新石器时代晚期当地的几支繁荣的考古学文化——大溪文化、屈家岭文化至石家河文化时期古城的环壕，大型厅堂或宗庙式建筑，祭坛、祭祀坑等遗迹，还有房屋和制陶作坊的遗迹。还发现了那时盛行的屈肢葬和瓮棺葬等氏族墓葬。灌溉设施完备的水稻田遗迹则显示出长江早期文明的特征。

城头山遗址的中心是一座略呈圆形的古城，城垣外圆直径 340 米，围绕城垣的护城河宽 30—50 米。古城始建于约 6000 年前，使用了很长的时间，做过多次修缮。到了距今约 4000 年的石家河文化中期，因为某种尚不可知的原因，这座城被废弃了。

一个惊人的发现，是城外壕沟内留存的 100 多种动物骨骸和植物籽实、竹苇纺织物、船桨、船艄、船板和大批榫卯结构的木构件等。显然，当时的居民是非常善于利用资源的。

从一些特征看，城头山古城像是统领一方的一个古国的政治中心。它已经属于中国最早的"城"的范畴，堪称中国城市的发轫。这一发现改写了中国的史前史，表明长江流域古文化曾经的发展高度，堪与号称中华文明摇篮的黄河流域相媲美。它与下游的良渚古城等一道，显示长江流域也是中华文明的摇篮。

最后，让我们再回到古老的中州大地。在巩义市黄河南岸以南 2 公里的平原上，一个最新发现的史前城市遗址——双槐树遗址，在 2020 年进入人们的视野。勘探和发掘显示出，这是一座距今 5300 年，经过精心选址的都邑性聚落。有人把它称作"河洛古国"。

遗址现存面积达 117 万平方米，处于河洛文化中心区。这是迄今发现的最大的仰韶文化遗址。它有带通道的三重大环壕，直径约 1000—1600 米。内环壕的北部正中是大型的夯筑的居住遗迹，其南部修建有两道围墙，与北部内壕合围形成封闭的半月形结构，面积达 18000 多平方米，类似瓮城结构，是整个遗址区的中心。

这里的一些建筑似乎是礼仪设施，例如祭坛。大型的房屋组合可能是当时重要人物（如统治者）的住所。有多处人祭或动物祭的礼祀遗迹被发现。这座都邑的结构很复杂，公共墓地、制陶作坊区、储水区、道路系统等都被规划了出来。

在众多出土遗物中，有一件用野猪獠牙雕刻成的蚕，非常醒目。这件艺术品生动记录了中国古老的桑蚕生产与丝绸文化的开端。

15. 二里头遗址是夏朝的都城吗

从二里头遗址的发现到确认它为夏朝的都城，这是中国考古学走过的一段辉煌历程。

故事要追溯到 1959 年。当时，著名史学家和考古学家徐旭生为了寻找夏朝的废墟——"夏墟"，根据史书记载的夏朝的踪迹，在豫西平原的偃师等地考古调查，于是发现了伊河、洛河之间的二里头遗址。

这一发现是夏朝考古的序幕。后来，考古学家们在二里头遗址开展了持续的勘探、发掘。越来越多的遗迹、遗物被揭示出来。首要的、也是最核心的问题是：二里头遗址与夏朝是什么关系呢?

二里头遗址位于河南省偃师市翟镇乡二里头村，遗址南北长 2—2.5 千米，东西宽约 2.5 千米，面积约 5—6 平方千米。它的南部是洛河故道，现在的洛河从它的北部流过。由于河水的泛滥，废墟被埋藏在地下的黄土中。

二里头处在地理环境优越的洛阳盆地中，北临邙山，南近龙门，西部是豫西丘陵，东方连接着广袤而肥沃的华北平原。这里表里河山，气候适宜，物产丰饶，人杰地灵，得天独厚的地理环境和丰富的物产使之成为最早的"中国"。

大量的发掘和勘探，展现出埋藏在地下的古老世界。经过研究确认的遗迹有宫殿建筑、道路、居住址、铸造青铜器的作坊、陶窑、窖穴和墓葬等。出土遗物中最引人瞩目的是青铜器、玉器、绿松石和象牙等珍宝，代表了一个高度发达的古代文明。

在确认为夏朝都城遗址之前，学者们谨慎地把二里头遗址命名为二里头文化，二里头是这个文化的核心。根据考古年代学研究的结果，二里头文化的年代范围是公元前 1700 年至公元前 1500 年。

二里头遗址区的平面呈不规则的长方形，东西长，南北窄。考古学者区分出了不同的功能区，显示出当年曾经有过的规划：宫殿区位于遗址的中部偏南，有道路环绕着宫城；贵族的居住区分布于遗址区的中部、东南部，环绕着宫城；一般居住区则位于遗址的北部和西北部；手工业作坊区位于遗址南部偏东，宫殿区以南 200 米；祭祀区被安排在了宫殿区的北部和西北部；而墓葬则是在遗址中零散分布，没有与人们的居住区严格区分开来。

遗址中的房屋，在构造上可分为地上建筑和半地穴式建筑两类。无论是哪一类建筑，其地面都经过夯打，十分平整。房屋的功能和用途有所不同。房屋的中间或周围有大小不一的柱洞，原来柱洞中应该有木柱，起到支撑墙壁和屋顶的作用。

二里头遗址中最为重要的是宫殿区。宫殿区位于遗址中南部，面积约 12 万平方米。在它的外围发现了四条环绕的道路，路的宽度在 12—20 米之间。宫殿区内发现了 30 多处夯土建筑基址，面积比较大的有 5 处，外围都建有墙垣。

其中，1 号宫殿是一处大型建筑遗址，位于宫殿区的西南部，平面形状呈现南北向的长方形，坐北朝南，大门开在南墙之上。当时曾是座宏伟的建筑，现在存有夯土的台基。

主体建筑在台基的北部，在台基上发现许多柱洞、柱基槽和木骨墙基等。根据柱洞数量和排列方式，考古学家们推测北部大殿面阔 8 间，进深 3 间，四周修建有回廊，回廊和北部大殿之间是广阔的庭院。宫殿的东北角发现了一处广场，面积约 1000 平方米。

2 号宫殿位于宫殿区的东部，平面也是南北向的长方形，东、西、南三面修建有以长廊相连的房子。大殿也是位于北部。在大殿的北部正中发现一座墓葬，里面埋葬了用绿松石制作的龙。

带围墙的宫殿等重要遗迹的发现，以及遗址中出土的大量青铜器、玉器、镶嵌绿松石的象牙杯等名贵物品，意味着这是一个已经迈入"文明门槛"的高级状态的考古学文化，它的考古年代恰落在了夏朝的纪年范围内。经过反复缜密的论证，二里头遗址被确认为夏朝的都城遗址。

从二里头遗址的考古发现到夏朝都城的确认，经历了长期的过程，期间的复杂过程这里已无须再提。我们只需记住：这一过程同时也是中国考古学不断发展的历程。作为中国考古学最为重要的考古发现之一，二里头遗址的考古已经载入了史册。

16. 商代最后的都城是什么样子的

三千多年前，商王盘庚将首都迁到了叫"殷"的地方，此后商朝的都城再未更易。稳定的国都意味着国家的安定和繁荣，商王朝在"殷"走向鼎盛，最终也在"殷"落幕。

正是因为"殷"在商历史中的重要性，历史学家一般也会将商代称为"殷代"或"殷商"。商人在定都于"殷"的二百余年里创建的辉煌宏大的城市，渐渐隐没于安阳平原的地下，直到清朝末年，当地的农民在偶然间挖出了刻有文字的甲骨。1899 年，这些甲骨终于引起了金石学家王懿荣的注意，一些文字被识别了出来。自此开始，殷墟的名字开始变得家喻户晓。

1928 年，对安阳殷墟遗址的科学考古工作开始了。那一年，刚刚成立的历史语言研究所考古组，着手对安阳殷墟进行考古发掘。这将是中国考古机构首次独立开展考古工作，重要性不言而喻。

为何要选择安阳殷墟呢？

20 世纪 20 年代，史学界兴起了"古史辨"（又称"疑古"）思潮。以顾颉刚为代表的学者，对传世文献中记载的上古历史（如"三皇五帝"）提出了质疑。他们认为这些历史记载无论是真实的，还是虚构的，都应该拿出切实的证据。在"疑古"思潮下，单纯的史书记载是不可靠的，学者们便想到了考古学，试图用地下材料重建中国上古史。

此时，甲骨文的收藏和研究已经有了很多进展。"甲骨四堂"之一的王国维，根据甲骨文内容确认了商代王族世系，证明了地下文物对于上古史研究的价值。由于甲骨的出土地正是安阳，在这里开展考古发掘，既能够保证发掘工作有所收获，让中国学界坚定对考古学的信心；又能够搞清楚甲骨出土的准确位置，确认殷墟的真实身份并获得更多的地下文物信息，一举多得。

于是，刚刚成立的历史语言研究所就担当了殷墟考古发掘的重任。殷墟百年科学考古的大幕被拉开了，随着考古工作的推进，殷墟的神秘面纱也逐渐揭开了。

1928 年 10 月，史语所考古组的董作宾被派到安阳做考古调查和试掘，他将发掘地点选在之前挖掘出甲骨最多的小屯村一带。从 1928 年 12 月的第

1928 年殷墟第一次发掘（右为董作宾）

二次发掘开始，发掘的主持者改由李济担任，他曾在美国哈佛大学受过考古学训练，发掘方法更加科学，也更加注重非甲骨类文物的收集、记录和研究。

殷墟的前三次发掘都以小屯为发掘区域，不仅收获了大量文物，还正确将晚期的遗迹与商代遗存区分开来（如现代地层、隋唐时期的墓葬等），并完整清理出古代的坑（专业术语叫"找边"），这在田野考古技术上是一次重要进步。

到了 1931 年的第四次发掘，殷墟考古迎来了一次历史性转折。这次发掘将发掘区域扩大到了小屯、后冈和四盘磨三个地点。更加重要的是，考古学家郭宝钧确认了遗址中发现的"凹聚纹"是商代版筑痕迹，也就是今天我们说的"夯窝"。古人修建高等级建筑基础时，为了使之坚固，要对黄土不断进行夯打，这个过程便会留下"夯窝"这种打击痕迹。

有了这种认识后，考古队员在发掘时遇到有这种"夯窝"痕迹的黄土区域便不再下挖，将其保留下来，后来发现这种黄土区域能够连为正南北的正方形，一座古代宫殿的基础部分便浮现在眼前。从此，殷墟考古的重点从寻找古代遗物，转向探寻商代遗迹。

到 1937 年前，考古学家在小屯村发掘出夯筑建筑基址 53 座，确认了小屯附近曾是商代的宫殿宗庙区，即商王等商代贵族日常居住和祭祀祖先、神灵的区域。这也是这个区域能够挖掘出大量刻字甲骨的原因。

1933 年的殷墟第八次发掘，后来成为新中国文物考古事业领导者之一的尹达，在后冈发现了一座有两条墓道的"中"字形大墓。这应是商代贵族的墓葬，这个发现证实了殷墟不仅有宫殿，还有贵族大墓。于是，考古工作者便在周边区域进行调查，最终在洹河北岸的一处高地——西北冈发现了商代的王陵区。随后，发掘重点转向了西北冈的墓葬。此处共有"亚"字形大墓 8 座，这些大墓拥有的四条墓道说明它们的规格极高，应为商王陵。

令人遗憾的是，1937 年日本全面侵华，殷墟考古发掘被迫中止。日军占领安阳后，对殷墟进行了盗掘，导致一批殷墟文物外流，现存最大的青铜器"后母戊鼎"险些流失。

从 1928 年到 1937 年间，史语所考古组共组织了 13 次殷墟发掘，出土了数以万计的商代甲骨等文物，为世人初步揭示了一个以小屯宫殿宗庙区和西北冈王陵区为核心的商代都城遗址。

间隔了一段时间后，重现殷商都域全貌的考古工作，在 1950 年得以恢复。

这一年，郭宝钧重返殷墟开展发掘工作。1958 年，中国科学院考古研究所成立了安阳工作队，以长期开展殷墟的勘探、发掘和研究工作。经过前后 70 余年的考古工作，殷墟遗址的范围终于确定了。

遗址跨洹河南北，总面积约 30 平方公里，中心是小屯宫殿宗庙建筑区。该区东北临河，西南挖有深沟，形成一个近长方形的封闭区域，内部发现了上百座夯土建筑基址以及大量的墓葬，其中最重要的是商王武丁妻子妇好的墓葬。

举世瞩目的妇好墓发掘，是中国考古学史上令人难忘的一页。墓中出土了 1928 件珍贵文物，展示了商代文明的辉煌。在西北冈王陵区，除大墓外，还发现了数量超过 2500 座的祭祀坑，其中绝大多数都以人为祭祀品，有的祭祀坑埋人多达数百名。

除上面两个核心区外，殷墟遗址内还发现了以"家族"为单元的居民点"族邑"以及"族墓地"。这些家族居住在"四合院"式的房子中，还有水井、窖穴，甚至多节陶水管组成的排水系统，并在住地附近设有墓地。

当时，城里还分布着多个"工业区"。已经发现有铸铜、制陶、制骨、制玉的手工作坊。经过近年来的勘探，城内连接不同区域的路网和水网也初见端倪。

由此可见，殷墟在古代是一座规模庞大、功能完善、有一定规划的城市。它以商王族成员的居所为中心，通过路网与水网将众多"族邑"相连，并在其间分布有各类手工业作坊。人们死后会葬入附近的"族墓地"，而商王族成员则会葬在洹河北岸西北冈的王陵区。

在甲骨文中，殷墟被称为"大邑商"，即大城市"商"。考古重现的这座

青铜器上的"妇好"铭文

辉煌都市，是无愧于这个称号的。

17. 今天发现了哪些周朝的都城与城市

周朝是我国继商朝之后的王朝。以公元前 770 年发生的周成王东迁为分界线，可以分为西周和东周两个阶段。

周朝立国前，周文王曾在关中的渭河支流沣河以西建立了丰京。大约在公元前 1050 年，周武王建立周朝后，又在沣河以东建立了新都镐京。这两座城市组成了西周的都城，被称作丰镐。

著名的利簋、何尊等西周青铜器的铭文中，记载周武王克商后，在洛阳平原建造了一座城市洛邑。周平王迁都到洛阳，可能就是利用这座城市作为王城。在西周时期，周天子实行分封制，将一些贵族分封到全国各地，史称诸侯国。

考古学对丰镐古城的勘探和发掘始于 20 世纪 70 年代。在陆续的工作后，有了一些发现。在沣西发现了一些大型夯土台基，上面可能是宫殿之类的大型建筑。在遗址区也发现了一批墓葬、车马坑和陶制的水管道，另外还有制造青铜器、骨器、陶器等的作坊遗址。

在沣河以东，现在西安市的花楼子附近，也发现了一座长 59 米、宽 23 米，总面积 1357 平方米的重檐式建筑，可能是当时的一座宫殿。

东周时期在洛阳的都城东周王城，经过考古勘探和发掘，已经确认了位置，在今天洛阳市的老城一带。这里处在洛河及其支流涧河之间，涧河水蜿蜒曲折，当年流淌在城址的西墙外。

王城遗址是座平面方形的城市，残存的北墙长约 2890 米，西墙曲折，长约 3200 米，东墙仅存北段。城墙残存的宽度尚有 5—15 米，可以看见多次修补的痕迹。

城内的中南部，发现有大型建筑基址，考古学家们推测这里可能是宫殿区，手工业作坊区主要分布在城址的西北部。至于城市的墓地，则分散在城中部、东北部和西部。

2002 年有个惊人的发现。在洛阳市王城广场发现了一座大型车马坑，南北长 42.6 米，东西宽 7.4 米。坑内埋葬了 68 匹马、26 辆车，以及 7 只犬和 1 个人。其中一辆车配有 6 匹马，与古代文献中的"天子驾六"的记载相符合。

东周时期，王室权威衰微，诸侯国崛起。历史学家们将东周分为春秋和战国两个阶段。春秋时期出现了齐、晋、秦、楚、宋五个强国，到了战国时期则出现了齐、楚、燕、韩、赵、魏、秦"战国七雄"。

诸侯国的国君所居住的城市，也成为诸侯国的都城。这些数量众多的城市都被深埋在地下，现在被发现的有晋国都城新田（今山西侯马西北）、韩国都城阳翟故城（今河南禹县）和郑韩故城（今河南新郑）、赵国都城邯郸（今河北邯郸）、魏国都城安邑（今山西芮城）、燕国都城蓟（上都，今北京市）和武阳（下都，今河北易县）、中山国都城灵寿（今河北平山）、齐国都城临淄（今山东临淄）、鲁国都城曲阜（今山东曲阜），秦国都城先后有雍（今陕西凤翔）、栎阳（今陕西临潼）和咸阳（今陕西咸阳），楚国都城则有郢（今湖北江陵）、陈（今河南淮阳）、钜阳（今安徽太和）、寿春（今安徽寿县）。

在这个城市林立的列国时代，诸侯国的都城有什么特点呢？根据考古发现，可以归纳出六个特征：第一，城市规模宏大；第二，城市多选建在易守难攻的地方，控制交通要道；第三，城市防御设施得到了加强，都城修建城墙，并且开始划分为宫城和郭城；第四，城市布局更加完善，宫城一般位于高处，便于观察全城，而宗庙在城市规划中地位上升；第五，城市的制造业发达，手工业作坊广泛存在；第六，城内外出现的王族专属陵园成为城市的一部分。

"天子驾六"车马坑

作为"城"的标志的城墙，在东周时期诸侯国都城的营建中得到了发展。从修建技术来看，这些城市的修建方法大致可以分为以下三类：第一类使用"夯筑法"，这是中国古老的建筑法式，楚国纪南城、秦国雍城、齐国临淄城的城墙修建时便使用了这种方法；第二类使用"版筑法"，是指用木板或圆木固定成梯形框架，然后在框架内添加土料，然后夯打的方法，东周王城、燕国下都、魏国安邑城、郑韩故城的城墙使用的就是"版筑法"；第三类是"夯筑法"和"版筑法"均使用的修建方法，比如晋国新田城。

东周时期的都城并不是整齐划一的，都是根据城址所在地的实际情况进行修建。有人根据城址的规划和形制特征，将春秋时期的都城分为三类：第一类是"回"字形都城，即宫城位于王城的中间，秦国雍城、鲁国曲阜城、楚国纪南郢城和魏国安邑城就属于这一类；第二类是组合式都城，即由两座或两座以上的城相结合组成都城，比如晋国新田城、齐国临淄城、赵国邯郸城；第三类是东西并列形都城，两座城之间用隔墙相隔，比如郑韩故城、燕下都等属于这一类。

东周时期诸侯国都城的建造根据所在地的地理环境因地制宜，别具一格。对这些遗址的考察和发掘，为我们了解当时的社会、经济、军事和外交政策提供了重要的资料。

18. 秦都咸阳真的像杜牧描绘的那个样子吗

秦国在壮大的过程中，逐渐将都城从甘肃天水一带向东边的陕西迁徙。秦人迁了八次，都城有九座。咸阳就是秦人东迁之路上的最后一座都城，也是中国历史上的第一座帝国都城。自秦孝公十三年（前349）至秦朝灭亡（前207），咸阳城见证了秦从偏守西陲的小国成为统一天下的帝国的过程，也见证了秦帝国从兴盛走向衰败的过程。

根据《三秦记》记载，"咸阳"得名是因为它的地理位置。古人将山之南或水之北称为"阳"，而咸阳恰好在九嵕山之南、渭水之北，取山水皆阳之义，故有此名。按照今天的行政区划，秦咸阳就在陕西省西安市和咸阳市之间的西咸新区秦汉新城。

咸阳在为都的百余年间，人口持续增长，更因秦国国力的强盛和政治地位的提升，城内外工程不绝。嬴政在统一的过程中，更是每破一国，便在咸阳北阪上仿建一国宫室。

战国晚期以后，咸阳城区渐渐从渭水北岸向南岸蔓延。嬴政称帝后，更是大兴土木。秦朝帝都，气势恢宏，渭河自西向东穿城而过，如银河贯天；宫庙错落巍峨，如星辰般璀璨。以这种天地间的遥相呼应，秦人宣示着唯有他们才是这四方六合之内疆土的主宰。

咸阳城以渭河为界，分为南北两区。渭河北岸是传统的城区，营造之时结合地形进行了各个功能区的配置。西南部地势较低，但离水源较近，为工商业、平民居址的集中区。西北部则是惠文王、悼武王的王陵区以及贵族与平民的墓葬区。东北部的咸阳北塬地势高隆，咸阳宫便雄踞于此，俯瞰全城。

咸阳宫四面墙垣环抱，宫内道路纵横相交，至今已发现7座殿址。从断壁颓垣、残砖断瓦间，依稀可见当年景象。

殿址皆建于高台之上，设计复杂精巧。屋顶叠瓦，瓦口掩以动物、植物、漩涡等各色瓦当；殿内地面涂朱，廊道的地面铺砌有方格纹、平行线纹、太阳纹等各种几何纹样的砖，登临的踏步上也铺有龙凤纹、四叶纹等空心砖。壁炉、排水池、窖穴等设施齐备，为起居生活提供了便利。

咸阳宫的东面连接着一片苑囿，名为兰池。昔年的皇家禁苑中，曾有模仿蓬莱、方丈、瀛洲三座仙山的水景，也有小规模的制陶窑址。

咸阳宫外的西、北两面，发现了大量手工业遗存。西面是一处集管理、

秦咸阳宫第三号宫殿遗址出土的龙凤纹空心砖

储存与生产于一体的手工业综合生产园区，包括制作砖瓦、骨器、铜器、钱币、石编磬等器物的作坊。有"北宫乐府"铭文的石磬，与宫殿建筑同制的建筑材料，无不暗示着这些产品的去处。

咸阳宫外的北面则发现了石铠甲制作遗存，同类的产品目前仅见于秦始皇陵陪葬坑。这些手工业遗存虽在咸阳宫的宫墙之外，却又明显与宫殿内居住的最高统治者们的吃穿用度有极大关联。如果将宫城外的这些遗存面积与宫城面积加在一起，约有 500 万平方米，几乎是故宫占地面积的 7 倍。

咸阳城在渭水南岸的部分极其广阔，最南可至终南山。这里主要分布着甘泉宫、章台、上林苑、阿房宫和诸庙。在东边的骊山西麓，悼武王以后的秦王都葬在此处，北麓则是秦始皇陵。

渭南诸宫中，知名度最高的莫过于阿房宫。杜牧《阿房宫赋》中"蜀山兀，阿房出。覆压三百余里，隔离天日"的描写，引人遐想；"楚人一炬，可怜焦土"的结局，又令人感慨。

《史记·秦始皇本纪》中记载，阿房宫本是秦始皇计划修建的朝宫，工程始于始皇三十五年（前 212），不过两年后嬴政便死在了巡行路上。直到秦二世元年（前 209）四月，工程才重新开动，但短短三个月后便因反秦的浪潮而停工。但同一卷内，司马迁又言之凿凿地说阿房宫前殿"东西五百步，

阿房宫前殿遗址夯土台基

南北五十丈，上可以坐万人，下可以建五丈旗。周驰为阁道，自殿下直抵南山。表南山之巅以为阙"。《汉书·五行志》里则说，秦二世"复起阿房，未成而亡"。这些文献中的抵牾之处如何解释？

　　考古发掘的结果显示，阿房宫前殿尚存秦代修建的高台，但前殿之上，并无地面以上的建筑残余。也就是说，这座宫殿的墙体和屋顶工程并未进行，即便秦末曾有一场大火，这里也无殿可烧。何况这些秦代的残留物上并未发现大火焚烧的痕迹——如果被火烧过，势必有烧土、灰烬等痕迹，然而什么都没有。不会说谎的考古实物，能够帮助我们接近历史的真相。

　　咸阳城为后人留下的最大争论是：皇家的宫殿苑囿之外，自然有垣墙围护，而宫城以外有寻常百姓的居住区，也有烟火气息的工商区，是否有郭城的城墙围护着这些区域？

　　战国时期的各国都城都有郭城或大城城墙。在战火不休的年代，城墙是城市最好的防御设施。继秦而立的西汉，都城长安也有外城的城墙。咸阳城裹挟于时代的洪流之中，似乎不会是一个超出时代的存在。尤其在秦国取得对天下的绝对控制权之前，关中的天险并不能给秦带来绝对的安全，这百余年的壮大之途，需有何种的绝对自信，才能使都城成为一座敞开的城市？这个问题，需要考古工作来做进一步回答。

秦朝短祚而亡，却为后世留下了大一统的制度和文化基础。咸阳的城市布局和制度，也为后世带来了深刻的影响。汉长安城即利用渭南离宫的一部分改建而成。咸阳城的宗庙一改先秦时建于宫室区或宫城之中的做法，而是从宫殿中剥离开来，建在渭河南岸。宗庙是"血缘政治"和"神圣权力"的象征，将之与作为国家政治中枢的宫殿分离，这是地缘政治格局的反映，也宣示了世俗权力的独立性。

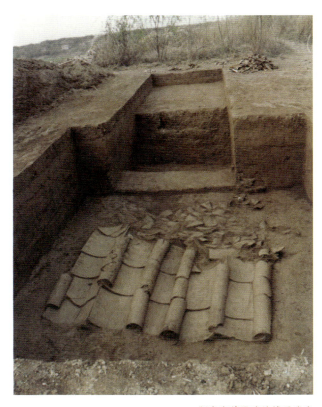

阿房宫前殿遗址铺瓦遗迹

19. 汉长安城是什么样子的呢

西汉开国皇帝刘邦即位后，面临着择都的问题。他和他的股肱大臣们多是关东人，在当时，关东和关中有巨大的文化差异，甚于今天的南北差异，因此刘邦和他的大臣们多倾向于回到自己熟悉的环境中。

刘邦心仪的新都是洛阳。他认为，洛阳在天下之中，建都洛阳又能赓续东周的正统。大臣们都表示赞成，唯有齐人娄敬和留侯张良力主定都关中。他们的理由是，洛阳更适合作为承平时代的都城，虽然楚汉战争已经结束，整体的局势仍不稳定，如何充分保障政权的安全，应是都城选址时首先要考虑的因素。假若定都关中，四面群山环抱，大可坐拥天险，只要守住有限的几条通道，便不易受敌人威胁。当年攻打秦人的六国之师便逡巡在函谷关前不敢再进一步。据守关中，以逸待劳，是秦人最终统一六国的地利条件。未来可能对汉帝国造成威胁的势力也主要来自关东，所以关中无疑是最好的选择。何况这里经过秦人数百年的经营，土地膏腴，交通便利，已有"天府"之称，加之地域广阔，未来足以容纳向都城聚集的各地人口。

刘邦听从他们的建议迁回了关中，带着群臣暂居栎阳。这里也是秦人旧都之一，商鞅在此变法，孝公由此启程迁往咸阳。距此50多公里的渭河南岸，新的都城正在营建。

新都利用了咸阳城在渭水之南的部分旧宫室，秦兴乐宫被改建为长乐宫，秦章台被改建为未央宫，成为日后都城之内最主要的两座宫室。公元前200年，汉帝国的中央政府正式迁入新都长安。

未央宫的建筑工程由丞相萧何负责。当刘邦从战场上归来看到这座宫殿时，感到极度震惊。即便是他见过的高大巍峨的咸阳宫，也远不及眼前这座未央宫宏伟。

萧何给他的解释是："非壮丽无以重威，且无令后世有以加也。"意思是，皇帝以及帝国的威严需要用这样外在的物化形式体现，并且要壮丽到极致，这样后代也就无需再作任何扩建或修饰了。或许平民出身的刘邦仍对秦朝劳民伤财的大型工程招致的怨责心有戚戚，终其一生未将主要的政治活动放在未央宫内。直到惠帝，才正式将这里作为西汉王朝的大朝正殿。

高祖时完成了长安城内主要宫室以及太仓、大市等基础建筑的修建，城墙则在惠帝元年到五年间（前194—前190）建成。长安城的城墙不像当时大多数的城市一样方正规整，虽然东、西城墙走向笔直，几近平行，南、北城墙却各有曲折，因此后世又称长安城为"斗城"。有些人认为，长安城墙的曲折应是有意为之，其"意"就是模仿天上的星象。但现代考古学者多不赞成这种看法，他们认为城墙如今呈现的走向，应与其在宫室落成之后才修建有关，是为了就着地势，尽可能地将主要宫室和重要建筑包围在内。

城墙还引发了另一个争论。根据文献记载，长安城内人口众多，光是平民主要居住的闾里就有160个。但根据目前的考古资料，城墙之内的大部分面积被大型的宫室建筑占据，另外还有市、武库等功能型建筑，似乎并无多少面积去容纳那些闾里。于是有些历史学者依据文献记载怀疑，目前发现的城墙之外，应当还有郭城遗址。但中国考古学发展百年，勘探技术可以说已经非常成熟，考古工作者至今也没有在目前的城墙之外找到更大的一圈城墙，现在的城墙应该就是郭城城墙。

长安城的营建活动在武帝年间（前140—前87）进入了高峰期，城内的明光宫、桂宫等宫室，西郊的建章宫、上林苑，北郊远处的甘泉宫，一大批建筑络绎而起。此后主要的建筑阶段在成帝（前32—前7）以后，营建的重点是南北郊的礼制建筑。

从公元前3世纪至公元1世纪，作为西汉都城的长安，是当时世界上

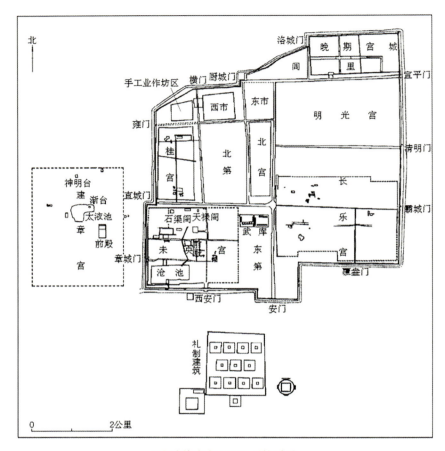

汉长安城遗址平面图，刘振东绘

规模最大的城市之一。龙首原上，长乐、未央两宫东西并峙，于高处俯瞰全城。桂宫、北宫、明光宫横列两宫之北，贵族宅第近于宫室之阙。更北则有东西二市、一百六十闾里。八街九陌，一十二门，周绕城墙。渭水之北，帝陵有九，五陵邑拱卫京师。东郊多丘墓，东南郊有文、宣二帝之陵，南郊为社稷、辟雍、九庙等礼制建筑，西郊则是建章宫与上林苑。

两百年间，多少政治风云由此激荡，多少人事兴亡在此上演，这些涟漪扩散开来，席卷着帝国的每个角落。

直城门遗址

20. 汉魏洛阳城是什么形态的呢

洛阳市的东郊，在飘荡着梵钟声的古刹白马寺东面，埋藏着东汉、曹魏、西晋和北魏四朝的故都洛阳城遗址。今天穿行在洛阳平原上，已经很难感受到它的存在了。

历史上发生了什么呢？

让我们去看看这座故都。

公元25年光武帝刘秀定都洛阳时，这里已经有了南、北相连的两座宫城，可能是西汉时的离宫。再往前，可以追溯到春秋时周敬王避乱的下都"成周"城，以及战国末年吕不韦的封邑——三川郡城。

刘秀兴建了南宫前殿崇德殿，又在城南郊建起了祖庙、社稷、天坛等举行礼仪活动的建筑。光武帝之后的明帝又重建了北宫及官署，北宫的大殿名德阳殿，是当时颇为辉煌的建筑。

首都的营建赢得了文人们的赞颂。班固在《东都赋》里称颂，"增周旧，修洛邑。扇巍巍，显翼翼。光汉京于诸夏，总八方而为之极"。张衡《东京赋》里说的"乃新崇德，遂作德阳"，就是指的南、北宫城的大殿崇德殿与德阳殿。

曹魏时，对洛都再作修缮与扩建。魏明帝时改建南宫崇德殿为太极殿，在北宫北面开辟了禁苑芳林园，城西北建了金墉城。这是当时主要的工程。一些城门的名称也改变了。

西晋王朝后，经历了东晋十六国时期的混乱，古都残破。北魏孝文帝太和十八年（494）自平城迁都洛阳前，洛阳故宫已成废墟。当时，作为天下名胜的洛桥（永桥）、太学和石经尚在。北魏时的洛阳城，以营建大批佛寺而著称，其中包括像永宁寺这样的天下名刹。公元534年，北魏终结，洛都渐废，由于洛河的改道和河水的泛滥，废墟逐渐被湮没了。

洛阳城建在黄河出秦岭后的大冲积扇扇口平原，这里是"中国"的核心所在，夏商周三代的都城都选择在这里。洛阳平原的北部是历史上著名的邙山。发源于秦岭的洛河（古洛水）和伊河（古伊水）自西南向东贯穿盆地，在东面的巩义汇入黄河。

哺育洛阳的洛水充满灵性，曹植作《洛神赋》以咏之，顾恺之作《洛神赋图》描画之。韦述《两京新记》则盛赞此地："洛水贯都，有河汉之象。然其地北据山麓，南望天阙，水木滋茂。川原形胜，自古都邑莫有比也。"

汉魏洛阳城的遗址，位于洛阳市东面的平原，西邻隋唐时新建的洛阳城遗址。在20世纪20年代，从城址中发现了汉魏石经残石，引发了学界对石经的研究。这是当时立于太学里供太学生研习的儒家经典。

对汉魏洛阳城遗址的勘探和发掘始于1953年。在洛阳的平原上，传奇的洛阳铲发挥着它的功用。1954年，考古学家阎文儒测绘了古城的第一幅平面图。1962 年，洛阳城遗址有了它的专门考古机构——中国科学院考古研究所汉魏洛阳城考古队。对遗址开展的持续勘探和发掘，渐渐揭露了包括宫城、官署、街道、城门、永宁寺、砖瓦窑场，以及南郊礼制建筑、太学、灵台在内的汉魏故都考古景观。

勘探还延伸到了郊区和四野的关隘，发现了东汉时的刑徒墓地。这些囚徒被征调来营建都城，死后埋葬在郊野。通过勘探寻找到了洛河故河道，它曾经从洛阳城的南郊流过，河北岸矗立着宏伟的礼仪建筑和太学、灵台，河南岸则有四通市和四夷馆。

保存下来的城址分为外郭城和宫城两部分，宫城位于外郭城中央偏北的位置。它们都被设计成长方形，显示出坐北朝南、中轴对称的格局。从宫城南门向南延伸的铜驼街是中轴大街。

郭城的四面城垣开设有十二座城门，各有其名，设有双阙。对东垣居北的建春门的发掘，显示出有三条门道（即一门三洞式），采用了隔墙—排柱大过梁式建筑方式。郭城的东、西、北三面墙垣有几处曲折，曹魏时曾借助西北角的城垣，仿照邺城的铜雀三台，建造了城中之城金墉城。东垣、西垣上设置了马面。勘探出的四面城垣周长约 14.4 公里，相当于西晋的 33 里，这与史书的记载相符。

在外郭城内勘探出了八条大街，东西向（横街）与南北向（纵街）各四条，是城内连接各城门的主要街道。四条横街的宽度介于 35—51 米之间。作为南北向中轴大街的铜驼街，宽 40—42 米。晋人陆机《洛阳记》里说的城内大道，指的就是这条大街，它由三道组成：中央御道，两边筑土墙，供天子和公卿使用；普通市民走左道、右道，"左入右出，不得相逢"。夹道种槐树、柳树。

连接城门的大街在郭城内部划分出整齐划一的街区，称作"里"。天

汉魏洛阳城遗址出土的石经

监十七年（518）西行天竺、传下《行纪》的宋云，就住在城西的闻义里。

在秦汉离宫基础上发展出的洛阳城，随着朝代更迭和人口增长，城市规模不断扩大，而都城的规制也日益成型。北魏时期，在城的东、西郊划分出一些里，为皇室和显贵建造的住宅所占据。

汉魏洛阳城中，颇值得称道的辉煌的建筑是建于南郊的太学和礼制建筑，以及建于外郭城西南部的永宁寺、城西郊的白马寺。

河南洛阳永宁寺遗址

　　太学兴于汉武帝时。当时从天下选拔优秀的青年，设五经博士来教育他们。后来儒家经典经过厘定后被刻在石上，树立在太学门外，这就是著名的熹平石经。太学和明堂、辟雍、灵台都设在南郊，分布在铜驼街延伸到城南的大道东面，它们的遗址都得到了勘探和发掘。

　　这些建筑都带有方形围墙。在一处遗址中探察出了一座底座长数十米的房址，在这里收集到一批汉魏石经残块，证明是东汉以来的太学遗址。明堂、辟雍遗址的中心分别是方形和圆形的夯筑基台殿堂。灵台遗址的中心是一座方形夯筑高台。

　　在《洛阳伽蓝记》记载的北魏洛阳一千三百余座寺庙中，迄今为止得到发掘的仅有永宁寺遗址。该寺建于熙平元年（516），寺院的中心是九层的大方塔，其高一说是三百余尺，一说是一千尺，是当时地球上最高的建筑。这是北魏皇室的主要佛寺，很可惜在永熙三年（534）遭雷击而毁于火。

白马寺

最后，关于不朽的洛阳城，我们要说说白马寺的故事。

佛教史传说，汉明帝因为梦见带头光的金人，于是派使臣前往印度。使臣带回了沙门摄摩腾、竺法兰和《四十二章经》。因为是用白马负经而归，于是在洛都的西关外建造了白马寺。今天在白马寺的山门外，还保存着唐代的马雕。

21. "六朝故都"今何在

说起六朝故都，便想起南朝诗人谢朓的《入朝曲》，那一声"江南佳丽地，金陵帝王州"，是千古的绝唱。

古人常把东吴、东晋和南朝的宋、齐、梁、陈六个朝代合称六朝，除了因为它们的都城在一处外，还因为它们代表着中国南方文化的底蕴，有"天下文枢"的美誉。这六朝故都，就在今天的南京，六朝时称作建业、建康。

古代南京还有着金陵、石头城等名称，它最风光的时候是六朝故都时代。

史书记载了这座故都的兴衰。

吴黄龙元年（229），孙权将首都迁到建业。晋室南迁，在吴旧城基础上改建，改称建康。晋成帝咸和年间，仿洛阳城布局，以吴太初宫、昭明宫为基础，扩建宫城为二重，中部为宫城，外围为都城（外城），这个格局直至南朝没有大变动。隋消灭了陈，隋文帝惧怕南方再有其他势力崛起，将建康城夷为平地，此城沦为废墟。

唐宋以来，文人多有"金陵怀古""六朝文物"诗词，如"宫殿六朝遗古迹，衣冠千古漫荒丘"（唐·唐彦谦《金陵怀古》），"多少六朝兴废事，尽入渔樵闲话"（宋·张昇《离亭燕·一带江山如画》），"六朝旧事随流水，但寒烟衰草凝绿。至今商女，时时犹唱，后庭遗曲"（宋·王安石《桂枝香·金陵怀古》），"王谢堂前双燕子，乌衣巷口曾相识"（元·萨都剌《满江红·金陵怀古》），道尽六朝故都的风流与兴衰。

六朝选择古金陵地作首都，是因为它地处江南富庶之地，在长江下游的冲积平原上，有长江、秦淮河、钟山等山川形胜。据说诸葛亮曾睹秣陵地形，而有"钟山龙蟠，石头虎踞，帝王之宅"之叹。

六朝都城曾经辉煌一时。隋唐以后，故都渐被埋藏于地下，城市不断被重建。像很多历史文化名城一样，由于六朝故都遗址与今天的南京主城区处于同一空间，故都遗迹保存大受影响，而考古工作也难以开展。

早年的调查中，值得一提的有 20 世纪 30 年代原中央大学（今南京大学）教授朱偰先生对六朝都城遗迹的考察和研究，他的著作《金陵古迹图考》中绘出了六朝都城和宫城位置图。另一部书《金陵古迹名胜影集》，则记录了当年一些遗迹的影像。

从 20 世纪 90 年代起，随着南京现代城市建设的大规模展开，深埋于地下的六朝都城遗迹逐渐暴露。六朝石头城古迹、南朝坛类建筑遗存、台

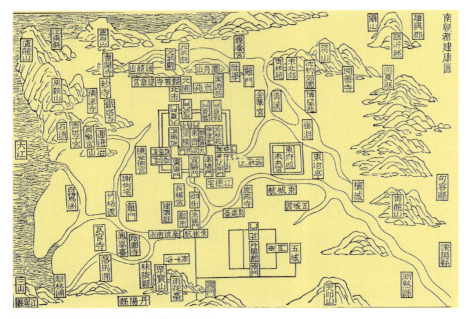

（明）陈沂《金陵古今图考·南朝都建康图》

城（宫城）城墙、城壕以及道路、桥梁、水闸、房址、排水沟、水井等遗迹的勘探和发掘，都是引人瞩目的考古发现。

六朝故都的真面目逐渐显现出来了。

这座都城位于长江东岸的平原，北面和东北面有鸡鸣山、覆舟山、富贵山、钟山（又名紫金山、蒋山）和玄武湖，南面则有蜿蜒的秦淮河，西临长江岸。在设计上，城市采取了坐北朝南、中轴对称的都城规制。从宫城南门大司马门至都城正南门的宣阳门，再向南延伸至秦淮河岸的朱雀门的一条大街，是城市的中轴大街。

建业及建康城遗址的范围，约在今南京市中山路西侧、北极阁下、中山东路南侧、北太平路东侧一带。作为都城核心的宫城，约在今珠江路中段，西抵进香河，东至珍珠河，北至北极阁下鸡鸣寺前一带。

　　尽管困难重重，考古学家仍在努力探察六朝宫城的遗迹。在南京长江路南侧、中山东路以南利济巷西侧以及长江路以南、邓府巷东侧等处，因为基建施工而发现了几段城垣，它们都采用了夯筑加包砖的技术。在城垣外还发现了不同时期的城壕，宫城内发现了多条道路。考古学家从多方面证明，这些城垣和城壕，是孙吴时期和南朝的城市建筑遗迹。

　　引人注意的是，南北走向的城墙和城壕，都有一个南偏西25度左右的偏向。从城市规划上说，这可能是六朝都城和宫城的南北中轴线走向所导致的。如果我们观察附近的长江河道走向，会发现它们是与之平行的。

　　宫城内发现了南北向和东西向纵横交错的街道。保存最好的一条南北向街道，位于太平南路以东的新浦新世纪广场工地和南京图书馆新馆一带。这条街的走向也是南偏西约25度，再次显示当年城市的规划并非正南北向。

南京秦淮河

这条街道上，叠压了从孙吴至南朝多个时期的路面，证明了城市内的大街曾经长时期使用。它也是采取了"一路三途"规制，路中间用两条浅水沟分隔，当年也许曾种植林带。道路两边的排水沟也暗示林荫道的存在。孙吴时期的街道尚比较窄，路面宽 15 米左右；南朝时期加宽至 23 米左右，道两边的水渠改成了砖砌。

考古人员还在中华路（"南唐御道"一线）东侧的中华广场工地，发现一条宽广的南北向大街。它可能就是从孙吴到唐代，宣阳门和朱雀门之间的大道，即建康城的中轴线。

在这个"虎踞龙盘"之地，六朝故都的遗迹不止于此。在南京郊区，还发现了大行宫南朝观象台遗址、钟山坛场建筑遗址、钟山佛寺遗址等。

钟山坛场建筑遗址分布在钟山南麓，这是一组南朝时期的大型祭坛遗址，包括一号坛、二号坛和一处建筑遗存。2000 年发掘的一号坛，是一座由石墙围护的方形祭坛，可能就是《宋书》等史书记载的南朝刘宋孝武帝刘裕所建的北郊祭坛的遗存。

当年的帝都周围，曾建造了一些"卫星城"，像著名的石头城。它们曾起到拱卫京师的功用。而都城东北郊和东南郊的山野，则被选作了帝陵陵园和高官显贵的墓园。

南朝的帝陵和显贵墓葬，盛行砌筑大型砖墓室，在地面的神道上树立大型的石雕神兽、华表和石碑。神兽以狮为原型，加以双翼和华丽装饰，表现的是古代的瑞兽麒麟、辟邪、天禄。华表又称石望柱，源自古印度的模式，体现了南朝与印度通过海上丝绸之路进行的文化交流。

遥想当年的六朝故都建康城，鸡鸣山下、秦淮河畔的万种风情，正可谓"六朝旧事随流水，但寒烟衰草凝绿"，让人抚今追昔，无限感慨。

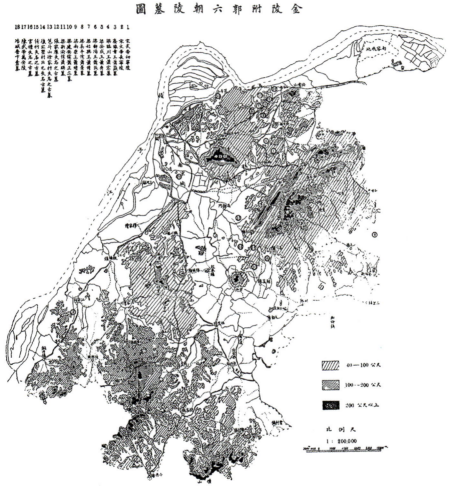

朱偰《建康兰陵六朝陵墓图考》附图《金陵附郭六朝陵墓图》

南朝石刻

22. 唐长安城有多大规模

长安城，是与开罗、雅典、罗马并称的世界四大古都之一。唐代是中国历史上最鼎盛的时期之一，长安城更是当时繁荣的国际大都会，人口一度超过百万，来自异域的商人、留学生以及学问僧穿梭于长安城中，共享长安繁华。作为中国古代都城的典型，长安城继承和完善了都城的规制，又有所创新，影响深远。

公元 581 年，隋文帝杨坚建立隋朝。翌年命宰相高颖与宇文恺等在汉长安城东南二十里的龙首原之南营建新都，命名为大兴城。唐代隋后，改名为长安城，仍沿用为都，并多次增修。这座城市在使用了 322 年后，天祐元年（904），朱全忠（即梁太祖朱温）挟唐昭宗移都洛阳。宫室、百司及民家被拆毁，以其木材扎成浮筏，由渭河转至洛阳。唐长安城沦为废墟。

由于隋唐长安城的巨大影响，唐开元时即有韦述所著《两京新记》，是最早记述隋唐长安城坊的专著，对隋唐长安的规划和布局做了较为详细的记述；五代、北宋以来也一直有学者踏查、记录隋唐城址。北宋宋敏求著《长安志》，以《两京新记》为本，详细记述了长安城坊及宫室、第宅、寺观的情况。

北宋时，关中"四吕"之一的吕大防曾作《长安图》，这幅石刻的长安城地图是中国现存最早的古都地图，可惜只有石碑残件藏于西安碑林博物馆。这些著述中，有名的还有元代李好文的《长安志图》，以及清代学者徐松所著《唐两京城坊考》等，都对长安城进行了考察和研究。

隋唐长安城的考古始于 20 世纪 50 年代。从 1956 年起，时任中国科学院考古研究所唐长安城考古队队长的马得志先生，即带队开始对长安城郭城做勘探、发掘和测绘，奠定了以后隋唐长安城考古的基础。历经六十

（北宋）吕大防《长安图》太极宫残图

余载，在几代考古人的不懈努力下，隋唐长安城的考古工作已获得了巨大的成绩，从城墙、城门、街道、宫城、宫殿、寺院、池苑到礼仪建筑等等，都被揭露了出来。

城市被设计成宫城、皇城、外郭城三部分。宫城位于全城的北部中央，中间为太极宫，东西分别为东宫、掖庭宫。皇城紧依宫城之南，是官衙和宗庙所在。外郭城从东、南、西三面围绕宫城、皇城，其间分布着官民住宅、寺观、商业区等。全城呈规整的长方形，东西长 9721 米，南北宽 8651.7 米，周长 36700 米，总面积约 84.1 平方公里。

城内的布局十分规整，街衢笔直宽阔，坊里排列整齐。诗人白居易曾以"千百家似围棋局，十二街如种菜畦"来形容长安城的布局。外郭城有9座城门，有14条东西大街和11条南北大街。这25条纵横直交的大街，将外郭城划分为109坊和两个市（每个市占两坊之地，曲江占一坊），以中轴线朱雀大街为界，平分全城为东西两部，街东54坊及都会市（东市）属大兴县；街西55坊及利人市（西市）属长安县。还分别引浐、交、潏三水，凿龙首渠、永安渠和清明渠入城，曲流萦绕坊里、宫苑间，既解决生活用水问题，同时增加城区美观。

唐朝取代了隋朝，除了大量更改宫殿等名称，还对城市做了修缮和扩建。唐太宗到唐高宗时期，在宫城东侧北郭墙外增修了新宫城大明宫，重新修筑了城墙。唐玄宗的举措，是将他当皇子时的王府改建成了宫城兴庆宫。大明宫和兴庆宫曾取代太极宫，里面发生的宫廷故事实在太多了。

外郭城内以朱雀大街为中轴线，东西两侧排列着数目与面积相等的坊市。除北垣外，东、南、西三面城垣上各设3座城门，是标准的设置。其中，南垣居中的明德门得到了发掘，它的规格最高，有5个门洞，向北连接了皇城和宫城的正门——朱雀门、承天门。其间的这条大街名朱雀街，是城市的南北中轴线，考古勘探发现它宽达155米。

一些城门具有非凡的历史意义。例如宫城北门的玄武门，正是秦王李世民发动的"血溅玄武门"宫廷政变的场所。西垣正中的金光门下，有漕渠穿城而入，它靠近西市，异常繁华，城西的居民和西域胡商从这里进出，络绎不绝。它还见证了贞观十九年（645）三藏法师玄奘"西天取经"归来，从这里步入长安的情景。东垣上的通化门距离长乐驿约4公里，从长乐驿可北抵潼关、南达武关。通化门是主公出嫁、百官来朝的必经之所。春明门更加平民化，是百姓、普通官吏迎来送往的地方。

（宋）李公麟《孝经图卷》中圜丘祭祀的场面（美国大都会博物馆藏）

长安城的东南角是皇家禁苑：芙蓉园、曲江池，是长安人赏乐游玩之地。芙蓉园内宫殿连绵，楼亭起伏。唐末长安城毁灭，园林被破坏殆尽，文化活动也随之沉寂。

如今的西安城区，有哪些是唐代遗迹呢？一方面，受历代天灾人祸的影响，本来就不易保存的土木建筑仅剩下夯土台基；另一方面，近年来随着城市化建设，很多遗迹还未来得及进行科学的考古发掘、保护和展示，便已消失在钢筋混凝土浇筑的现代建筑丛林中。如今，在西安城区能看到的唐代遗址大约有 27 处，其中著名的有大明宫遗址和慈恩寺的大雁塔。

今陕西师范大学雁塔校区南操场东侧，分布着唐代圜丘遗址，在当年长安城正南门明德门外东南二里。圜丘，俗称"天坛"，是隋唐时期皇帝每年冬至日举行祭天活动的礼仪建筑，比北京天坛早近 1000 年，是全国范围内保留下来的唯一一处早于清代的圜丘遗址。

圜丘始建于隋文帝开皇十年（590），从隋初到唐末沿用了 314 年，至今已有 1400 年的历史。隋唐时期，帝王圜丘祭祀一般都会选择冬至日进行，因冬至日过后，白昼渐长，取新、旧交替的美好寓意。祭祀活动有严格的规定，祭天前七日便开始沐浴斋戒，冬至当天天未亮，皇帝即起驾从寝宫前往长安南郊的圜丘，一路经宫城承天门、皇城朱雀门，沿朱雀大街往南出明德门向东，大约两个时辰抵达圜丘，举行祭祀大典。

圜丘遗址共有四层，高 8 米，周围登上坛体的台阶有十二列（古时称"陛"）。北京天坛只有三层，高 5 米多，周围台阶有四列。可见，西安圜丘无论从规格级别，还是历史年代，都无愧于"天下第一坛"的称号。美国大都会博物馆藏宋代李公麟《孝经图卷》中就有圜丘祭祀的图像。2017年，圜丘遗址已建成天坛遗址公园，承载千年的历史，以另一种姿态展现在世人面前。

含光殿毬场石志（1956 年陕西西安大明宫遗址出土）

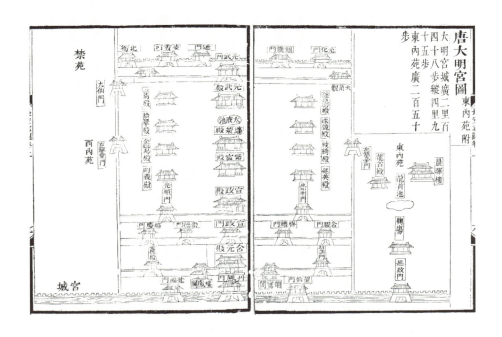

唐大明宫图（〔元〕李好文《长安图志》）

大明宫遗址是唐长安城诸多遗址中保存较好的一处遗址，考古工作最系统、最集中，成果也最多。大明宫的考古是从 1956 年发现一方记载唐代打马球的石碑开始的。1957 年至 2017 年间，对大明宫的丹凤门、建福门等宫门遗址，含元殿、宣政殿等宫殿遗址，道路、水系、皇家池苑太液池等进行了考古勘探和发掘。

这座显赫的宫城气度恢宏。遗址平面呈南宽北窄的楔形，占地 3.5 平方公里，面积相当于 3 个凡尔赛宫、4.5 个故宫、12 个克里姆林宫、13 个卢浮宫、15 个白金汉宫。它是举世闻名的唐长安城"三大内"（太极宫、大明宫、兴庆宫）中最为辉煌壮丽的建筑群，是东方园林建筑艺术的杰出代表，是中华民族协和万邦的重要场所，被誉为"丝绸之路"上的东方圣殿。

大明宫是唐代最大的宫城，它采用了传统礼制建筑"前朝后寝"的布局。"前朝"是以南部含元殿、宣政殿、紫宸殿为中心的"朝政区"；"后寝"是以北部太液池为中心的池苑楼阁、水榭亭台等"生活区"。大明宫建筑群不仅是唐代宫城建筑的巅峰之作，也是唐代皇家园林建筑的典范，其格局影响了唐以后中亚、东南亚地区的宫殿和池苑建筑。唐代诗人王维在《和贾舍人早朝大明宫之作》写道"九天阊阖开宫殿，万国衣冠拜冕旒"，正是大明宫全盛时期的场景。

2010 年，西安市在大明宫原址建立大明宫国家遗址公园。2014 年，大明宫遗址作为"丝绸之路：长安—天山廊道的路网"中的一处遗址点列入《世界遗产名录》。2021 年，大明宫遗址入选"百年百大考古发现"。

大明宫正南门的丹凤门，得到了考古勘探、发掘和展示。这座城门共设五个门道，上筑有城楼，规模超过其他宫门，门内是约 500 米长的御道，直抵含元殿庭。作为大明宫最重要的宫门，丹凤门专供皇帝出入，是颁布大赦、宣布改元等政治性活动的主要场所。

得到发掘的含元殿是大明宫的正殿，自公元663年建成后的223年间一直被使用，是举行重要活动、国家大典的地方。元日、冬至日的大朝会，外国使节团谒见，以及改元、即位、受贺、大赦、阅兵的各种仪式、大典都在这里举行。唐代诗人崔立之的《南至隔仗望含元殿香炉》，描写的就是在含元殿举行冬至大朝会时的场景：

> 千官望长至，万国拜含元。
>
> 隔仗炉光出，浮霜烟气翻。
>
> 飘飘萦内殿，漠漠澹前轩。
>
> 圣日开如捧，卿云近欲浑。
>
> 轮囷洒宫阙，萧索散乾坤。
>
> 愿倚天风便，披香奉至尊。

含元殿殿基面阔十一间，近76米，进深四间，40余米。由于地势高差较大，含元殿上部建筑在三层大台以上构筑，体量巨大，气势伟丽。基台复原再现了遗址的基本结构和布局，唐代的土质遗存被封闭在砌体之内，永久保存。

太液池，又名蓬莱池，位于大明宫的北部，是唐代重要的皇家池苑。这是唐太宗为其父高祖李渊兴建的一处休憩和游玩之地。唐高宗移居大明宫以后，太液池又成了唐代诸帝及其嫔妃的游乐之处。

太液池分西池和东池，东池约3万平方米，西池约14万平方米，两池间有沟渠连通。池中有蓬莱、瀛洲、方丈三岛，蓬莱岛上建有太液亭，内设龙床、御座、书案、桌椅，供皇帝及亲近大臣在此听乐观景，吟诗作赋。中

国古代神话传说中，东海有蓬莱、方丈、瀛洲三座仙山，山上有长生不老药。古代封建帝王都梦想万寿无疆，自从汉武帝在长安城修建了象征性的"瑶池三仙山"开始，"一池三山"就成为历代皇家园林的传统格局。

现在的太液池东池约3万平方米，西池9万多平方米。蓬莱岛遗址夯土基台残高约5米。20世纪初，中日联合考古队对遗址进行考古发掘，确认了池岸走向和结构，发现岸上分布有廊道和房舍、沟渠和排水管道等遗迹，说明太液池不单是宫内的湖光胜景，更具有蓄水排涝功能。复原后的太液池烟波浩渺，将大唐皇家园林的真实面貌再现于世人面前。

兴庆宫，是唐长安三大宫城之一，位于外郭城春明门内，因其在大明宫之南，唐代习称为"南内"。唐初，此地为隆庆坊，是一般官吏及百姓居住之地；武则天时，临淄王李隆基及其兄弟五人被赐宅于此，称"五王子宅"；唐玄宗即位后，改为兴庆坊；开元二年（714）在此地营建宫室，名为兴庆宫；开元十六年（728），唐玄宗由大明宫移居兴庆宫听政，从此这里成为开元、天宝年间的政治中心。

（宋）兴庆宫图石碑

　　兴庆宫宫城四垣均设有城门，正门为兴庆门。宫城内筑有隔墙，分宫内为南、北两部分，北部为宫殿区，主要有兴庆殿、大同殿、南薰殿等；南部为园林区，有龙池、沉香亭、勤政务本楼、花萼相辉楼等。"名花倾国两相欢，长得君王带笑看。解释春风无限恨，沉香亭北倚阑干。"正是大诗人李白描写的唐玄宗与杨贵妃在兴庆宫沉香亭赏花时的情景。兴庆宫建成后，唐玄宗还沿外郭城修建了夹城复道。通过夹城向北经通化门可达大明宫，向南经春明门可达曲江池等。"安史之乱"后，兴庆宫失去政治中心地位，成为安置太上皇的闲散之所，宫内建筑也逐渐被废弃。20 世纪 50 年

唐西市遗址出土的釉陶算珠

代，利用兴庆宫的部分旧址修建了兴庆宫公园，那里如今已成为人们休闲游乐的胜地。

最后，我们要说说长安城里著名的东市、西市。这是当年城里的货物集散、买卖地，"买东西"一词也由此而来。东市毗邻皇宫，商品多为珍品，供应往来京城的达官贵人；西域的胡人把店铺开在西市，那里是日常杂货的交易场所。西市远离皇宫，更加平民化，也更有人气，称"金市"。所以长安城有"东贵西富"的说法。诗仙李白曾写道："五陵年少金市东，银鞍白马度春风。落花踏尽游何处，笑入胡姬酒肆中。"正是西市繁华景象的真实写照。"胡姬酒肆"中能歌善舞的异域舞姬颇受唐人青睐，风行京城的"西市腔酒"又不知醉倒过多少文人墨客。

东市和西市有严格的营业时间，据《唐六典》记载："凡市以日午击鼓三百声，而众以会；日入前七刻击钲三百声，而众以散。"考古发掘的西市遗址中，仍可见到一千多年前的店铺基址和街道遗址，街道上还有密布的车辙痕迹。遗址里还出土了大量当时的交易货币开元通宝，以及市场上使用的计算工具陶算珠。

23. 汴京城究竟有多么繁华

2012 年到 2017 年，河南省的考古工作者在今天开封市地下发掘出一座巨大的城门遗址，它有三个门道，发现了从五代、宋、金、元、明、清一直到近现代连续的地层。宋代城门的规模南北宽达 54.2 米，几乎相当于两个篮球场那么长，东西进深也达到了 23.8 米。

经过考古发掘，考古学家们确认这就是始建于五代的北宋首都东京城外城的东门——顺天门（历史上又称新郑门）。考古发掘虽然只揭露出东京城遗迹的一个局部，但为我们了解北宋东京的繁华掀开了帷幕的一角。

辽宁博物馆藏北宋铜钟上的汴京宫城正门宣德门图像

城门被南、北两条隔墙分成了三个门道。在发掘区的西侧，考古学家还钻探出了方形的瓮城遗迹。

关于汴京的城门，我们还可以从辽宁省博物馆收藏的一件北宋铜钟上的城门浮雕图案上瞥见其景象，这幅浮雕刻画的是汴京的宫城正门宣德门，图像上显示出它有五个门道，比顺天门的规制更高。

开封就是北宋首都汴京，位于河南省东部，地处中原腹地的黄河之滨。唐代设为汴州，已是重要的地方都市。因为这里地势平坦，无险可守，因此宋朝以前没有统一王朝在此建都。但唐代以后中国经济重心南移，南方的物资便需要通过大运河进行转运。开封靠近运河，是江南和中原之间的航运枢纽，号称"当天下之要，总舟车之繁，控河朔之咽喉，通淮湖之运漕"。因此宋太祖统一全国建立北宋时，便决定放弃地势更为险要的长安或者洛阳，而选择开封作为全国的首都，当时称作东京。

北宋建都开封以后，大力发展以汴京为中心的水运交通，当时有汴河、蔡河、金水河、五丈河穿城而过，使得汴梁成为一处水陆荟萃的商业都会。其中以汴河最为重要，当时有"漕引江、湖，利尽南海，半天下之财赋，并山泽之百货，悉由此路而进"的说法。

北宋的东京城是在唐、五代以来汴州的基础上发展、改建而来的。五代时的后梁和后晋王朝便建都于此，大概都是沿袭了唐汴州的旧城，没有什么大的兴建，仍以唐汴州节度使的衙署为宫室（史书记载后梁称建昌宫，后晋称大宁宫）。

后周也以此为都，周太祖郭威在广顺二年（952）曾修补罗城。他的养子周世宗柴荣即位后，又修筑了外罗城，拓宽了主要街道。由此奠定了北宋东京重城相套的基本格局。

两宋时期，古代城市的一个重大变化，是改变了唐以前实行的封闭的坊市制度和夜禁制度。唐代两京中，住宅区被街道划分为一块块矩形的区域，被称作"坊"，为了管理的方便还会用围墙将其环绕起来。此外，城内的大型商业活动，还集中在城内指定的地方——"市"进行，以便管理。到了晚上，城中会击鼓作为信号，表示要关闭城门和坊门，禁止居民出入，直至次日天明。因此，那时的城市景观与今天的现代城市很不相同。

但北宋以后，坊市制度逐渐松弛以至崩溃，中国城市的面貌有了新的变化，在著名的宋画《清明上河图》中，我们就能看到街市上繁荣的商业景象。《东京梦华录》提到州桥夜市说，"当街水饭"，"直至三更"，而马行街北的夜市"比州桥又盛百倍，车马阗拥，不可驻足"，可见东京当时的繁华景象。

24. 元代都城何处寻

公元 1260 年，忽必烈在开平即大汉位，成为大蒙古国新的统治者。公元 1271 年，也就是至元八年，忽必烈正式将国号改为大元，这个国号是忽必烈积极推行汉法的标志。忽必烈推行汉法的另一个重要举措，便是在下令在女真人旧都金中都旁规划修建一座新的都城。

1267 年，元世祖忽必烈至元四年正月丁未，是一个黄道吉日，这一天元大都城破土动工。在采用"大元"国号的第二年，也就是公元 1272 年，忽必烈命名新都为"大都"。至元十一年（1274），大都宫城基本建成，忽必烈御正殿，在此接受皇太子和诸王百官的朝贺。两年之后，也就是公元 1276 年，大都城建成；至元二十年（1283），城内的修建基本完成。

大都平面呈南北略长的长方形，面积约 50 平方公里。城北面和东、西两面城墙的北段今天还有遗迹可寻，即今天北京市区北部的所谓"土城"，北京地铁 10 号线的"北土城"站和"西土城"站即因此而得名。元

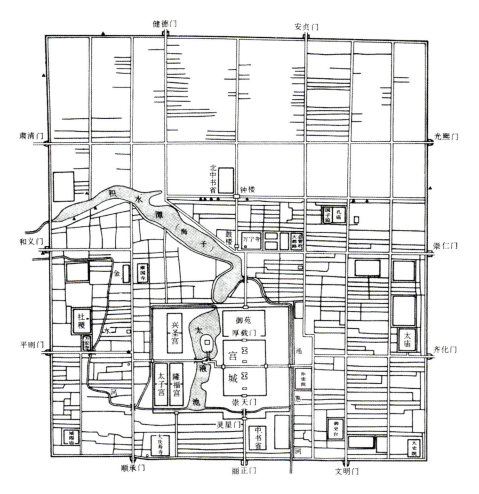

元大都城平面图，徐苹芳绘

大都城南城墙的位置大约在今天长安街的南侧。

大都全城共有十一座城门，除北面城墙是两座外，其余每面各三座。城的四角建有巨大的角楼，今天北京建国门南侧的明清观象台，就是元大都东南角楼的旧址。

皇城和宫城分布在大都城南部的中央区域。全城的中轴线，南起丽正门，穿过宫城，经过万宁桥，直达大天寿万宁寺的中心阁（今鼓楼北）。考古学家勘探证实元大都的中轴线为明清北京城所继承，可以说，明清北京城正是在元大都的基础上发展而来的。

元大都的街道规划整齐，在南北向主干街道两侧还等距地平列着许多东西向的胡同。马可·波罗曾称赞大都城内规划的完善，说它"划线整齐"，"有如棋盘"。

早在营建大都之前的元太宗七年（1235），窝阔台汗就已经利用从汉地带回的各种手工业者和匠人，在漠北建设了一座都城——哈拉和林城，成了大蒙古国的首都。这座城市的建设持续了数十年，直到蒙哥汗时期仍在继续。

据记载，哈拉和林城出自宣德人刘敏的设计，他为窝阔台汗改造了行宫的帐殿，设计了都城和林和万安宫等。这座都城遗址位于今蒙古国后杭爱省哈拉和林县内，南北长1500米，东西较宽处约1120米、较窄处约580米。城市的主要街道并非南北向，而是偏东30度。

在本节开始时提到的忽必烈于公元1260年即大汗位的开平，则在中统四年（1263）加号"上都"。这座古城在哈拉和林之南、大都之北，位于今内蒙古自治区正蓝旗。城址的北部，有连绵起伏的山岗，南边有滦河上游闪电河流过，城址周围则是广阔的草原。每到夏季，草原上盛开着美丽的金莲花，这里便是有名的金莲川。

哈拉和林城万安宫遗址

元朝建立后，皇帝每年往来于大都和上都之间，既是出于生活方式的需要，也是出于政治的需要。作为骑马民族的蒙古族从事畜牧业，习惯逐水草而居的生活方式，以射猎为乐，不耐暑热。上都所在的区域正是理想的避暑之所，而且，这里还是连接漠北蒙古兴起之地与"汉地"的交通枢纽，东部和西部又是蒙古宗王贵族的分封地，战略地位也很重要。

元上都由内外三重城垣组成，宫城和皇城位于外城的东南部，外城接近正方形，边长约 2220 米。宫城、皇城相套，呈"回"字形布局，宫城内的街道主要为三门相对的丁字形大街，宫城丁字街口北侧为大安阁，是宫城内最重要的宫殿建筑，元代时国家的不少重大典礼，都是在这里举行的。据文献记载，大安阁还是忽必烈从开封拆迁而来，它原本是宋代东京开封的熙春阁，元诗里描述它"大安御阁势岧亭，华阙中天壮上京"。

元代都城还有一处，即位于今天河北省张北县的元中都。根据历史文献的记载，元武宗于大德十一年（1307）开始在中都兴建行宫，次年即至大元年（1308）行宫建成，至大二年（1309）诏建皇城角楼，至大四年（1311）正月武宗去世，仁宗即位，便下令罢建。元中都兴建仅四年有余。

中都也由宫城、皇城、外城三重城垣相套而成，外城平面近方形，皇城、宫城略作纵长方形。在宫城中心，考古学家发掘出了完整的"工"字形宫殿遗址。在都城的整体布局和宫城形制上，元中都与元大都有一定的相似性。但据考古学家徐苹芳的研究，元中都和元上都都属于"离宫"式的城市，是都城发展史上的一种特殊形态。

25. 紫禁城的"前世"是什么样子的

上一节已经和大家介绍过，北京作为元代的首都成为全国统治的中心，而北京的发展则经历了从"幽燕都会"到"中华国都"的演变历程。北京城原始聚落的起源，距今已有三千多年的历史。至少在公元前 4 世纪，今天北京城的西南部已经是一个居民相当密集的区域。西晋的蓟城，唐辽时期的幽州城，大约都在今天北京城的西南部。

北京城发展成为重要的都市，也有其地理基础。北京城所在的地区，正处在华北平原的北方尽头，东、西、北三面群山环抱，中间是一个小平原，侯仁之曾形象地称其为"北京湾"。东、北两面便是燕山，从这里穿过交通孔道如南口、古北口可以通往"塞外"高原。西边迤逦南下的则是整个华北平原西侧的太行山。

数千年前，当华北平原上的聚落开始兴起时，平原上还有很多沼泽地带，从北京沿太行山南下的大道则是交通的动脉。往东去，则有通往山海关的大道。北京城所处的位置，正在这几条大道的交汇点上，同时也在古代永定河冲积扇的背脊上。

北京政治地位的跃升，辽代是一个关键的时期，这一时期它被称为燕京城。公元 938 年，也就是辽太宗会同元年，升唐幽州为南京，成为辽代的五京之一。到了公元 1123 年，金攻下辽南京，并将其给了北宋，宋改称燕山府。公元 1125 年，金又占燕山府，改名平州。

直到公元 1151 年，燕京城迎来发展中的一次重要变化：金海陵王完颜亮扩建燕京城，并于公元 1153 年将都城从上京迁到了这里。它一跃成为金朝的政治中心——金中都。金中都城一部分继承了唐、辽以来的旧城，东、南、西三面则向外有所扩展。

公元 1215 年蒙古人攻破金中都城，宫城毁于兵火。半个多世纪以后，元世祖忽必烈在中都城的东北规划兴建了元大都，这也为明清北京城奠定了基础。

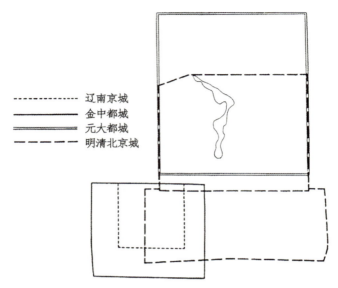

　　　　—　—　—　—　辽南京城
　　　　————　金中都城
　　　　══════　元大都城
　　　　－－－－　明清北京城

北京城历代城址变迁示意图，徐苹芳绘

　　明洪武元年八月（1368），明将徐达率兵攻下北京城。当时为了防止蒙古人的反攻，他曾仓促缩减元大都的北城，在今德胜、安定门一线另修北城墙，改大都为北平。

　　公元 1380 年，受封为燕王的朱棣到达北平。永乐时期，他命令把元大都宫城拆毁，重建宫城。永乐十七年（1419）又向南扩展南城墙，即从元大都南城墙（今长安街南侧一线）展拓到今天正阳、崇文、宣武前三门一线。次年，也就是公元 1420 年，朱棣正式迁都北京，由此重新开启了北京作为中华国都的历史。

　　明代北京城最大的变化是明嘉靖二十九年（1550），为了防御来自漠北草原的鞑靼俺答汗的入侵，朝廷计划修筑外城，但由于经费困难只修了南城，由此奠定了明清北京城凸字形的格局，也就是今天北京市二环的大致范围。

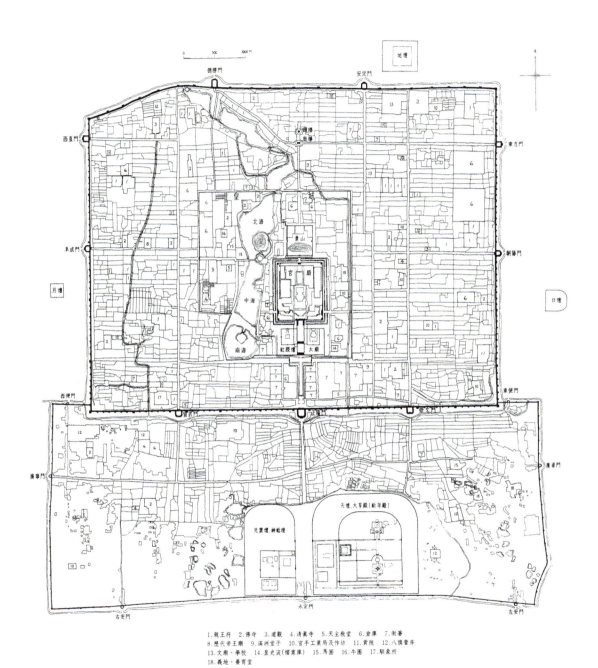

1.親王府　2.佛寺　3.道觀　4.清真寺　5.天主教堂　6.倉庫　7.街署
8.歷代帝王廟　9.滿洲宣子　10.官手工業局及作坊　11.貢院　12.八旗營房
13.文廟・學校　14.皇史宬(檔案庫)　15.馬圈　16.牛圈　17.製象所
18.義地・養育堂

清乾隆时期北京城平面示意图

清代则完全承袭了明北京城，街道系统也没有大的变动，其中在今天长安街一线以北旧城内的街道系统，更是可以上溯到元大都时期，已经有七百余年的历史。明清北京旧城，不仅是明清时期的都城，它的城市规划也被公认为是中国古代都城规划最后的经典之作。

北京内城中央为宫城（今故宫），其外包绕皇城，包括以琼华岛、三海在内的西苑，以及宫城南侧的"左祖右社"（东为太庙，今劳动人民文化宫；西为社稷坛，今中山公园）等。著名考古学家徐苹芳曾经概括地说，在世界城市规划史上有两种不同的城市规划类型，一个是欧洲（西方）的模式，另一个则是以中国为代表的亚洲（东方）模式，北京旧城便是亚洲（中国）城市模式典型的实例。他更是将北京称作"伟大的杰作"。

贯穿明清北京城的自南而北长达 7.5 公里的中轴线，是全城的骨干，所有城内的宫殿和重要建筑都沿着这条轴线结合在一起。其南端以外城永定门为起点，向北经过正阳门、大明门到天安门、端门，再向北就是"紫禁城"，体量大小不同的宫殿建筑集结在这条中轴线上。宫城之北是高大的景山，也是全城的制高点，再往北则经过皇城的北门地安门，并向北延伸至形体高大的钟楼与鼓楼。

明清故宫以午门为正门，全部建筑分为外朝和内廷两大部分。外朝以太和、中和、保和三大殿为主，两侧又有文华、武英两组宫殿。内廷则以乾清宫、交泰殿、坤宁宫为主，是帝后居住的地方，两侧还有东西六宫、宁寿宫、慈宁宫等。宫城最后还有一座御花园。整个故宫以前三殿为重心，具有严整的布局和高度发达的建筑空间组织，反映了中国古代建筑艺术的成就，也是世界上最优秀的建筑群之一。

四、地下世界：古代墓葬考古

26. 妇好墓中有哪些商代历史的缩影

妇好，商王武丁的配偶，庙号"辛"，是有史记载的最早的女政治家和军事家。甲骨文记载说，妇好曾在商与北方部族的一次战争中主动请缨，武丁为此做了占卜，结果显示妇好出战可以获得胜利，于是武丁便派遣她率军出征，结果大获全胜。

此后，妇好担任统帅，参与了多次战争。例如，6412 号甲骨记载："辛巳卜，争贞：今者王共人呼妇好伐土方。"这件卜辞便是她参与战争的证据。妇好不仅从事征战，还曾主持过武丁时期的各种类型的祭祀占卜活动，武丁时期的甲骨中也有妇好主持的占卜活动留下的甲骨，比如"丁巳卜，榃，贞酒妇好御于父乙"。此外，她还为武丁繁育了子嗣。由于她贡献巨大，武丁赐予她封地，并经常为她祈福。妇好死后，武丁将她厚葬于今河南安阳小屯村的陵园。

以上是我们通过甲骨文的记录知道的妇好的故事。

河南安阳殷墟博物苑的妇好像

妇好墓内情景

　　1976 年春，考古队对妇好墓进行了发掘。这座墓为长方竖井形，墓口长 5.6 米，宽 4 米，深 7.5 米。距墓口 6.2 米的东西两壁中部各挖有长方形壁龛一个，两壁龛内都埋有殉人。墓底中部稍南处有腰坑，坑中葬有一具殉人和一只殉犬。葬具使用木椁和木棺，大部分已经腐朽。

　　妇好墓的规格与殷墟其他大墓相比，显得有些小，但是，这座墓葬中却出土了非常丰富的随葬品。据统计，出土了随葬器物 1928 件，包括青铜器、玉器、宝石制品、象牙器、石器、骨器、陶器和蚌器等。随葬品的品类涉及礼器、乐器、工具、生活用具、武器、马器和艺术品等。

　　随葬品中最值得关注的是青铜器和玉器，这两类随葬品不仅数量多、造型多样、品类齐全，有些更是前所未见或少见的珍品。铜器有司母辛大方鼎、妇好三联甗、青铜簋、妇好鸮尊和方彝等；玉器有玉戈、玉刀、玉

司母辛大方鼎　　　　　　　　　　铜鸮尊

妇好墓随葬的玉器

矛、玉圭、玉盘、玉鸟、玉人、玉环、玉虎、玉马、玉蝉、玉兔、玉龙、玉熊和玉鱼形璜等。"妇好"二字在铜器和玉器上大量出现。

20世纪80年代左右，有学者对妇好墓出土玉器的化学成分做了分析，认为玉料以和田玉料为主，还有少量独山玉和岫岩玉，学者们进而认为新疆和田玉于商代已经进入中原。不过，这个问题是存在争议的。

2015年底至2016年初，中国社会科学院考古研究所文保中心的专家对妇好墓出土的玉器再次进行了科技检测。检测小组专门对一批曾认为是和田玉籽料的玉器进行了能谱成分及沁色分析，结果显示：玉器表层原先曾认为是和田玉籽料明显特征的玉皮色，经检测并非皮色，而是埋入地下后受环境影响沁入的次生色，检测为水银沁色。在以后的检测中，也没有发现具有和田玉籽料典型特征的玉器，倒是发现不少带有水银沁色的玉器。而包括妇好墓出土的玉器在内的商代玉器，玉料主要来自甘肃、青海、祁连山及以东地区。

妇好虽然已故去3000多年，但是她对商朝的贡献却被甲骨文记载了下来。同时，妇好墓保存完整，为考古学家们研究商代陵墓的等级制度、礼器制度，甚至早期的"玉石之路"提供了重要资料。

27. 怎样判断殷墟商王陵的级别

中国考古学确定的最古老的王陵，是殷墟的商王陵。这是中国第二个王朝后期的陵墓。这个辉煌的中国青铜时代的王朝，按照"夏商周断代工程"推定的商代纪年，约始于公元前1600年而终于公元前1046年。其中，约公元前1300年，一位叫盘庚的商王将首都迁到了名叫"殷"（今河南安阳）的地方，《史记》记载说，从盘庚到最后一位王帝辛（即大名鼎鼎的纣王），一共经历了十二任国王。

殷墟附近的王陵区位于洹水北岸的侯家庄西北冈和武官村北，目前共发现了 13 座带墓道的大墓，附带的祭祀坑（真车、马等）近 2500 座。墓室的规格、墓道的多寡、殉葬坑数目以及随葬青铜器、玉器等"重器"的数目，是判断它们为王陵的主要依据。

在王陵区内，墓葬可分为东、西两区，西区有 8 座大墓，东区有 5 座大墓；其中，东区的 4 座大墓分布于北部，1 座单独分布于南部。13 座大墓的墓道虽发现有打破的迹象，但墓室却没有打破，这表明当时墓葬的布局安排是规则的。

遗憾的是，所有大墓都遭到了盗掘，墓内劫余的遗物太少了，以致无法根据遗物来判断各座大墓的主人。这些大墓都带有数目不等的墓道。在殷墟考古中，通常根据墓葬墓道数量的不同，将这些大墓分为三类，分别是带四条墓道的"亚"字形墓、带两条墓道的"中"字形墓、带一条墓道的"甲"字形墓。带四条墓道的"亚"字形大墓是最高级别的。

"亚"字形墓可以 1001 号墓为代表。它的墓室平面呈长方形，有东、西耳室，墓底四角各殉葬了一人一犬，规模十分壮观。由于多次被盗，随葬品大多没有保存下来，仅在盗坑的扰土中发现了一些玉、石、骨、牙、白陶器物以及金叶等。西、北墓道内也有少量青铜礼器，如鼎、爵、瓿等。这座墓葬的墓室内外有大量的殉人和殉马，在殉人墓中发现了铜戈，殉马坑中的部分马骨上有精美的辔头、铜泡及绿松石等饰品。

"中"字形墓以武官村大墓为代表。这是一座"中"字形木椁墓，位于王陵区东区最东处。墓室为长方形竖穴，由南、北墓道和墓室组成。在墓底的东、西部各设有一个平台（考古学上称"二层台"），台上安置了 41 具殉人。从这座墓室的填土中，还出土了 34 具头骨（骷髅），均位于墓室中央，这意味着当时有残酷的殉葬制度。在南、北墓道里，也发现了殉马坑和殉人坑。关于墓主人的身份，有学者认为是武丁的妻子妇癸。

"甲"字形墓以260号墓为代表。这座墓位于东区南部，坐北朝南，墓室平面呈长方形，底小口大。墓道设在墓室的南部，也是底小口大，剖面呈梯形。墓中出土了大量精美的随葬品，包括陶、铜、金、石、玉、骨、角、蚌、牙器物及木器等。除了这些随葬品外，著名的后母戊鼎据说也出自这座墓葬。在墓道和墓室内发现了38具殉人，同时还发现了马、牛、羊、猪和狗等动物的骨架。

除了上述带墓道的大墓，在东区还发现了一座不带墓道的竖穴土坑墓，即1567号墓。从考古发现上看，这座墓并未修建完成。有的学者推测，这座墓葬的主人可能是商朝最后一位王帝辛（纣王）。

与王陵等高等级墓有关的还有车马坑。自从1928年开始殷墟考古以来，考古学家们曾在西北冈王陵区、大司空村、孝民屯南地、白家坟西地等地多次发现过车马坑。

1959年，考古学家在孝民屯南地发现两座车马坑，其中1号坑为东西向，坑内埋葬1车、1人和2马。2号坑除出土车和马外，还发现一件铜弓形器。

20世纪80年代，在郭家庄西南先后发现了4座车马坑。其中编号M52（"M"表示墓葬）的平面呈方形，坐东朝西，坑内埋葬着1车、2马和2人。根据人和马出土时的情况来看，人和马是先被处死，再与车一起葬在坑中的。除了车马坑以外，郭家庄墓地还发现了马坑和羊坑。

西北冈和武官村北，是商代后期的王死后归葬之处。虽然学者们无法确定墓主人的身份，但这些墓葬对于研究商代王陵的墓葬制度具有十分重要的价值。

商王陵墓道上摆放的殉人

28. 秦始皇陵埋藏了哪些秘密

秦始皇陵大概是历代皇帝陵寝中最受关注的一座。以如实记载历史而闻名的司马迁在《史记·秦始皇本纪》中提到这座陵墓时，笔触却带上了几分神秘的色彩：

> ……穿三泉，下铜而致椁，宫观百官奇器珍怪徙臧满之。令匠作机弩矢，有所穿近者辄射之。以水银为百川江河大海，机相灌输，上具天文，下具地理。以人鱼膏为烛，度不灭者久之。

意思是墓室在地下很深的地方（"穿三泉"也可能是指地宫周边的阻排水工程），以铜为椁（或许与曾侯乙墓椁内的青铜框架类似），随葬有宫观、百官的奇珍异宝。墓内有自动触发的弓弩机关，有水银模拟的江河大海，有象征天、地的装饰，有长明的鱼油燃灯。

两千年来，始皇陵保存完好，引发了无数的话题和遐想。

现代考古学对于开展主动发掘一直持谨慎态度。尤其是大型的陵墓，在没有受到外界太大破坏及干扰的前提下，学界一般都秉承能不发掘便不发掘的原则。所以，即便秦始皇陵的位置早已确认，考古学界也始终未有发掘其陵墓本体尤其是地下墓室的计划。多年来的考古发掘工作都主要集中在外围的陪葬坑、陪葬墓、修陵人墓等。

作为中国历史上第一座帝陵，秦始皇陵一改前代王陵的制度，开创了全新的独立陵园模式，这对后代皇帝们的埋葬方式影响很深。

秦朝以前，各国的诸侯王普遍集中埋葬在一个陵区内。就拿秦始皇的父祖辈们来说，昭襄王、庄襄王等都葬在与始皇陵一山之隔的骊山西麓的

"秦东陵"内。每对秦王夫妇虽然各有陵园，却都由统一的"东陵侯"负责日常的陵区管理。

而在秦国东方的中山国、魏国、赵国等，战国晚期都出现了每代国君独立的陵园，这可能与这几个国家都推崇法家有关，因为法家文化强调君权。但秦始皇陵，才是真正将这种"独立陵园制"正式确立并推至顶峰的陵墓。

虽然秦始皇在为自己选定名号时表达了希望"二世三世至于万世"的帝系传承的愿望，但在营建陵墓时，并未如他的先祖一样给后代预留埋葬的空间。"丽（骊）山"仅属于他一人。

"丽山"，是秦始皇陵的正式名称。丽山位于今天的西安市临潼区，南倚骊山，北望渭河。这座巨型的皇家陵区气势恢宏，占地约 56 平方公里。

骊山下的秦始皇陵

这是什么概念呢？今天北京市的西城区面积是 50.7 平方公里，也就是说，秦始皇的陵区比整个西城区都要大。汉长安城城墙以内的面积也才 36 平方公里。有学者将《吕氏春秋·孟冬纪·安死》中的一句话概括为"陵墓若都邑"，并认为这是秦汉帝陵的特点之一。从面积上来说，秦始皇陵确实有过之而无不及。

如此广袤的陵区，都有什么设施呢？最核心的，自然是秦始皇本人的墓室和地面上的封土。经历了两千年，至今犹存的封土仍旧十分高大，1988 年的测量结果是高 76 米，最近的测量数据是高 35.5 米——如果《汉书·楚元王传》记载的"五十余丈"属实无误的话，那么原始的高度应该是在 115 米左右。尽管学界仍存在对这些数据的争议，但无论如何，秦始皇陵的封土规模都是中国古代帝王陵墓中最大的了。仅封土底部的面积就超过了 12 万平方米。

封土的原始形态应该是分成数级的覆斗形高台。封土底部的地面以下 35 米，就是地宫。近年通过遥感和地球物理等无损探测技术对地宫进行了勘测，整个地宫有 2.5 万平方米，地宫中央就是秦始皇本人的墓室。

根据遥感和物探设备返回的数据，墓室采用了一种不太常见的建筑形式，在墓室周边有一圈极厚的石墙，石墙外又有宽 16—22 米、高 30 米的夯土墙。地宫周边设置有地下深层阻水渠，以及明井暗渠结合的排水系统。从探测结果看，墓室保存完好，既未坍塌，也未进水，可能与这些周密的防护措施有关。

另外，使用汞测试法勘测后，证实地宫内的确存在汞异常现象，而且东南、西南部的汞含量很高。司马迁记述的"以水银为百川江河大海"，或许并非毫无可能。

封土周围环绕以内、外两重长方形墙垣，这便是"丽山园"，也就是陵园的范围。封土的位置在陵园的南部正中。陵园呈南北向长、东西向短的长方形，但仅在内墙东、西门外发现有门阙，而且外墙的北面无门。因此多数学者都倾向认为，陵园的正方向应与当时的时代风尚一致，为坐西朝东。

陵园内城分作南、北两区。南区就是封土和地宫所在，地宫周围有与出行有关的车马坑，还有文吏俑坑。地宫西北角有一座墓主人身份不明的陪葬墓。北区则是陵寝建筑和陪葬墓群。陵园外城的南区是马厩坑、珍禽异兽坑等陪葬坑的所在，北区则有园寺吏舍、饮（食）官等建筑。

陵园之外，北有负责陵墓建筑工程官署的"鱼池"、动物陪葬坑等，西北有石料加工场，西有陪葬墓，西南有修陵人墓地，南有防洪堤，东有

秦始皇陵出土的青铜车马

秦始皇陵一号兵马俑坑

马厩坑和赫赫有名的兵马俑坑。北边较远处还有陵邑拱卫。

这些地上、地下的设施共同组成了庞大而功能完善的死后世界。汉代帝陵对这些规则继承并完善后，奠定了尔后中国近两千年帝王陵园制度的基础。

兵马俑坑是秦始皇陵数量巨大、种类繁多的陪葬坑中受到最多关注的。它的发现实属巧合：1974年3月，临潼县骊山镇西杨村的村民在打井时，发现了一些陶器和一件残破的陶俑。县文化馆的专家鉴定，这些应是珍贵的文物。后来开展了正式的考古发掘，才使这沉睡地下两千年的近万件武士俑、战车、战马重见天日。这即是一号坑，是全部五座兵马俑坑中规模最大的。

这支军阵面向东方，千人千面，栩栩如生。它们原本应当绘有各种颜色，却被岁月剥蚀成了泥土的灰黑色。距其年代不久的汉景帝阳陵中，所陪葬的一部分俑身上甚至着有华美的丝织品衣裳，但无论从体量还是艺术表现力上，都远远不如秦始皇陵兵马俑。这并非是由于西汉国力的衰微，也不是艺术创造力和工艺的下降，可能有其他更深层次的原因。或许是秦皇挟"独夫之心"力求为自己缔造一个仿真的地下帝国，而汉帝不欲劳民伤财，故而在随葬品上有所节制吧。

29. 谁是海昏侯

江西省南昌市新建区的墎墩山下，沉睡着海昏侯刘贺夫妇及其子孙。刘贺的祖母是传说中"一顾倾人城，再顾倾人国"的李夫人。汉武帝的陵墓中，与他并穴而葬的，不是他曾经许诺"金屋藏娇"的陈皇后，陈皇后在长门宫中听着车轮滚滚般的雷声，郁郁而终；也不是曾与他并肩而立近

40 年的卫皇后，卫皇后已被草草葬于长安城南的桐柏亭——与武帝并穴而葬的，正是刘贺之父刘髆的亲生母亲李夫人。

虽然母亲深受宠爱，刘髆却与帝位无缘，被分封至昌邑国为王。公元前 87 年，刘贺继承了父亲的昌邑王位，本可继续他顺遂的人生。昭帝的忽然崩逝，却改变了他的命运。大臣霍光和他的权力集团迅速选定了刘贺作为新帝人选。得到这个消息的时候，刘贺和昌邑的群臣都想起了文帝。

汉文帝刘恒和他一样，在无合法继承人时，被关中诸臣选为帝位的继承人。刘恒从代地（今山西大同一带）进入长安，迅速瓦解了功臣集团，打击了吕后集团，并弹压刘氏集团，迅速在这三个影响汉初局势的势力间取得平衡，坐稳了帝位。

刘贺企图效法文帝。但浩大的喜悦冲昏了他的头脑，他带着昌邑诸臣，急迫地向长安赶去，路上累死马匹无数。郎中令龚遂婉言相劝，要他疏远昌邑群臣，亲近长安群臣与刘氏宗亲。刘贺却并未采纳。

才到长安，刘贺便迅速安排心腹接管长乐宫军权，也未如文帝般封赏长安群臣和宗亲。霍光等人老于计谋，又岂能看不出他的野心。因此，他在帝位上仅待了短短 27 天，便成为关中群臣攻讦的目标。他背负无数罪名，最后以列侯之身终老海昏。刘贺的一生，经历了"王、帝、侯"的身份转换，他晚年虽受到严密监视，却也是汉代唯一失去帝位而又能善终者。

在南昌，刘贺墓园遗址比较完好地保存了下来，成为我们了解汉代列侯墓葬制度的锁钥。墓园占地约 4.6 万平方米。刘贺及其夫人同茔异穴，他们的封土占据了整座墓园内最高处，也是最中心的位置。墓前有祠堂，东西两侧各有园寺吏舍。此外还有 7 座祔葬墓，其中就有他儿子刘充国的墓葬。主墓西侧的外藏坑中，埋葬了 5 辆实用真车马和 20 匹马。

封土之下的墓室就是刘贺最后的栖身之所。墓室内有木椁，木椁中央是方形的主椁室，外围四周则用木板分隔成乐车库、车马库、娱乐用具库、文书档案库、武器库、衣笥库、钱库、粮库、乐器库、酒具库、厨具库等12 个器物库，随葬品就分门别类地陈列于其中。

刘贺的棺分内、外两重，停放在主椁室内东北部。棺盖侧面有龙形帏帐钩。棺床下有四个木轮，外棺盖上有漆画痕迹，并放置了 3 把玉具剑。内棺盖上彩绘漆画，并有纺织品痕迹。内、外棺之间放置了大量的金器、玉器和漆器。刘贺的尸骨之上，呈"十"字形覆盖 6 块大玉璧，头部覆以镶嵌玉璧的漆面罩，腰部则有玉具剑、书刀、带钩、佩玉和刻有"刘贺"二字的玉印，尸骨下则铺着用包金丝线连缀的琉璃席，席下整齐铺着 20 排金饼。

在海昏侯墓主椁室的西室内，有一面漆木镜屏。镜框背板处绘着孔子和他的五个弟子，人像两侧各以墨书抄录该人物生平及言行。这是目前所见年代最早的孔子图像。刘贺师承大儒，熟读经典。他的墓内随葬了大量竹简木牍，除了签牌、奏牍等以外，以儒家书籍居多。

儒家经典多规整抄录，唯有一版抄录了《论语》断篇的木牍，字体率性随意，与别不同。或许，在废黜之后被时时监视的日子里，刘贺无以纾解苦闷，唯有寄情于经典之间，这块木牍便是他的手书。

木牍开头的第一条，便是："子谓卫公子楚：'善居室。'始有，曰：'苟合矣。'少有，曰：'苟完矣。'富，'苟美'。"这句说的是孔子赞赏卫国的公子楚善于治理家政，对物质的追求有限度，能够乐天知命。或许，他就是在这一句句熟悉的文句间，寻找着安身立命的心境。

刘贺墓内，随葬品便有一万余件（套），包括青铜器、铁器、金器、玉器、陶器、漆木器、简牍等。以实用的真车马、编钟编磬随葬，是诸侯王才有的待遇，"海昏侯"位属列侯，按理说不应有此待遇，可能当时朝廷考虑到他身份特殊，才以王礼而非侯礼待之。

随葬品中最受瞩目的是大量的金器。墓内的金器共有三批：第一批出土于主椁室西室盗洞旁，为金器三盒，一盒盛有金饼 88 枚，一盒盛有金饼 99 枚。一盒盛有马蹄金与麟趾金，其中麟趾金 10 枚，小马蹄金 10 枚，大马蹄金 5 枚。第二批出土于主棺南部头箱位置，包括麟趾金 15 枚、小马蹄金 21 枚、大马蹄金 12 枚、金饼 96 枚、金板 20 枚。第三批就是平铺于棺底的金饼，共计 100 枚。

此外，在西室盗洞的缝隙处还发现了 2 枚金饼，原先应该也是墓内的随葬品。刘贺之子刘充国的棺内也发现了 2 枚小马蹄金。也就是说，海昏侯父子墓内出土的金器数量总计达到 480 件，总重量超过 177 千克，这笔巨额的财富就这样永久地封存于地下了。

《孔子徒人图》漆衣镜镜匣（复制品）

刘贺墓随葬的铜钱

刘贺墓随葬的金器

金器的来源，可能主要是刘贺父子封地的赋税收入，其次是来自皇帝的赏赐。随葬如此巨额数量的黄金，即使在诸侯王墓中也是不多见的。

刘贺墓内除了随葬有《论语》等各类书籍外，还有近 60 件公文书牍，其中既有刘贺及其夫人分别上书给皇帝、皇太后的奏牍，也可能有朝中关于刘贺本人的议奏或诏书。在刘贺墓主椁室西室最西侧的漆盒内，还保留着记述刘贺去世后海昏侯国除史事的诏书，即《海昏侯国除诏书》。

海昏侯国除诏书

诏书的大致意思是：刘贺死后，豫章太守奏报道，刘贺爵位的指定继承人刘充国、刘奉亲在刘贺生前均已去世，证明这是上天要断绝他的祭祀，因此请求朝廷将海昏侯国除国。随后，汉宣帝召开公卿会议，经大臣讨论研究、皇帝批示，海昏侯国就此被撤销了。

30. 马王堆汉墓为何保存得如此完好

马王堆，是湖南省长沙市芙蓉区浏阳河畔的一个小地方。原本少为人知，直到 20 世纪 70 年代，考古工作者在这里发掘出了三座汉墓，此地才声名大噪。这三座汉墓原址在今天的马王堆医院内，随葬品则大部分陈列在湖南省博物馆的专题展厅中。

说到这三座汉墓的主人，先得提及西汉时期在湖湘之间的一个诸侯国——长沙国。西汉初年，汉高祖刘邦分封了八位非刘姓的诸侯王，长沙王吴芮就是其中之一。

长沙国势力不强，又僻在南方。但在其他七位异姓诸侯王被除国后，如果不算更南边那位外诸侯王赵佗（西汉南越国第一任国王）的话，吴芮就是汉帝国仅剩的异姓诸侯王了。长沙国传了五代，直至汉文帝时才因无嗣而绝。

马王堆二号墓的墓主，就是长沙国的丞相、轪侯利苍。但利苍墓的保存情况并不好，大部分随葬品都已经朽烂了。

世人熟知的马王堆汉墓，是利苍的妻子、轪侯夫人辛追的墓（一号墓）。一号墓中，除了那些汉墓常见的青铜器、陶器、玉器等容易保存的器物以外，还有不太容易保存下来的丝织品和衣物、漆木器、帛画、帛书和简牍等。令人惊叹的是，墓中辛追本人的尸体保存得非常好。

她的肌肉甚至没有腐败，出土时仍然肌肉柔软、皮肤光滑，甚至还带有弹性，部分关节仍可弯曲，甚至连眼睛上的睫毛都清晰可辨。两千年的岁月，仿佛只是大梦一场。很多人都亲切地称她"辛追老太太"。

马王堆二号墓随葬的"轪侯之印"

一号墓墓主——"辛追老太太"

马王堆一号墓的木棺椁

大儒贾谊在汉文帝时曾到长沙国任太傅，非常不习惯当地的"卑湿"。长沙气候潮湿，而且地下水位高。在这样的环境下，辛追墓为何保存得如此完好，成了大家非常关心的问题。究其原因，可能因为近两千年间，一号墓一直深埋于15米深的地下，而且采用了十分严密的防腐措施。

辛追甫亡故时，就被穿上了丝绵袍、麻布单衣、青丝履，面盖酱色锦帕，两臂和两脚被用丝带系缚起来，再包裹18层丝、麻衣衾，捆扎9道组带，又覆盖两件丝绵袍。出土时，尸身被浸泡在约80公升的无色透明棺液之中。但出土不久这些液体就变成棕黄色了。

墓葬的建造和封闭过程更是被慎重对待。未建造墓葬前，此地原是一座四五米高的小土丘，先积土夯筑，再开挖墓坑。在放置棺椁之前，墓室底部先铺15厘米厚的白膏泥。辛追下葬并封闭棺椁后，又在棺椁顶部和四周填塞木炭，木炭外再填白膏泥，直到将整个墓室塞满封固。然后将挖掘墓坑时的原坑土填回去，一边填、一边夯打紧实，直至与地面平齐，再铺上20厘米厚的白膏泥，然后堆筑封土。

木炭可以防潮，白膏泥其实是一种含杂质的高岭土，黏性强，渗透性极低。由于木炭和白膏泥的严密封闭，辛追墓成了罕见的"火坑墓"。当时医院在施工过程中触碰到了木椁顶上的白膏泥层，施工人员用铁钎向下打孔，孔里瞬间冒出一股凉气，一接触火种即燃烧，这可能是由于墓室里埋藏的有机物分解形成沼气，从而造成了这种奇异现象。这样的封闭条件，完全消除了各种微生物对葬具、随葬品和尸体的损害，也构成了一个恒温、恒湿、缺氧的环境。

墓内出土了大量的丝织品和衣物，包括"长寿绣"绛红绢锦袍、印花敷彩丝锦袍、"乘云绣"黄绮锦衾、"信期绣"罗绮锦袍、茱萸纹绣绢襌衣、羽毛贴花绢、素纱襌衣等，尤其是素纱襌衣，如云若雾，又轻若无物。轪侯夫人辛追的这些衣物和丝织品，是两湖地区丝织业的缩影。

辛追棺上所覆的一幅帛画，也引发了很多的讨论。画面似乎表现了汉代湖湘一带人们的死后世界观，有光怪陆离的天上，也有拜别亲人的人间，还有奇神异兽的世界。

墓中随葬的"遣策"（随葬品清单）记载了各种食物，令我们揣想到汉人的"盛宴"。单是烹调或加工方法就有羹、炙、脍、濯、熬、腊、蒸、煎、濡、脯、菹等；食用的兽类包括牛、马、羊、犬、猪、梅花鹿、兔等，禽类有雁、鸳鸯、鸭、竹鸡、家鸡、环颈雉、鹤、斑鸠、火斑鸠、喜鹊、麻雀等，鱼类有鲤、鲫、刺鳊、银鲴、鳡、鳜等，还有笋、藕、芋、襄荷、赖、棘（枣）、梨、梅、杨梅、楂、砂梨、大枣、梅、杨梅、大麻子、冬葵子、芥菜子等瓜果蔬菜。

对于一号墓墓主的真名，最近学术界有一些争议。当初，墓内所出印章上的印文，学界释读为"妾辛追"。但新近有学者认为应该释读为"妾避"，轪侯夫人之名应为避。当然，也有学者持有反对意见。然而不管她叫什么，这位来自汉朝的贵妇在因缘际会下就如躺在了一枚"时间胶囊"中，为后世展现了大汉帝国的各类精湛工艺、各种社会生活，也展现了当时人们对待死亡的态度。

在辛追墓的南边，还有一座与其时代相近的墓，被编号为三号墓。墓内出土大量帛书，还有与行军作战相关的军事地图。三号墓的墓主是一位30—40岁的男性，从随葬品、墓葬形制和规模等情况推测这座墓的等级应该低于一号墓和二号墓，达不到列侯一级。从墓内出土的大量兵书、兵器、军事地图，以及在帛画、《仪仗图》中作武职官员装扮的墓主形象，推测这位墓主应是长沙国的军事将领，极可能是第二代轪侯的兄弟，也是辛追的儿子。

素纱襌衣

马王堆一号汉墓 T 形帛画

31. 为什么汉代贵族死后要穿玉衣入葬

在各地发现的高等级汉墓中，许多墓主都身穿玉衣。玉衣也叫"玉匣""玉柙"或"珠玉衣"，是诸侯王和列侯死后方能使用的一种特殊敛服。

周代就已经有贵族在死后覆以缀玉面罩和缀玉衣服。汉代的玉衣应该和它们存在渊源关系。但玉衣又是如何成为王侯的丧葬风尚并成为制度的呢？这其中有一个比较复杂的过程。

现在发现年代最早的玉衣出现于汉文帝和汉景帝时期，主要集中在当时的封国楚国。楚国都城在今天的徐州，这里发现了几代楚王和宗室贵族的墓葬。楚王墓大多开凿于山间，规模庞大，设施复杂，被称为崖洞墓。

第二代楚王刘郢客（葬江苏徐州狮子山楚王墓）、第四代楚王刘礼（葬江苏徐州北洞山楚王墓）、第五代楚王刘道夫妇（葬江苏徐州卧牛山楚王墓）的墓都曾经被盗过，虽然未留下完整的玉衣，但墓内也都还残存有散落的玉衣片。刘郢客和刘礼的玉衣都缀以金缕。楚国宗亲贵族墓内也常常出土银缕玉衣、丝缕玉衣。

有意思的是，拖龙山刘习墓的玉衣仅有头套和足套。而刘郢客墓和火山刘和墓的玉衣已经是十分完整的"衣服"，包括头套、前胸、后背、袖筒、手套、裤管、鞋套，一应俱全。关中的列侯墓内也有使用玉衣者，但并不多，咸阳杨家湾有两座大型墓，墓主可能是汉初名将周勃或周亚夫父子俩的其中一位及其夫人，墓内都出有玉衣片。不过周勃、周亚夫都是沛县人，沛县也属楚国，不知是否与家乡的习俗有关。

直到汉武帝时，玉衣才开始广泛出现于汉朝各地的王侯墓内。如江都国、南越国、梁国、广阳国、中山国、鲁国、广陵国、长沙国、六安国等国的王侯墓中，出土了大量金、银缕玉衣和铜、丝缕玉衣。缕的材质似乎

江苏徐州北洞山楚王墓出土的玉衣

并没有对应固定的身份，像列侯中的南曲炀侯刘迁使用了金缕玉衣，和中山靖王刘胜夫妇、梁夷王刘遂夫妇使用的一样。

刘胜和妻子窦绾的金缕玉衣都保存完好，有意思的是，依据死者性别的不同，玉衣在样式上还有差异。刘胜的玉衣外观符合人体形态，但较为肥大，分为头部、上衣、裤筒、手套和鞋五大部分，还有一个盖生殖器用的圆形小玉盒。玉衣由长方形、方形、梯形、三角形、四边形和多边形等玉片编缀而成，共用玉片 2498 片，金丝约 1100 克。窦绾的玉衣则是女款，形体较瘦小，还有织物纹饰，其他部位大体与刘胜的玉衣类似，只是腹下是用圭形玉片覆盖生殖器。

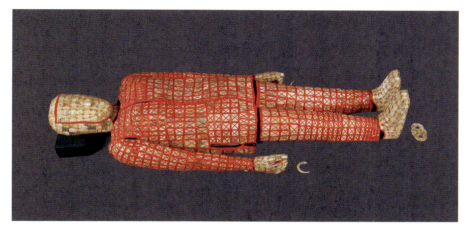

广东广州西汉南越文王墓的丝缕玉衣

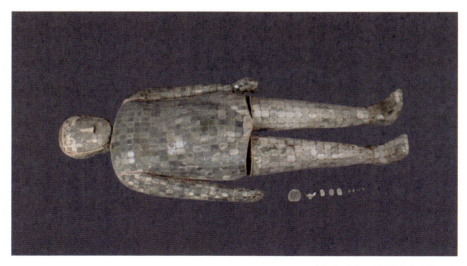

河北保定满城汉墓刘胜的金缕玉衣

可能直到东汉时期，才形成了严格的玉衣制度。《后汉书·礼仪志》中就规定：皇帝用金缕玉衣，诸侯王用银缕玉衣，大贵人和长公主用铜缕玉衣。

为什么汉代的皇帝和王侯贵族们要用玉衣作为敛服？玉衣又代表了什么含义呢？汉代人普遍相信，玉可护佑尸身不朽。汉武帝时期的杨王孙迷恋黄老之术，病重时拟了一份遗嘱，要求"赢葬"，也就是不着衣衾，不用棺椁，直接将尸体放入土中。这种违反时俗的奇怪要求令他的儿子深感为难，请杨王孙的友人代为游说。

杨王孙陈述了自己的理由：如果按照当时的丧葬风俗，死后敛以衣衾、棺椁，口中还要含玉石，那么将会使尸体不能朽烂，成为干尸。而他修行的黄老之术却追求尸解，尸体腐烂消失后方能得道。由这个汉代故事可见，玉石使尸身不朽的观念在当时人们的心里是何等根深蒂固。甚至《后汉书·刘盆子传》中还有这样的怪谈：当赤眉军在盗掘陵墓时，发现凡是用玉衣收敛的尸体，都宛若生前。

在这种观念之下，期望亲人尸身能够永远不朽的汉代人在丧葬中便格外重视玉石的使用，掌握丰富资源的帝王贵族们更是如此。玉衣就是这套观念发展到极致的产物。而且玉衣往往还配合一套葬玉使用，像刘胜的玉衣之内前胸和后背放置有玉璧18块，头部有眼盖、鼻塞、耳瑱和口琀，肛门内有窍塞，一应皆用玉制成，左右手还各握一璜形玉器；窦绾的身上同样也有玉璧、玉眼盖、耳瑱、鼻塞、口琀、肛门塞，她的胸部和腰间还有一组由水晶珠、玛瑙珠、玉蝉、玉瓶和玉舞人组成的串饰，右手握一璜形饰，左手除璜形饰外并握有小铜镜一件。

当然，玉衣并不能真的使尸身不朽。但拨开华贵仪式的表面，或许我们能看到的，是汉代人面对死亡时的心态，以及对人世永久的眷念。

32.﹁马踏飞燕﹂出自何方

1983 年 10 月，经过对多种方案的整体比较和研究，国家旅游局最终选定甘肃武威出土的一尊铜奔马作为中国旅游业的图形标志，沿用至今。这尊铜奔马就是"马踏飞燕"，它以其生动的表现力和精巧的设计闻名于世。

铜奔马出土于甘肃武威雷台的一座砖室墓内。雷台位于武威城的北边，是一个高达 8.5 米、面积逾 6000 平方米的夯土台基，可能建于明代。台基之上原有庙宇。年月久远，庙和高台都遭到了破坏，这才露出了台基之下的墓葬。

这座墓与当时河西走廊两汉魏晋时期大多数的墓葬类似。地面之上是层层夯筑的封土，雷台便是利用这高大封土扩筑而成。地面之下，则是带有斜坡墓道的墓室。墓道原本绘有壁画，只是经岁月剥蚀，所剩无几。墓道尽头的墓门上方，赫然是 3 米多高的照墙，这是当地墓葬建筑的特色之一。高大的照墙既寓意墓室如居室，亦象征着墓主死后的升仙通道。

进入墓门，通过一段短窄的甬道后，便是前、中、后三进墓室。前室左右各辟一个耳室，中室则仅有一个耳室。三个墓室的顶部都是盝顶式，墓顶正中所嵌的方砖上用红、黑、白三色绘有莲花藻井。耳室的顶部则是四角攒尖顶。

墓主入葬后不久，大墓就被盗墓贼侵扰。1969 年，考古工作者接到当地群众的报告赶到时，发现墓内的随葬品大多经过扰动，已不在原来的位置。虽被后世盗扰，墓内仍旧剩下了两万多枚铜钱和两百多件器物。

铜钱铺于地面。器物则分别放置在各个墓室和耳室内，除了各类铜容器、金器、漆器、陶器等以外，还有不少铜俑和铜车马，我们熟知的铜奔马也在其中。它们原先可能按照一定的阵列置于前室之内，组成了墓主的车马仪仗。

17 位骑马的武士在仪仗前列。武士们或执矛，或持戟，马皆仰首翘尾，头饰雄胜，尾部打结。他们身后，便是踏于飞鸟之上欲腾空而起的铜奔马。主骑一匹、从骑四匹紧随其后。再后面，便是一马驱驰的斧车和骊马并驾的辂车。随后的是刻有"冀张君"或"冀张君夫人"等字样的乘骑车马、"守张掖长张君"及"夫人"乘骑车马、"守左骑千人张掖长张君"乘骑车马、大车、牛车、从奴等。威威赫赫的车马行列，工艺精湛。千余年前骏马嘶鸣、车舆辚辚、从者肃然、阵列有序的场景，宛在眼前。

雷台古墓一经发掘后，便引起了学界的种种争论。最早将材料公之于世的考古学者们根据当时的认识和经验，认为这种墓葬的建造方式和布局特点与河西、华北发现的一些东汉晚期墓葬类似。加上随葬的大量钱币中，年代最晚的应是东汉灵帝年间的"四出五铢"，因此将墓葬年代定为了灵帝到献帝之间，也就是东汉晚期。"雷台汉墓"之名因而流行甚久。

但随着考古资料的积累和对雷台墓的深入分析，有些学者提出了新的看法，认为墓内的有些钱币——尤其是有种"铢"字缺金字旁的"五朱"钱，应是发行于西晋年间，墓室和随葬品也表现出西晋时期的形态特征，这座墓应是西晋墓，甚至可能属于东晋十六国之中前凉国统治的时期。

至于墓主的身份，一些随葬品似乎能够提供一些线索。墓内有四枚银印章，皆有"将军"字样，有人将其释读为"安西将军章""镇西将军章""车骑将军章"和"骠骑将军章"。一些铜车马、人俑上也刻有铭文，涉及的人物有"守左骑千人张掖长张君""守张掖长张君郎君阿郥""守张掖长张君前夫人""守张掖长张君后夫人""冀张君"和"冀张君夫人"等。另外还有一只刻有"张家奴字益宗"六字的陶碗。

武威雷台墓出土的铜俑和车马仪仗队

铜奔马

印文和铭文多与张姓相关，涉及了数个不同的官职：比二千石的将军、三四百石的守左骑千人兼张掖县长、三百石的守张掖县长。"守"就是仍处在考察期的意思，满一年后方能转为食全俸的正式职务。此外还涉及了两个不同的身份，一位是籍贯为汉阳郡冀县的张君，另一位是张家的奴仆益宗。

这些线索纷繁复杂，引出了许多争议。结合墓葬本身表现出来的等级性，发掘者认为印章上的官职才是墓主的真实身份，那么这座墓应该属于比二千石的张姓将军及其夫人。那些刻有铭文的铜俑和车马，是墓主的下属在丧礼中赠送的礼物。不过，也有学者认为，这些低阶的官职反映了墓主升任将军之前的仕宦经历。

也有学者认为，墓内埋葬的至少有四人，包括张掖县长张君和他的前夫人、后夫人、儿子阿郙，可能还有奴仆益宗。"将军"银印可能是张君祖先的遗物，也可能是张君后来擢升将军后的印章，但出于某种原因，铜车马上只刻有县长和左骑千人官的名号。

也有学者认为墓主的身份没有那么尊贵，只是一位祖籍冀县的张君，原为张掖县的县长，后来升任左骑千人官，掌管骑兵。四枚"将军"章应是其先祖的官职，以之随葬，是为了表示尊荣。

更有学者将雷台墓与曹操帐下名将张绣、前凉国奠基人西平公张轨或前凉国国主张骏联系起来。墓主究竟是谁，恐怕一时还不能得出让大多数人信服的答案。

不过，无论墓属于谁，丝毫也不影响铜奔马令人惊叹的生命力与艺术性。考古学者在对器物进行命名时，未有明确证据之前，一般都遵循着简洁、客观的原则，以避免多余的文字修饰可能带来的先入为主的印象，影响后续的研究。当年的工匠为了表现马腾跃凌空的雄姿，使其四蹄呈现飞奔的状态，为了保持平衡，也为了增加美感，便在其中一蹄下添加了飞鸟形的支座。

当年，郭沫若根据这一发现，取意南朝梁简文帝诗句"紫燕跃武，赤兔越空"，及西晋诗人张协的诗句"驾红阳之飞燕，骖唐公之骢骦"，将其命名为"马踏飞燕"。此名朗朗上口，浪漫而瑰奇的意象也与铜奔马给人带来的观感相合，因此成为最为人熟知的名称。

由于奔马呈现"顺拐"的姿态，有学者将这种特征与相马术中绝世名驹的"对侧步"联系起来，认为这是一尊"铜马法"，按此马式，便可得良骥。由于相马经中提到最好的良马可以超越飞禽，即所谓"逮乌鸦"，因此在其足下加铸了一只乌鸦。

对这尊铜奔马的含义，还有诸多推测。有人将之与世间名驹相联系，提出了"武威天马（大宛马）""飞燕骝""马踏飞隼"等名称。也有人将之与神话传说相联系，提议称作"马超龙雀""飞廉并铜马""龙雀"或"天马逮乌（三足乌）"。不过，不论是什么名字，也不影响这尊塑像的魅力，千百年后，它仍能给观者留下难以磨灭的印象。

33. 西高穴大墓真的是曹操墓吗

2009 年 12 月 27 日，河南省文物局在北京举行新闻发布会，宣布：河南省安阳市的西高穴 2 号墓基本被认定为魏武王曹操的墓葬高陵。这个发现随即引起了广泛的关注，围绕着"曹操墓"的真伪问题产生了巨大的争议。

当年，为了证明西高穴大墓即是"曹操墓"，发布方提出了考古学专业上的几个主要依据：

一是墓葬的年代是东汉晚期。该墓为多室砖墓，有前、后两室，两个墓室又各带一对侧室。主墓室也就是后室的顶部是四角攒尖顶。在洛阳曾经发现过曹魏正始八年（247）大墓，建筑样式和这座墓极为相似。墓砖、随葬陶器和钱币、画像石内容、刻铭石牌的字体等均有东汉晚期的特点。

二是墓葬的规格属于王侯级。该墓规模宏大、结构复杂，单是墓道就比后来的北齐开国皇帝高洋之墓宽两倍有余。墓室更是深达 15 米。就墓葬形制来看，与汉魏时期的王侯级墓葬相似。

三是《三国志·魏书·武帝纪》记载，曹操于建安二十三年（218）去世前留下遗令："因高为基，不封不树。"也就是墓上不设封土，不植树木。这是汉魏时期的一种薄葬之风，减轻经济负担，同时也防止盗墓，而西高穴 2 号墓就未发现封土。

四是曹操遗令中说："其规西门豹祠西原上为寿陵。"北魏时期的《水经注》"浊漳水"条提到漳水从北边经过西门豹祠，祠前有勒铭石柱，这根石柱恰好也保存了下来，就收藏在临漳县文物保管所。唐代《元和郡县图志》说，"魏武帝西陵，在（邺）县西三十里"，西门豹祠则在"（邺）县西十五里"。这些记载都说明，直到唐代，人们还清楚地知道曹操墓的方位。西门豹祠的位置非常具体，在邺城西边、漳河南岸。后来在这个位置恰好发现了西门豹祠的故址，这里属于安阳市安丰乡安丰镇，恰好就在西高穴大墓的西边。此外，1998 年在西高穴村发现了后赵建武十一年（345）的鲁潜墓志，志文提及其墓在"故魏武帝陵西北角西行四十三步，北迥至墓明堂二百五十步"，不但指示了方位，还指出了距离。

五是墓内发现了带有"魏武王"铭文的石牌和石枕。据《三国志·魏书·武帝纪》，曹操曾被封为魏王，谥号是武王。曹操去世八个月后，其子曹丕（魏文帝）称帝，追尊他为武皇帝。

六是墓室中发现了一男二女共三具人骨，经鉴定，男性遗骨的年龄在 60 岁左右。而曹操的死亡年龄，在《三国志》中也有明确记载，是 66 岁。

此外，曹操临终前的遗令称"殓以时服""无藏金玉珍宝"。这座墓装饰简单，随葬品也并不十分奢华，圭、璧等礼器均为石质。

信息发布的 2009 年，正是互联网社交媒体兴起的时候。公众参与各类社会事件的热情高涨，纷纷通过互联网表达意见。由于三国史在中国具有长期积淀的群众基础，经由文学和戏剧作品演绎出来的曹操形象和事迹深入人心，因此迅速掀起铺天盖地的讨论。

第一场发布会的四天后，鉴于舆论热度太高，河南省文物考古研究所又在郑州举行了"曹操高陵考古发现说明会"，针对外界重点关注的几个问题一一回应：

关于论证过程，在历时一年的考古发掘中，多家单位的考古学、历史学、古文字学专家都对考古成果进行了论证。西高穴 2 号墓的墓主为曹操，是在一整套证据链之下得出的推论。

关于传说中的"七十二疑冢"，可信的历史文献中并无记载，因此不足为信。在信史中，曹操墓有比较明确的位置信息，就在河南安阳安丰乡与河北交界的漳河一带。

关于带"魏武王"字样的刻铭石牌，同类铭文石牌 8 件，除了其中 1 件是从盗墓分子手中追缴来的，其他 7 件均为科学发掘出土。"慰项石"也是追缴来的，但刻铭内容与刻有"魏武王"的石牌类同。这些铭文的字体均为东汉后期流行的隶书字体。从汉字书体特征、铭文体例分析，其年代定在东汉后期至魏晋时期没有疑问。而且"魏武王"的称呼符合曹操身份。"魏公"是曹操晋王位之前的爵位，"魏武帝"或"武皇帝"则是曹操死后的追尊，所以出现在墓内的可能较小。但至于为何未称"魏王"，似乎暂无过硬的证据做出解释。

虽然有了这些专业的解说，关于西高穴村"曹操墓"真伪的争议却仍在持续。人们不禁要问：能否通过 DNA 检测的方法确定墓主身份呢？这时，分子考古学已经兴起，但在"曹操墓"的检测上难度重重。且不说古 DNA 的提取尚存在不小的难度，即便提取出来，要证明墓主是不是曹操，还需要将墓内所出头骨的 DNA 与曹操后裔的 DNA 进行对比，这一环节几乎难以完成。

身居高位的曹操，墓内为何竟无一字记述其生平？原因可能与当时的时代风尚有关。东汉时流行墓前立碑，在墓内随葬墓志的做法是北魏以后才成定制的，曹操墓内没有墓志铭正是这种风尚的体现。

2010 年 1 月 13 日，"西高穴曹魏高陵"入选中国社会科学院考古研究所评选的"2009 年度六大考古新发现"。这项评选活动不同于公众所熟知的每年由国家文物局委托中国文物报社和中国考古学会进行的"全国十大考古新发现"。如果说，"十大考古新发现"更关注在注重科学性、规范性前提下的发现之"新"，"六大考古新发现"则更关注新发现中发掘理念的科学性、发掘过程的规范性、发掘技术的前沿性、推导过程的系统性以及研究结论的合理性，关注是否对全国田野考古的开展具有示范性作用。

然而，此项评选之后，围绕西高穴大墓的争论进一步升温，曹操墓的真伪问题迅速演变成为一个"文化事件"。此后，考古学界、史学界、文学界陆续有学者撰文进行讨论，一些文化名人也不断发声。

2010 年 6 月 11 日，西高穴大墓入选"2009 年全国十大考古新发现"，中央电视台科教频道对发掘过程进行了直播。此时，考古学界内部的争论

河南安阳西高穴曹操高陵出土 "魏武王常所用挌虎大刀" 石牌

河南安阳西高穴曹操高陵出土 "魏武王常所　　　　河南安阳西高穴曹操高陵出土 "魏武王常所用挌
用挌虎大戟" 石牌　　　　　　　　　　　　　　虎短矛" 石牌

"魏武王常所用慰项石"石枕

也逐渐升温。质疑者提出了几项质疑：该墓曾被盗掘，部分文物是从盗墓贼手中追缴的，文物出土位置不够确切；墓内出土"魏武王常所用挌虎大戟"石牌，不能成为墓主就是魏武王的直接证据，因为存在赠给臣属或亲属的可能性；西高穴2号墓的形制与曹操族人曹休之墓类似，也就是侯级，而非王级或帝王级。

对此，发掘者回应说：虽然屡次遭盗掘破坏，但西高穴大墓墓葬结构遗存仍然完整，除了追缴的文物，还有经过正常考古发掘出土的文物300多件；曹操墓虽与曹休墓相似，但仍有区别，这些区别应该就是等级的差异；带有"魏武王"字样的石牌不在少数，将如此多的随身物品赐给大臣作为随葬品的做法似乎不合常理。

其实，任何一门学科内部存在论争，都是非常正常的事情。尤其对于考古学这么一门新发现迭出的学科来说，更属常见。论争当中，很多学者甚至还不断推翻或修正自己曾经的观点。学者们就如法庭上的控辩双方，多方面列举证据，使得解释的逻辑越来越严密，最合乎逻辑的那个结论往往就最接近历史的真相。

当年的争议，其实是给公众上了一堂人文科学的课，也算是公众考古学的课。客观地讲，曹操墓的真伪问题产生这么大的争论，是因为当年的考古学仍是一门小众的学科，许多工作方法和研究过程不为外界所了解，在学科内外沿未架起很好的沟通桥梁。

"曹操墓"事件之后，考古学界更加注重社会责任的承担，积极与学科外部分享新发现、新成果，努力做好历史与现代之间的沟通，让过去能够参与当下，为现在筑牢传统。

34. 谁是湾彰壁画墓的主人

河北省磁县县城南郊的平原上，分布着一大片古墓地，这是北朝末期东魏、北齐王朝的陵园区。这个陵园区位于漳河北岸，滏阳河南岸，西面为太行山。在北朝时期，漳河和滏阳河水出太行山后，分别向东、东北流去。漳河流经邺城的南郊，因为经常泛滥而被称作浊漳水。滏阳河，那时则称作滏水。

当年，曹植登邺城的铜雀台，作《铜雀台赋》咏漳河："临漳水之长流兮，望园果之滋荣。仰春风之和穆兮，听百鸟之悲鸣。"

磁县县城的南面，即是东魏、北齐都城邺城的西郊。东魏、北齐把这里规划为陵园，是出于精心的考量。它西枕太行，东朝华北原野，南临漳河，北为滏阳河。在古人的风水学观念中，这是非常好的地形。

陵园区分布在今天磁县岳城、时村营、讲武城、申庄、东槐树、城关、开河一带。考古工作者在南北长 15 公里、东西宽 12 公里的范围内，发现了 123 座墓葬。这些墓葬分为两个区：分布在县城西南部的是东魏帝陵陵园区，分布在县城南部的是北齐帝陵陵园区。

虽处在乱世，但这两个短命王朝都精心营建了帝陵。

最初，人们对这片墓地了解很少，当地把前港村南的大型坟冢称作"天子冢"。宋代以来，一些文人认为它们是曹操的"七十二疑冢"。直到清朝末年，这里发现了一批东魏、北齐的墓志，这片墓园才开始被确定为东魏、北齐的陵园。

在陵园的南面，分布着一座墓葬，即是我们要说的北朝湾漳壁画墓。它曾经有一座高大封丘，因为风吹日晒和村舍、农田的侵占，当年宏伟的墓上建筑已被彻底毁坏了。因为当地人取土，高大的封丘也被破坏殆尽。失去封丘保护的墓葬，墓室顶部塌陷出一个大洞，墓室也被积水浸泡着。

为了抢救这处文化遗产，中国社会科学院考古研究所和河北省文物研究所合组的邺城考古队，在 1987 年 4 月至 1989 年 6 月对墓葬进行了精细的发掘。

被毁坏的墓上封丘还保留着底部的夯土遗迹，可以看出是一座圆锥形的封丘，底部直径有 100 余米。封丘南侧发现了神道，一尊残存的石翁仲倒伏在道西边土中。封堆南侧保存有建筑基址，是当年祭祀的礼仪性建筑。当年的神道上曾树立着成列的石兽、石翁仲、华表，还有石碑和鹊台，如今都灰飞烟灭了。

长达 52 米的地下建筑由墓道、甬道、墓室三部分组成。打开墓葬后，考古工作者看到，令人震撼的壁画绘满了斜坡式墓道、甬道和墓室的壁面。

　　墓道中的壁画保存最好，绘在两壁和长 37 米的地面上。两壁绘 53 人组成的仪卫队列，都是真人大小，队列上方绘朱雀、神兽等七种形象共 35 幅，并有流云、莲花、忍冬、火焰宝珠等图案，两壁壁画面积达 320 平方米。墓道地面分为三纵列绘画，中间画 14 朵直径为 1.35 米的八瓣莲花，两侧画缠枝忍冬莲花，面积达 120 平方米。

　　深藏地下的甬道和墓室都是用砖构筑的。甬道用青石砖铺地，南壁画有朱雀等图案。南端设置了石墓门，门楣上画着火焰宝珠和朱雀。

　　平面为方形的墓室，面积达 56 平方米，用五层特制的大青砖砌筑，墙壁厚 2.25 米。地面铺着磨光的方形青石砖。沉重的体量也导致墓室下沉，结构受损。

　　墓室西侧是青石和白石砌筑的棺床，用来放置棺椁。棺床正中用红彩

湾漳壁画墓中的墓道壁画

画了一朵八瓣莲花，须弥座的立面上画着忍冬、连环等图案。棺床上保存了一棺一椁的痕迹，但是墓主的尸骨已荡然无存。

在遭受多次盗窃后，随葬品中的珍宝已经无存，劫余的随葬品还有2215件，大部分是陶制的俑和模型。其中一件大文吏俑高达142.5厘米，这是目前发现的北朝俑中最大的。

以上所说的墓葬规格，显然符合北朝时期最高等级墓葬的制度。那么，这位尸骨无存的墓主人会是谁呢？

由于没有发现墓志或哀册，墓主人的身份仍旧是个谜。有人推测湾漳大墓可能是北齐的帝陵，也许是北齐文宣帝高洋的武宁陵。这座墓的东南2公里，就是北齐神武帝高欢的义平陵。

高洋是高欢的次子。公元550年，他迫使东魏孝静帝禅位，建立了北

湾漳壁画墓中出土的陶俑

齐王朝。高洋在位十年而崩，葬武宁陵，谥号文宣，庙号显祖。史书评价他"以功业自矜，遂留连耽湎，肆行淫暴"。湾漳大墓是不是他最后的归宿，还需要更多的考古发现来证明。

35. "关中十八陵"有什么特点

"事死如事生"是中国古人一直以来的观念，作为最高统治者的皇帝，往往从登基之日便开始营造陵寝。唐代是中国封建王朝最为鼎盛的阶段之一，帝陵文化也进入了一个高度发达的时期。唐代将依山为陵的制度推向了顶峰。

俗话说"江南才子山东将，陕西黄土埋皇上"。陕西拥有帝王陵82座，高居全国首位。唐代从开国到灭亡的三百年间，共有21位皇帝，留下20座陵墓（其中唐高宗李治与女皇武则天合葬于乾陵）。除唐末昭宗死后葬于河南渑池、哀帝葬于山东菏泽之外，包括乾陵在内的18座陵墓以西安为基点，平铺在关中渭北高原南缘的扇面地带，自西向东，分布于乾县、礼泉县、三原县、泾阳县、富平县、蒲城县。长达二百余里的唐陵分布区，史称"关中唐十八陵"。

依山为陵是唐代帝陵的主要模式和特色，除唐高祖献陵、敬宗庄陵、武宗端陵、僖宗靖陵承袭汉制封土为陵外，其余14座唐陵均依山为陵。

献陵，是唐高祖李渊的陵墓，位于陕西咸阳三原县与渭南富平县交界处。贞观九年（635），李渊驾崩，葬于献陵，唐太宗李世民参照东汉光武帝原陵的规格修筑了陵墓。

陵园以封土为核心，四周修筑夯土墙垣，墙垣四面正中辟门，门址外各有石虎一对、门阙一对。陵园南门外为向南延伸的神道，神道两侧列置

王子云绘《唐高祖献陵》，1943 年

石犀牛和石柱各一对。祭祀的下宫位于陵园西南约 1260 米。陵园以北距北门址 180 米处发现一处建筑群遗址，暂名献陵北遗址。陪葬墓区位于陵园东北，分布区域大致呈三角形，东西长约 5 公里，南北长约 2 公里。

献陵四门的石虎硕大威武，高近 2 米，由整块青石雕刻而成。四肢直立，躯体壮硕，前腿的棱角线表现出肌肉的雄健有力，头颅硕大，双眼圆睁，两颊似在颤动，如发怒吼，显示出虎的威猛气势。神道的两侧有一对体形高大的石犀，重达十吨。几根粗壮的线条勾勒出犀牛的特点，整体比例准确，形象生动逼真。南门外立有 8 米高的华表，上蹲狨兽，下雕盘龙，八棱形的柱体刻满了花纹，显得庄严肃穆。献陵石刻沿袭了汉魏石刻厚重、质朴、雄浑的特点，体现了初唐雕刻的艺术风貌。

2011 年，唐陵考古队对献陵陪葬墓区做了考古勘探。这些墓葬分布

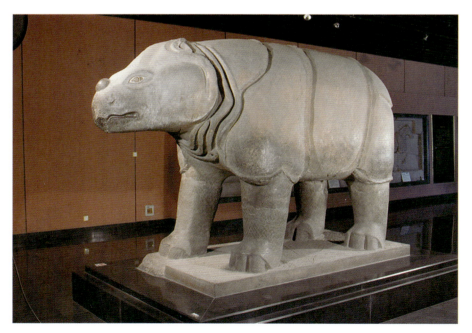

唐高祖献陵石虎（上）、石犀（下）

在献陵北部和东北部的富平县吕村乡一带。依据墓园结构和墓葬形制、规格判断，其中有 93 座墓葬可以确定为献陵陪葬墓。这些墓葬规模比较大，外围有壕沟，28 座保留有封土，墓葬有长斜坡墓道和数量不等的天井、过洞。

其中，1973 年发掘的李凤墓即是献陵陪葬墓之一。李凤是唐高祖李渊的第十五子，封为虢王，葬于上元二年（675）。墓葬由墓道、过洞、天井、甬道、墓室、小龛等六部分组成，全长 63.38 米。墓道、甬道、墓室绘有内容为侍女、花草的 16 幅壁画。

昭陵是唐太宗李世民与文德皇后长孙氏的合葬陵墓，位于陕西省咸阳市礼泉县烟霞镇海拔 1224 米的九嵕山上。这是关中唐十八帝陵中海拔最高的陵园，也是中国历代帝王陵园中规模最大、陪葬墓最多的一座。

唐太宗生前就选定了"孤耸回绕"的九嵕山作为陵址。昭陵从贞观十年（636）安葬长孙皇后时开始营建，贞观二十三年（649）安葬太宗时，大规模的营建基本结束。昭陵确定了唐代"依山为陵"的陵寝制度。

20 世纪 50 年代以来，考古工作者探知陵园的重要建筑群有 3 处，一是九嵕山南侧偏东的南司马门及献殿遗址；一是西南侧的寝宫遗址；一是北侧的北司马门遗址。此外还有山腰南侧和东侧的石窑、石室遗迹。在九嵕山南侧、东侧山坡及山下东部、南部的开阔平原地带，还分布着大片的陪葬墓。

文献记载昭陵"凿山南面，深七十五丈，为玄宫。缘山傍岩，架梁为栈道，悬绝百仞，绕山二百三十步，始达玄宫门。顶上亦起游殿。文德皇后即玄宫后，有五重石门"。玄宫内设施齐全，宏丽壮观，豪华程度丝毫不亚于人间宫苑。北面祭坛内整齐排列的"昭陵六骏"石雕和"十四国蕃君长石像"，是唐太宗建立与巩固大唐政权功绩的历史见证。

唐太宗昭陵

昭陵东南是皇室宗亲和文武功臣的陪葬墓群，约 194 座，可确定墓主的陪葬墓有 73 座，目前经过发掘的已有 30 余座。其中有新城公主墓、韦贵妃墓、李勣墓、燕妃墓、阿史那忠墓等。

乾陵，是唐高宗李治与女皇武则天的合葬墓，位于乾县县城北五里的梁山。墓穴穿凿在梁山南麓的山腰中，用许多石条封闭墓穴，并在石条之间凿有榫卯，融铁水注入。陵园地面建筑分为内城、外城和陪葬墓区三个部分。

唐太宗昭陵走狮

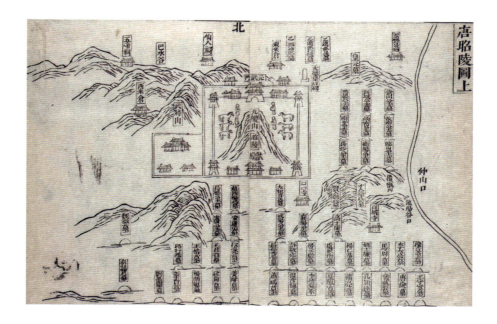

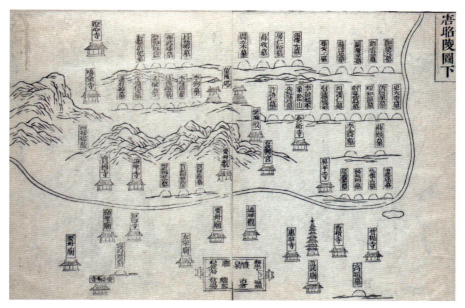

（元）李好文《长安志图》中的昭陵图

唐乾陵无字碑与六十一蕃臣像

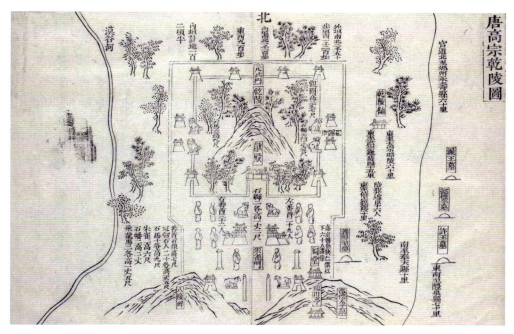

（元）李好文《长安图志》中的乾陵图

史料记载，乾陵原有两重城垣，内城占地 230 万平方米，外城"周八十里"。在内城东、西、南、北四个方位各设有青龙、白虎、朱雀、玄武四个城门。陵园内原有献殿、偏房、回廊、阙楼等房屋建筑 378 间。

乾陵宏伟的地面建筑如今已不复存在，但从内城朱雀门外神道两侧对称排列的一百多件大型精美的石雕，还可见其昔日的恢宏。无字碑、述圣纪碑、六十一蕃臣像等都是盛唐石刻艺术的珍品。

36. 藏王陵在哪里

青藏高原雅鲁藏布江中游南岸的琼结河谷，也被称为西藏的帝王谷，这里埋葬了吐蕃先祖"五赞王"后的诸位君主。松赞干布建立吐蕃王朝迁都拉萨以后，历代赞普和贵族仍魂归此地，琼结河谷也成为历代赞普的精神原乡。

藏王陵，位于西藏自治区山南市琼结县，整个陵区东西长约 2500 米，南北宽约 1500 米，占地 350 多万平方米，分为东嘎沟口（顿卡达）和木惹山（穆日山）东西两个陵区，两区相距 1 千米。其中多数陵墓位于琼结河谷的河滩之上，个别建于山腰和山脚下。

20 世纪 50 年代前后，意大利学者杜齐、英国学者黎吉生和中国学者王毅曾先后前往琼结，对藏王陵进行过考察。1961 年，藏王陵被列为第一批全国重点文物保护单位。1989—1992 年，中国社会科学院考古研究所、西藏自治区文物管理委员会，也曾对吐蕃王陵进行过多次勘测和调查。

藏王陵木惹山陵区

虽然众多学者和考古人员都曾对藏王陵进行过考察，可是关于藏王陵中一共有多少座陵墓，埋葬了多少位赞普，却始终众说纷纭。关于琼结藏王陵的数目，一直以来有 8 座、12 座、17 座、20 座等多种不同的说法。还有学者根据敦煌古藏文记载，认为唐文成公主、金城公主等吐蕃的王室贵妇也葬在琼结墓地。

藏王陵的确切数目长久以来一直难以确定，也与陵墓分布比较分散、大小规制不尽相同有关。加上千年来的风雨侵蚀和洪水冲积，一些陵墓改变了原有的形状，或者直接消失于地表，辨别这些陵墓也更加困难。

根据《汉藏史集》等文献记载，自吐蕃"五赞王"之后，吐蕃赞普和王室成员开始在顿卡达营建陵墓。松赞干布建立吐蕃王朝之后，则在穆日山营建了新的陵区，松赞干布及其后的历任赞普，多埋葬于此。原来的顿卡达陵区（东陵区）仍继续使用，主要用于埋葬夭折的王子和意外死亡的君主。

根据文献记载，埋葬在东陵区的历代赞普包括赤涅桑赞、达日年色、朗日伦赞、贡松贡赞、赤祖德赞等。埋藏在西陵区的赞普，则包括松赞干布、芒松芒赞、都松芒布支、赤德祖赞、赤松德赞、牟尼赞普、赤德松赞、绛察拉本、朗达玛、微松等。因藏王陵内部均未进行发掘，文献记载各陵墓的位置又多语焉不详，多数陵墓的墓主仍难与各赞普确切对应。

2002 年，中国社会科学院考古研究所公布了对吐蕃王陵的勘测和研究报告，东陵区共有 7 座墓葬，陵墓规格较小，保存情况较差。西陵区目前发现 13 座陵墓，大体可划分为东、西两列，其中只有最北部的 1 号陵可以确定为松赞干布的墓葬。墓葬封土平面呈方形，墓顶长 95 米、宽 67 米，墓底长 130 米、宽 124 米，现存高度 18 米，墓顶中央有一座寺庙。

2012 年，"藏王陵"考古队在西陵区 1 号陵封土的西北边缘，发现一处石墙遗迹。发掘表明，吐蕃时期围绕王陵存有陵垣，吐蕃王朝崩溃以后，地方政权曾在此进行过祭祀活动。另有学者根据《西藏王臣记》中有关松赞干布陵墓"五神殿"的相关记载，对松赞干布的墓室进行了推测复原。

藏王陵内的地表遗物，如今仅西陵区内存2座石碑和2座石狮。2座石碑，1座为陵区东北角的赤德松赞墓碑，1座为陵区北部的赤松德赞记功碑。2座石碑的形制和图案差不多。

1984年，西藏文管会对赤德松赞墓碑进行了清理。碑身通高7.18米，由碑帽、碑身、碑座三部分组成，碑帽帽顶为莲座宝珠，碑帽底部四角

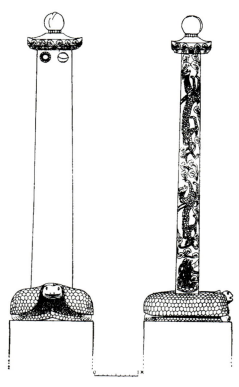

赤德松赞碑正视、侧视图，张建林绘

雕刻飞天，中间雕刻祥云、日、月图案。碑身正面上端也刻有日、月图案，其下残存古藏文碑文59行，碑文主要内容为赞颂赞普的功绩。碑身东、西两侧上部，雕刻两条相交升腾的龙，碑身下部雕刻四条互相盘绕的蛇，其下为莲花座。碑座由石龟和方形基座组成。这座石碑融合了不同的文化，碑帽的飞天应是模仿佛教中的飞天，日、月图案则是受到了西藏本土原始信仰"苯教"的影响，龙、蛇、石龟基座应是受到了汉地文化的影响。

对于藏王陵中设立墓地石碑的做法，有的学者论述说，石碑具有多重功能，既是吐蕃赞普权力、身份的象征，也是通向天国道路的路标，同时还是镇压地下恶魔的镇魔之物。

2座石狮位于6号陵的东、西两侧。西侧的石狮残损严重，东侧的石狮保存较为完整。石狮蹲坐于地面，面向墓冢而立，高1.6米，底座为长方形，右腿残缺。狮子昂首，双目圆睁，牙齿外露，表情威严。

霍巍教授通过比较藏王陵和唐陵的规制，指出藏王陵各赞普陵墓的方形封土，陵墓前设置石碑、石刻的做法，应是受到唐陵制度的影响。可能当时吐蕃迎娶的唐朝公主和来访的唐朝使节，也将唐代帝陵的规制一同带到了吐蕃。

到2013年，藏王陵中被确认墓主身份的陵墓已有26座，不过藏王陵的确切数目，以及墓主人身份的判定，仍有待更多的考古发现。

37."九层妖塔"究竟是什么来历

位于青海省海西蒙古族藏族自治州都兰县热水乡境内，在察汗乌苏河南、北两岸的血渭草场，有一处庞大的墓群，其中共有墓葬300余座。墓葬大多位于山前河流冲积扇台地，依山面水，海拔 3400—3500 米。

1982 年，青海省文物考古研究所的许新国和同事，在当地藏民的指引下发现了这处墓群。其中一座高 30 米、底部基座宽 160 米的大墓，直接惊呆了众人。这座大墓被当地人称为"九层妖楼"，也是后来盗墓小说中九层妖塔的原型。

1982—1985 年，青海省文物考古研究所对这座大墓进行了发掘，并将其命名为"都兰一号大墓"（又名血渭一号墓或热水一号墓）。都兰一号大墓封土由上、下两部分组成，上层封土叠压在下层封土之上。上层封土为等腰梯形，从上至下环绕平铺 7 层柏木，粗头向外，细头向内。上层封土下发掘出十字形的陪葬墓，墓室内出土了大量丝绸、金银器、木器、陶器等各类随葬器物，其中丝绸残片有 350 件，多为中原织造，也有一部分来自中亚和西亚地区。下层封土情况不明。

都兰一号大墓

　　因为没有发现有明确纪年和可以指明身份的遗物，墓主的身份引发了学者们的讨论。有学者认为墓主为吐蕃人，有学者认为该墓的墓主是松赞干布的宰相禄东赞，也有学者认为墓主为吐谷浑王夸吕，另外还有学者认为墓主为吐蕃吞并吐谷浑后册封的第一位吐谷浑王垄达延墀。此外，还有学者推测墓主或为吐谷浑小王之类的王室贵族，或为下嫁的吐谷浑公主，或为吐谷浑原王室残部，也可能为受吐蕃支配的吐谷浑军事首领。

　　此后，考古工作人员在察汗乌苏河的南、北两岸也进行过数次发掘。1999 年，北京大学考古文博学院联合青海省文物考古研究所，在河南岸发掘了 4 座墓葬（编号为 99DRNM1—99DRNM4），其中一号墓中出土的古藏文木简上写有文字"vdzong/zhang-skyes"（译为"尚思结送葬"）。据藏学学者考证，墓主"尚思结"应为《敦煌本吐蕃历史文书》中记载的主持会盟重典的吐蕃外戚，于公元 757 年死于任上，名为"甲贡"的"论（思）结桑"。

　　2000 年以后，考古人员还对"都兰一号大墓"的陪葬墓和祭祀坑等重要遗迹进行过发掘。

　　2018 年，发生了震惊全国的"3·15 热水墓群被盗案"。经国家文物局批准，2018—2020 年，由中国社会科学院考古研究所和青海省文物研究所联合组成考古队，对被盗的这座大墓进行考古发掘，并将其编号为"2018血渭一号墓"（2018DRXM1），以区别 1982 年发掘的"血渭一号墓"。

　　随着考古发掘工作的推进，"2018 血渭一号墓"宏大的墓葬形制，复杂的墓葬结构，珍贵的金银器等随葬品，也引发众人的好奇。这座墓葬的主人究竟是谁？

　　"2018 血渭一号墓"位于"都兰一号大墓"东 400 多米处。根据 2021年考古队公布的发掘简报介绍，"2018 血渭一号墓"是一座木石结构的多

99DRNM1 号墓出土的木简正面　　　　　99DRNM1 号墓出土的木简反面

室墓，由地上和地下两部分构成。地上部分为墓园，包括茔墙、祭祀建筑、封土、回廊。墓园平面近方形，由茔墙围合，在茔墙和封土之间，有一圈围绕封土的回廊通道。根据封土的残存情况来看，封土原应呈覆斗状，高度至少在 1.5 米。

墓葬的地下部分宛如一座地下宫殿，包括墓道、殉马坑、照墙、甬道、墓门、墓圹、二层台、殉牲坑、三层台、砾石层、四层台、墓室。考古队员在发掘墓葬时，在墓圹填土内还发现一些殉人和殉牲遗迹。

墓道和墓圹之间有一面弯曲的照墙，经墓道向西进入甬道 2 米多处，发现木板制成的墓门置于其中，穿过墓门前行 1 米左右可进入墓室。墓室呈长方形，由一个主室和四个侧室构成，可与文献中记载的"五神殿"对应。墓室顶部铺有棚木，相邻侧室之间以土坯和碎石混合砌筑。根据主墓室内发现的残木结构判断，原四壁皆有木制斗拱结构。

墓室壁画已脱落了，不过根据残存色彩和线条判断，技法与中原地区的唐墓相似。墓室中部为砖砌的棺床，三面有二层台，棺床西侧设有祭台，放置大量金银器等物品。根据主室内出土的一男一女两具人骨，判断该墓应为夫妻合葬墓。其余侧室各有不同的功能，包括厨房、放置服饰的"衣帽间"等。

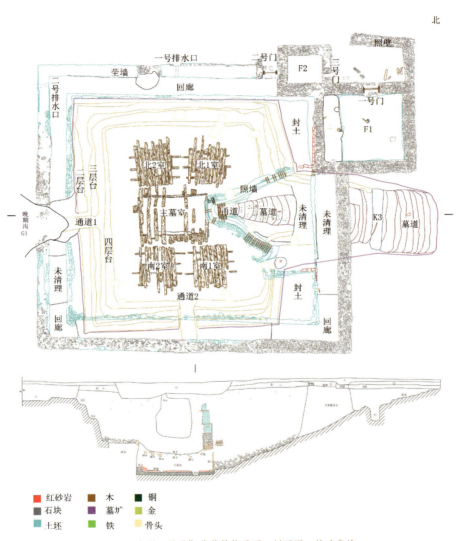

"2018血渭一号墓"墓葬结构平面、剖面图，韩建华绘

"2018血渭一号墓"共出土金银器1207件，包括印章、錾指金杯、金胡瓶等容器，镶绿松石金链、双狮日月金牌饰、镶绿松石金象饰片等饰品，以及马具和覆面等；另有铜铁器72件，漆木器32件，纺织品863片；此外还有玻璃碗、皮革残片、海螺、卜骨等随葬品。

其中最为重要的遗物是一件方形金银印章，印章内阴文刻有双峰骆驼图像和藏文（译为"外甥阿柴王之印"）。根据墓顶棚木的树木年轮测年（744±35年），以及敦煌文书《阿柴纪年》的记载，这枚边长不足2厘米的印章，直接将墓主人指向阿柴王（阿柴为吐蕃对吐谷浑的称呼）莫贺吐浑可汗，他的母亲就是吐蕃墀邦公主。

2021年，"2018血渭一号墓"入选"2020年全国十大考古新发现"。对它的评价是："'2018血渭一号墓'是热水墓群，乃至青藏高原上发现的布局最完整、结构最清晰、形制最复杂的高等级墓葬之一。""2018血渭一号

"2018血渭一号墓"墓圹内结构

外甥阿柴王之印

墓"的考古发掘，也是我们第一次全面了解吐谷浑王陵的墓葬形制，对中国古代陵墓考古也具有重要意义。

38. 吐鲁番的地下出土了哪些文物

吐鲁番盆地的高昌故城郊外，有着大片的古墓。其中，分布在阿斯塔那、哈拉和卓旁的墓地，被命名为阿斯塔那—哈拉和卓墓地。这两个村庄在清代被称作二堡（哈拉和卓）、三堡（阿斯塔那—哈拉和卓）。

墓地是从晋代到唐代这一时期里的高昌城居民遗留下的。它们分布在郊野干燥的戈壁滩上，累累荒冢和茔院，埋藏着消失的古人。随着村庄的扩张，一些墓葬被毁坏了。

民国初年，英国探险家斯坦因曾经发掘了墓地，发现了一批丝绸、俑、纸画、纸文书、面点、绢画等。1928 年，"中—瑞西北科学考察团"团员黄文弼先生调查了这座墓地。

1959—1975 年间连续进行了 15 次发掘，在墓葬中发现了数以万计的各种遗物。由于吐鲁番盆地得天独厚的自然环境，包括尸骸在内的各种有机

夕阳下的阿斯塔那—哈拉和卓墓地

质遗物都保存了下来。这在世界上是极其罕见的。

当初，在整理墓中的出土物时，发现一批用纸糊的冥物——鞋、帽，甚至一具棺材。通过它们能看到当时的葬俗。令人惊奇的是，这些制作冥物的纸张都是废弃不用的文件，包括各种公、私文件以及抄写的典籍等。

墓葬的整理工作的重心，因此转向了出土文书。这些文书即是后世著名的吐鲁番文书，它们构成了吐鲁番学的基础。有关方面组织了吐鲁番文书整理小组，由武汉大学历史系唐长孺教授领衔，汇聚了一批学者。

这次大规模发掘后，零散的发掘还在进行。其中，值得一提的是 1979年在阿斯塔那—哈拉和卓墓地发现的两座十六国时期的墓葬，其中一座的墓主人是北凉武宣王沮渠蒙逊的夫人彭氏。史书记载，沮渠蒙逊是出生在

张掖临松（今甘肃肃南）的匈
奴卢水胡人。彭氏墓中出土了
帛书衣物疏和伏羲女娲绢画等
珍贵文物。

从魏晋南北朝到唐朝的漫
长岁月中，来自河西走廊等地
的汉族移民、当地土著车师人
的后裔，连同来自中亚的"九
姓胡"移民，把这块沃土当作
他们的共同家园，他们在这里
劳作和生活，死后便安葬在这
块大地上。

墓地的规模庞大。当时盛
行聚族而葬的习俗，家族墓地

斯坦因获得的伏羲女娲幡画和绢本仕女画

199

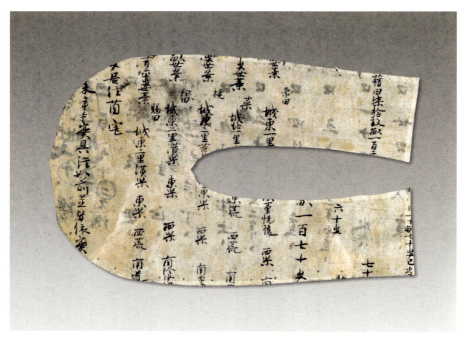

吐鲁番文书《西州高昌县手实文书》

用戈壁上的沙砾土构建出一座座茔院，茔院内按墓主人的辈分和去世时间排列墓葬。墓葬在地面上构筑坟丘，通过一条斜坡式的墓道深入到地下的洞穴式墓室中，这是河西走廊的汉人移民带入的葬俗。

最令人惊叹的是墓葬中出土的各种遗物，真正称得上是地下的文物宝库，有很多文物是中国乃至世界考古之最。这里面又以纸文书、丝绸、帛画和幡画、各种食品最引人瞩目。

出土遗物中发现了各种类别的纸文书，年代从前凉时期，延续到中唐时期的公元8世纪后期。儒家经典《毛诗郑笺》，东汉郑玄注的《诗经》《孝经》等残卷，是东晋义熙年间抄写的版本，这可能是目前所知《诗经》的最古老版本了。

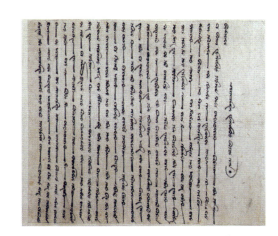

阿斯塔那—哈拉和卓墓地随葬的"胡人"俑和粟特文契约

出土遗物中还发现了郑玄注《论语》的不同抄本：一种是唐中宗景龙四年（710）一个名叫卜天寿的义学（官学）生抄写的抄本，另一种是唐玄宗开元四年（716）一个叫贾忠礼的人抄写的抄本。

卜天寿是唐西州高昌县宁昌乡厚风里人，时年十二岁。他抄写的《论语》卷子保存有 538 厘米长，是《论语》的前五篇（《学而》《为政》《八佾》《里仁》《公冶长》）。这个顽皮的学生在抄写《论语》之后，还抄写了《十二月三台词》，并题了首打油诗：

写书今日了，先生莫咸（嫌）池（迟）。

明朝是贾（假）日，早放学生归。

古墓中出土了数量众多、保存较好、非常精美的各种丝绸。其中一些纹样借鉴了萨珊波斯风靡一时的联珠纹，反映了丝绸之路上的文化交流。一件联珠纹锦上，采用倒影的方式织出了胡人牵驼和汉字"胡王"的图案。

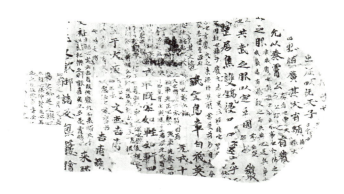

吐鲁番文书　　义熙抄本《毛诗郑笺》《孝经》残卷

吐鲁番文书　　卜天寿抄本郑注《论语》

古墓中还保存下了一批食品，像各种水果、饺子、面点等。面点花样繁多，有胡饼（馕）、麻花等等，品相极佳，真是诱人的美食。

1972 年，从阿斯塔那—哈拉和卓墓地的张氏家族墓中，发掘出土了三架木框六曲绢画屏风，其画作分别以弈棋（围棋）仕女、人物鞍马、乐舞为题材。其中保存最完整的《弈棋仕女图》，描绘了仕女的娴雅生活场景。它可能是一位出身高昌望族的女画家麹娘在天宝某年的作品。

墓葬中还发现了几组绢本和纸本设色屏风画残片，此外还有若干以仕女、乐舞伎和花鸟为题材的绢本、纸本残片，像《树下美人图》等。一些墓葬的墓室后壁，保存了屏风式壁画，有树下人物、花鸟、鉴诫图等。这些作品连同仕女画，都是京师画坛流行的画风。

唐时京师等地盛行围棋，西州的围棋显然是从长安传入的时尚。阿斯塔那—哈拉和卓墓地曾出土了围棋和双陆棋木棋盘，制作精细。另外，古墓中还发现了彩绘的带盖小木罐，像是围棋的棋子盒。

最后，我们要谈谈墓地发现的一批伏羲女娲幡画，迄今为止一共出土了 60 余幅。一些是麻布的，一些是丝绢的，当初似乎是悬挂在墓顶上。画中的伏羲和女娲下身呈蛇形，交缠在一起，分别手持规（女娲）和矩（伏羲），头顶和尾部有日、月和星辰。

魏晋南北朝时期的河西地区，流行在墓中放置伏羲女娲的画像，有些就画在棺板上。汉代流行的伏羲女娲画像始祖传说，汉代后随着一些汉人的迁徙，被带到河西走廊一带。这是当年在吐鲁番生活的汉人对于祖先的信仰。

阿斯塔那—哈拉和卓墓地出土的丝绸

阿斯塔那—哈拉和卓墓地出土的各式面点

阿斯塔那—哈拉和卓墓地出土的绢本和纸本屏风画

阿斯塔那—哈拉和卓墓地出土的围棋棋盘和棋子盒

阿斯塔那—哈拉和卓墓地出土的伏羲女娲幡画

39. 北宋皇陵和南宋皇陵有什么异同吗

　　公元960年，赵匡胤（即宋太祖）发动陈桥兵变，黄袍加身，建立了宋朝，定都开封，史称北宋。随即，在宋太祖和宋太宗（赵炅，本名赵匡义）的经营下，北宋王朝逐步统一了从黄河流域到岭南的广大地域。

　　公元964年，宋太祖在征战南北力图统一的同时，将其父赵弘殷的安陵改到距离北宋东京不远的巩县（今河南巩义），由此拉开了北宋皇陵营建的序幕。自此以后，北宋除徽、钦二帝以外的七个皇帝也都葬于此，因此又有"七帝八陵"的说法。此外，皇后也祔葬在皇陵区内，单独起陵，位于帝陵西北。

北宋皇陵共分为四个陵区：西村、蔡庄、孝义、八陵。其中，西村陵区有宣祖永安陵、太祖永昌陵、太宗永熙陵，蔡庄陵区仅有真宗永定陵，孝义陵区有仁宗永昭陵、英宗永厚陵，八陵陵区有神宗永裕陵、哲宗永泰陵。

北宋皇帝不在生前预营寿陵，而是俟崩后才动工兴建，并且限定七个月为下葬期。由于时间仓促，皇陵的规模明显较唐陵小。加之北宋陵都是平地筑陵，不像唐代那样依山为陵，因而气派也远不如唐陵壮观。考古学家比较过北宋皇陵中陵园面积最大的仁宗永昭陵和位于偃师的唐高宗太子李弘（追封为"孝敬皇帝"）的恭陵，后者的陵园面积相当于前者的 7.2倍，封土高度约等于前者的 3 倍，封土面积约相当于前者的 7.78 倍。

北宋皇陵值得注意的一点是其地理形势。皇陵集中安排在今巩义市芝田镇周边东西约 13 公里、南北约 12 公里的范围内。这里地处嵩山北麓、伊洛河南岸的浅山丘陵区。北宋皇陵面山背水，这与历代皇陵居高临下、背山面水的形势不同。这样的安排与北宋时期流行的地理堪舆，也就是风水学说有关。

在北宋时期官定的风水书《地理新书》中，记载了宋元时期中原北方地区流行的以"五音姓利"为原则指导墓地排列的堪舆思想。所谓"五音姓利"，是指将人的姓氏按照发音归入宫、商、角、徵、羽五音，各与四方、五行相联系，并以此来确定阴宅、阳宅的排列。

宋人赵彦卫就在《云麓漫钞》中记载："永安诸陵，皆东南地穹，西北地垂，东南有山，西北无山，角音所利如此。"北宋皇帝赵姓，按照五音姓利说，属角音，墓地需要选在西北地势低、东南地势高的地方，北宋皇陵所处的地势正是如此。这也使得参谒宋陵时，地势越走越低。

复建后的宋仁宗永昭陵。自南向北望去，地势逐渐降低，这是宋代皇陵特殊的地理形势，与历代帝陵不同。

宋神宗永裕陵全景

不仅如此，按照考古学家的研究，北宋皇陵以至南宋皇陵中帝陵和后陵的排列也都分别遵循《地理新书》所记载的"昭穆葬"与"贯鱼葬"原则，而不存在通常认为的"尊、昭、穆"之别。

北宋诸陵布局大致相同，主体由鹊台、乳台、石像生、陵园组成。帝陵陵园中心建陵台，陵垣每面正中辟神门，四角建角阙，四门外皆置石狮一对，南神门外为神道，置石像生。后陵的布局基本上与帝陵相同，只是规模缩小而已。此外，还在诸帝陵西北建有侍奉墓主魂灵日常起居、陈设死者衣冠、进行日常祭祀活动的下宫。

北宋诸皇陵的石像生数目基本相同，排列顺序划一，数量较唐陵有所增加，种类上也有新的变化。如唐陵中并不固定的"蕃酋像"，变为宋陵均设置的六客使，还增加了象与驯象人、虎、羊、宫人、守门武士、上马石等。

北宋皇陵的地宫尚未经过考古发掘，但考古工作者曾经发掘了太宗元德皇后李氏的地宫，为我们了解皇陵地宫的形制提供了线索。这座墓早年被盗，盗洞长期开放，20世纪60年代就有学者经过盗洞进入过墓室，1985年考古工作者又进行了抢救性发掘。

经过考古发掘了解到，这是一座前出墓道的仿木结构单室砖墓，墓室为近圆形的多边形，直径近8米。甬道中设石墓门，上刻有精美的武士像，墓室内砖雕出斗拱等模仿木构建筑的形制，其余壁面还砖雕出桌、椅、灯檠、衣架、盆架等形态。在20世纪60年代的调查中，还可以看到在砖雕部分以上有宫殿楼阁等彩绘，墓顶彩绘"天象图"。这座墓尽管被盗，仍出土了玉册、精美的瓷器等文物。

然而令人唏嘘的是，北宋未亡于辽，却亡于金。公元1126年，也就是靖康元年，东京陷落，翌年徽、钦二帝为金朝所掳，连同皇室宗亲、大臣内侍、百工技艺以及掠夺的金银财物一同北上。康王赵构仓皇南渡，在靖康二年（1127）称帝，绍兴元年（1131）定都杭州。同样在 1131 年，孟太后崩于越州（今浙江绍兴），权殡于绍兴，由此开始了南宋皇陵的营建。南宋皇陵包括高宗永思陵、孝宗永阜陵、光宗永崇陵、宁宗永茂陵、理宗永穆陵、度宗永绍陵，因此又常合称宋六陵。

由于南宋皇陵修建时表示此举只是权宜之计，仍以归葬巩洛为念，"不绝中原之望"，因此诸陵虽上陵号，但都缀以"攒宫"字样，意思是暂厝之地。南宋皇陵陵园规制因此也远较北宋皇陵简陋，和北宋皇陵相比，减去了乳台、石像生、陵台、神门等，但仍分设上宫和下宫。

元兵占领临安后，南宋绍兴诸陵曾遭到严重的破坏。按照文献记载，番僧杨琏真迦将六陵全部盗挖，废陵毁尸，并在陵上建塔，用以压胜，甚至将理宗头颅割下带到大都（今北京），以其头骨做碗。因此南宋皇陵地表遗迹无存，给后人认识南宋皇陵制度带来了很大困难，使学术界长期对皇陵规制、位次等问题混淆不明。

建筑史学者依据文献的记载，对宋高宗永思陵的攒宫进行了初步复原。最近，考古学者开始有计划地针对宋六陵进行考古发掘工作，已经揭露出某帝陵上宫的主体建筑结构，发现了龟头殿、墓穴石椁构件、享殿、门殿和垣墙。相信随着考古工作的不断深入，在不远的未来可以逐步明确南宋诸陵的位次关系和陵园规制。

40. 辽代帝陵在哪里

唐朝晚期，在中国北方统治草原几个世纪的强大部族——突厥和回鹘相继衰落，继之而起的是契丹。公元 916 年，耶律阿保机称帝建国，并把都城建在了草原深处。公元 918 年，辽上京临潢府（今内蒙古巴林左旗林东镇）拔地而起。在随后的十数年里，契丹人在这里建宫室、起大殿，使它成为此后两个世纪里契丹政权的政治中心之一。

辽太祖阿保机的陵墓，也就是辽祖陵，位于距离辽上京西南20公里处的木叶山中。与前述北宋、南宋帝陵不同的是，辽代帝陵并不集中在同一个区域，而是分散分布。按其分布的地域可分五区：（一）太祖祖陵，在今内蒙古巴林左旗。（二）太宗怀陵，在今内蒙古巴林右旗，约在祖陵西北三十余公里处，穆宗祔葬怀陵。（三）显陵在今辽宁省北镇县医巫闾山中，为辽世宗之父东丹"人皇王"之陵，世宗自己也葬在西山。（四）景宗乾

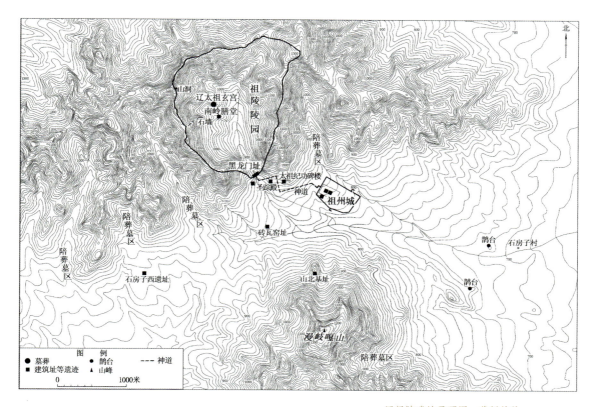

辽祖陵遗址平面图，董新林绘

陵，在今辽宁省北镇县西南，天祚帝附葬于此。（五）圣宗永庆陵、兴宗永兴陵和道宗永福陵，合称庆陵，在上京西北不足 100 公里处，即今内蒙古巴林右旗白塔子北面的大兴安岭中。

辽祖陵玄宫及其祭祀建筑，都位于一处口袋形的山谷之中。陵园平面大致呈不规则的椭圆形，四面环山，仅在东南部有一个狭窄的出口。陵园营建了一处三门道的木过梁式城门——黑龙门，三门道的做法体现出了帝陵的规制。从整体形势上看，辽祖陵类似于唐陵"依山为陵"的做法，但没有发现类似关中唐陵人工修筑的封闭陵垣，而是以四周自然山脊为陵园范围的界分，仅在较为平缓的山顶上或豁口处有垒砌的石墙。

在辽代诸陵中，庆陵因发掘过地宫，格外引人注目。庆陵近代以来屡遭盗掘。1930 年三陵哀册墓碑石出土，轰动了学术界。三座陵的地宫，都是有前、中、后及四个侧室的大型多室砖墓，其中永庆陵保存较好，其墓室平面为圆形，墓壁上影作仿木构建筑，墓道内还绘有壁画，墓道两壁画鞍马和侍卫，前室前部两壁画乐队和身着契丹装、汉装的大臣，有学者认为这是北院、南院的契丹和汉的大臣的写照。中室四壁更是绘有春、夏、秋、冬四时景色的大幅壁画，还绘有水禽奔鹿，是辽代皇帝四时捺钵的写照，极具契丹民族特色。

遗憾的是，辽庆陵因为遭到盗掘，遗物大部分已经遗失，考古工作者很难从中了解到契丹葬俗。但其他一些高等级辽墓可以做一些补充。1986 年 8 月间发掘的内蒙古哲里木盟奈曼旗陈国公主与驸马合葬墓，是一处辽中期十分重要的契丹贵族墓葬。

公主为辽圣宗弟弟秦晋国王耶律隆庆的女儿，驸马萧绍矩，葬于辽开泰七年（1018）。墓葬未经盗掘，出土了金银器、玻璃器、瓷器、玉器等文物三千余件。公主、驸马以契丹传统葬俗入葬，均头枕银枕，身着银丝网

春 夏

秋 冬

辽庆东陵地宫四时捺钵壁画临摹图

永庆陵壁画、彩画临摹图

络，戴金面具，着银靴，胸佩琥珀璎珞。这一发现使我们了解到契丹贵族下葬时使用金面具和银丝网络的特殊葬俗。

辽代帝陵的另一个特点是设置奉陵邑，它是专门为帝陵服务的。目前考古工作了解较多的有祖陵的祖州城，怀陵的怀州城和庆陵的庆州城。奉陵邑的规模通常都不太大，如祖州城作西北—东南方向，分为外城和内城，外城平面略作五边形，周长1750米。规模最大的是庆州城，东西1580米、南北1420米，城内有一座雄伟的辽代白塔。

41. 西夏王陵与中原王朝帝陵有哪些不同

在今天宁夏回族自治区首府银川市以西，贺兰山脚下，分布着一群规模宏大、气势雄伟的陵园遗迹。其高耸的陵塔尤其引人注目，甚至被称作"东方金字塔"。经过考古学家和历史学家的考证，这些陵园遗迹被确认是西夏王陵。

西夏是羌族的一支——党项人建立的少数民族政权，建都兴庆府（今宁夏银川），雄踞西北。西夏从公元 1038 年建国，到公元 1227 年为蒙古所灭，先后与北宋、辽，南宋、金鼎足而立，共历十帝，享国近二百年。

西夏王陵位于贺兰山东麓，在东西约 5 公里、南北约 10 公里的范围内，共有 9 座帝陵，200 余座陪葬墓。陵区所在的贺兰山麓有四条大的沟谷，在山前形成了四个自然区域，考古学家们据此将西夏王陵区内的陵墓分为四区。其中一至三区各有两座帝陵，第四区有三座帝陵。

遗憾的是，西夏王陵在蒙古灭西夏的战争中遭到了严重的破坏。成吉思汗（元太祖）曾先后 6 次进攻西夏。西夏面对蒙古的进攻，组织了顽强的抵抗。战争十分残酷，但西夏最终力不克敌。出于复仇的心理，蒙古军破坏了西夏的城市、王宫和王陵。

西夏王陵被破坏得十分彻底，200 余座陵墓无一不被盗掘，有的盗坑深达数米，至今没有填平。且陵墓上的碑刻、石雕七零八落，不少碑刻文字甚至被人为凿去。有学者认为，这一毁灭性的破坏应该出自蒙古军之手。其中最典型的遗迹是三号陵的东碑亭。三号陵在西夏诸陵中规模最大，但东碑亭仅出土残碑 300 多块，比较大的碎块也只存四五个字，加起来面积不足 0.3 平方米，可见破坏的严重程度。

在西夏陵出土碑刻中，最为重要的是七号陵碑亭遗址出土的 1775 块

西夏三号陵全景

夏、汉文残碑，其中尤为珍贵的是西碑亭出土的 19 块残碑。它们应属同一碑额，共 16 个西夏文字、4 行、每行 4 字，译文为："大白上国护城圣德至懿皇帝寿陵志文。"这就为七号陵的陵主信息提供了宝贵的资料。

历史文献中记载了西夏各王陵陵号，但各陵的方位不明，加上诸陵遭到了严重的破坏，因此各陵的归属目前仍不清楚。陵区内 9 座王陵除七号陵因出土了碑额可以明确为仁宗寿陵以外，其他各陵的陵主究竟是谁，学术界尚未达成共识。

众多出土遗物中，值得一提的是一件西夏文铜敕牌。它由两片圆形铜牌组成一个完整的符牌，一片铜牌外侧雕刻回曲花卉纹，另一片铜牌上刻四个西夏文字，意为"火急驰马"，两片铜牌分别阴刻一个西夏文"敕"字。这件敕牌是使者传递文书、命令时使用的身份证明。

西夏陵诸王陵园平面布局大体一致，都坐北朝南，由南向北依次由鹊

七号陵出土残碑额

西夏文铜敕牌

西夏王陵三号陵门阙及陵塔

台、碑亭、月城、陵城（陵城有角阙和门阙）、献殿、鱼脊梁、陵台等构成，有的陵园在陵城之外还环绕着外城。作为陵园的主体，月城和陵城的平面布局呈倒"凸"字形结构。

在西夏陵遗址中，还出土了数量很大的建筑构件，其中琉璃瓦件十分引人注目。在六号陵南门遗址出土的绿釉琉璃鸱吻高约 1.5 米，分体模制，龙首鱼尾，张口獠牙，具有很高的艺术水平。

西夏王陵诸陵中，六号陵的地宫经过了发掘。尽管发掘前已经遭到了盗掘，但仍使我们得以窥见西夏王陵地宫的面貌。六号陵地宫为一大型的多室土洞墓，全墓由墓道、甬道和墓室三部分组成，其中墓室两侧出东、西耳室。由于遭到破坏，甬道及墓室的保存情况不佳，但仍可以在甬道处看到绘有武士像的壁画。

总的来看，西夏王陵都安排在贺兰山麓前的平原地带，皆为平地起陵，与辽陵依山为陵不同；诸陵集中在一个总体陵区内，排列具有一定规划，格局与北宋皇陵相近。但西夏王陵背山面水，与北宋皇陵在陵区规划上又有所不同。此外，西夏王陵还取消了各陵的下宫，将上宫石刻集中于月城内，使陵园呈"凸"字形，这都与北宋皇陵有所不同。西夏王陵中最具特色的是高耸雄伟的陵塔，它们也被看作是西夏王陵的标志性建筑。

西夏王陵六号陵出土的琉璃瓦鸱吻

西夏王陵三号陵献殿和陵塔全景

42. 明代万历皇帝的定陵是怎样被发掘的

1955 年 10 月，时任北京市副市长的吴晗，会同中国科学院院长郭沫若、文化部部长沈雁冰（茅盾）、人民日报社社长邓拓等人，联名上书国务院，请求发掘明代成祖皇帝的陵墓——长陵。这一请求得到了批准，于是着手组织长陵发掘委员会，指导发掘事宜。委员会下设考古队，由赵其昌任队长，负责发掘工作。

根据夏鼐（时任中国科学院考古研究所副所长）的日记，1955 年 12 月 8 日，北京市政府派人偕同国家文物局及中国科学院考古研究所（今中国社会科学院考古研究所）专家多人赴十三陵勘察，重点考察了长陵，以便确定发掘计划。

然而，当时对发掘长陵存在不同的意见。反对者认为，当时尚不具备保存文物的技术条件。但反对发掘的意见未能占据上风，后来经过协商，决定先发掘明神宗万历皇帝定陵作为试点。

1956 年 5 月，工作队进驻定陵，开始发掘工作，至 1958 年 7 月结束玄宫内的器物清理工作，发掘工作前后历时两年又两个月，出土了各类器物总计 2648 件（不计钱币和纽扣）。

发掘工作结束后不久，1958 年 9 月，在北京故宫神武门举办了"定陵出土文物展览"。1959 年，发掘后的定陵地上建筑和地下玄宫经过修葺，就地建为定陵博物馆，并于当年 10 月正式对外开放。考古发掘的正式报告《定陵》，也于 1990 年 5 月由文物出版社出版发行。

不可否认，定陵的发掘工作，是新中国首次大规模科学发掘大一统王朝的帝陵玄宫，取得了很多收获，为我们了解明代帝陵提供了很多重要信息。

明代建国，定都南京，太祖朱元璋死后葬南京钟山孝陵。通过 1399—1402 年的靖难之役，燕王朱棣（明成祖）夺取了政权。他迁都北京，死后葬于北京昌平北天寿山，陵名为长陵。此后，从成祖朱棣至思宗朱由检，除明代宗朱祁钰因故别葬外，其他十三位皇帝都葬在天寿山附近。天寿山成为明代皇帝的陵墓区，习称"十三陵"。

十三陵陵区占地约 40 平方公里，北、东、西三面由山岭环抱。陵区周围因山势筑有围墙，总长达 12 公里。明代从昌平县西门外北至陵区大红门有御路，道中设有石牌坊和下马碑。大红门北有大碑楼，再北为十三陵总神道，为各陵共用。总神道两侧布列石望柱、石像生（计石兽二十四、石人十二，于神道两侧相向而置）。总神道北至棂星门。棂星门再北有七孔桥，诸陵神道由此分支，通向各陵。

十三陵内诸陵各自占据一片山坡，自成陵区。陵区规模大小不一。其中，长陵规模最大，规制也最为完备。长陵的修建开始于永乐七年（1409），结束于永乐二十二年（1424）朱棣下葬时，营建时间长达十五年。

1956—1958 年发掘的定陵，位于十三陵陵园北部偏西，是万历皇帝朱翊钧亲自选定的陵址。陵园东南朝向，仿照嘉靖皇帝的永陵修建，平面格局与永陵相似，轴线上分布有陵门、祾恩门、祾恩殿、棂星门、方城明楼、宝城宝顶。

陵园四周有围墙两道，内墙后接宝城，外罗墙后接大峪山。明楼建于宝城前方、方城之上。方城方形，下设须弥座，两侧与宝城相连。明楼重檐歇山顶，覆黄色琉璃瓦，四面券门。宝城是陵园的最后部分，由城墙围作圆形，城墙内径 216 米。宝城前与明楼、方城相接，城中用黄土填实。中部用白灰掺黄土夯筑，堆得最高，称宝顶。宝顶下为埋葬帝后的玄宫。

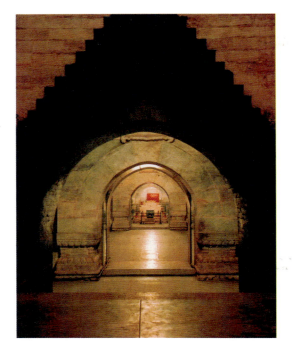

定陵玄官内景

明定陵全景

定陵玄宫由前、中、后三殿及左右两配殿组成。隧道室内为第一门，门内为前殿；第二门内为中殿，有三个汉白玉宝座和五供，中殿左右有石筑隧道分别通入左右配殿；第三门内为后殿，后殿中部偏西处有汉白玉棺床，床上置万历、孝端皇后王氏、孝靖皇后王氏棺三具。后殿随葬器物多放置在帝后三具棺内和宝床南北两端的随葬器物箱中。随葬器物箱共计29件，宝床上放置22箱，孝端皇后棺北侧7箱。另外在三具椁上放置着插有仪仗的仪仗架多架，全为朱漆木质明器，均已腐朽倒塌。

在定陵出土的大量随葬器物中，品种繁多的纺织品和服饰占有极其重要的地位。各种袍料、匹料和服饰共644件，它们主要是丝织品，个别衣物为棉毛织品。这批珍贵的实物资料为研究明代丝织品的织造技术、加工工艺和明代帝后服饰制度提供了条件，同时也大大丰富了中国工艺美术史的研究内容。

定陵出土金银器多达二十余种，五百多件。这些造型庄重的器物用打胎法制成胎型，主体纹样采用锤成凸纹法，细部采用錾刻法，结合花丝工艺，制成精美的图案，还有一定的浮雕效果。有的器物上还嵌有珍珠和宝石，充分反映了明代金银细工的工艺水平。帝后棺内及部分器物箱中出土大量冠服用品，万历帝的翼善冠用金丝编成，制作精美；两位皇后的四顶凤冠造型庄重，十分富丽，另外还出土了百子衣、佩饰等。

遗憾的是，定陵出土的龙袍等丝织品，刚出土时鲜艳夺目，亮丽如新，但很快就变色、炭化了。它们十分脆弱，轻易不能移动，以致部分文物现在只能展出复制品。其中部分丝织品曾用合成树脂来进行保护，结果时间一久，发现丝织品失去了光泽、柔性和弹性，发硬变脆，现已完全毁坏。

不仅是定陵出土的文物难以保护，事实上，考古发掘出土文物，特别

定陵出土十二龙九凤冠

定陵出土金翼善冠

是有机质文物的保护，目前仍是学术界的难题。定陵的发掘使行政管理部门充分认识到，目前的技术条件虽已可以发掘包括帝王陵寝在内的众多遗迹，但出土文物的保护技术条件仍不成熟，最好的方案是不主动发掘帝王陵寝。

1987 年，国务院下发《关于进一步加强文物工作的通知》，提出："考古发掘工作必须严格履行报批手续。对不妨碍基建的重要古墓葬、古遗址，在当前出土文物保护技术还没有完全过关的情况下，一般不进行发掘。"1997 年，国务院下发《关于加强和改善文物工作的通知》，重申："目前，由于文物保护方面的科学技术、手段等条件尚不具备，对大型帝王陵寝暂不进行主动发掘。"由此确立了不再主动发掘大型帝王陵寝的原则。

上面所说的发掘帝王陵寝——主要指的是发掘帝王陵寝的玄宫，也就是发掘墓室。帝陵作为中国考古学的一个重要研究对象，具有很高的学术价值，因此探明历代帝王陵墓的所在方位、整体布局、陵园规制等内容，对于考古学、历史学、建筑学等学科都很有意义。

　　过去的几十年间，考古学家对历代帝陵展开过很多调查，对陵园内的建筑遗迹或陪葬坑也展开了不少考古发掘工作。也许最为人所熟知的是意外发现的秦始皇陵兵马俑一号坑、二号坑的发掘工作。此外还有很多有计划的考古工作，例如对陕西汉唐帝陵的调查，还有前面几节中给大家介绍的对宋代帝陵、辽代帝陵、西夏王陵的调查，就是帝陵考古工作的典型例子。

五、特种考古

43. "南海 I 号"沉船是怎样被发现的

1987 年 6 月，广州救捞局与英国海洋探测打捞公司合作，在广东省台山县川山群岛附近，意图打捞乾隆三十七年（1772）沉没的荷兰东印度公司商船"莱茵堡号"（Rhynsburg）。当时这艘商船装载着锡和银子，在从雅加达驶往广州途中因为遭遇台风而沉没了。

工作人员从探测到的船只中，采集到了瓷碗、瓷碟、钱币、锡壶等百余件物品，其中还有一条长 172 厘米的金项饰。这批瓷器明显是宋代的物品，经初步鉴定，主要是福建德化窑、福建晋江磁灶窑、浙江龙泉窑、江西景德镇等窑址烧造的产品。看来这艘沉船并不是原本要找的东印度公司的船，而是中国宋代的货船，当时将其命名为"中国南海沉船"。

1989 年 11 月，中国和日本成立"中日联合南海沉船水下考古调查队"，对"南海沉船"进行第一次预备调查。这次调查探测到了沉船的准确位置，并进行了水下探摸。领队俞伟超将这艘沉船定名为"南海 I 号"。后

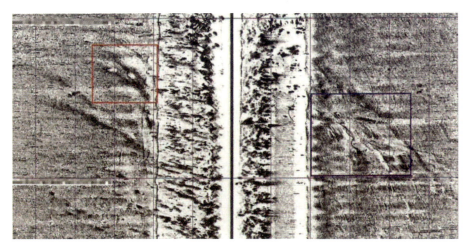

"南海Ⅰ号"沉船遗址旁侧声呐仪成像图（左侧红框为沉船遗址），孙键供图

来由于资金、专业人员、设备技术等方面存在困难，发掘"南海Ⅰ号"的工作暂时搁置了。

直至 1999 年，受香港"中国水下考古研究探索协会"资助，"南海Ⅰ号"的调查发掘工作才重新启动。2001 年 4 月，经国家文物局批准，中国历史博物馆水下考古研究中心和广东省文物考古研究所共同组成了"南海Ⅰ号"沉船水下考古队。

考古队先后使用了旁侧声呐、浅地层剖面组合仪系统、差分定位仪，确定了沉船的确切位置和遗址堆积的集中区域。经过 2001—2002 年的调查和发掘，考古队探明了"南海Ⅰ号"的基本情况。沉船残长约 22.1 米，最大船宽约 9.35 米，沉船位于淤泥中，最深处位于海床下 4 米左右，主甲板以下的船舷、隔舱，以及龙骨、船肋等支撑结构仍然完整，船舱内整齐地摆放着瓷器和金属器。本次发掘出水瓷器四千余件。

2003—2004 年，考古队先后 7 次对"南海Ⅰ号"进行了水下考古探摸、调查和试掘，了解了沉船遗址的埋藏环境、船体的保存情况，以及沉船的海域和气象信息，之后拟定了整体打捞和原地打捞两套方案。2006年，整体打捞方案获国家文物局的批准。

"南海I号"的整体打捞思路为：先下放钢沉箱托住沉船，随后用海上起重机起吊，将沉箱移至"半潜舶"上，在海面上牵引至阳江市海陵岛岸边，最后拖入专为"南海I号"沉船建造的博物馆——广东海上丝绸之路博物馆的"水晶宫"里保存和发掘。

打捞工作从2007年4月开始，持续至12月底，历时八月余。大致可分为五个阶段：第一阶段，对沉船外围进行考古清理工作。第二阶段，下放沉井以罩住沉船，在沉井顶部放置静压水泥块，使其平稳下降，嵌入海泥中，沉井为上、下两部分的中空钢制结构，下降后包裹沉船及其附属沉积物。第三阶段，将36根底梁穿入上沉井底部形成托底，使沉井变为沉箱。第四阶段，将上、下沉箱切割。第五阶段，也是最引人瞩目的阶段，号称起重航母的"华天龙"号，将重约5600吨的上沉箱垂直起吊出水；随后，沉箱被拖至海陵岛的沙滩上，通过气囊牵移到广东海上丝绸之路博物馆内的"水晶宫"中。这一天是2007年12月22日，深藏海底八百余年的"南海I号"正式出水了。

广东海上丝绸之路博物馆，建于风景如画的阳江海陵岛十里银滩上。为"南海I号"量身定制的具有古老意蕴的"水晶宫"，成了"南海I号"的家。"水晶宫"模拟了"南海I号"的海底埋藏环境，采用循环水体控制水体温度，并抑制分解有机物的菌类的繁殖。

为了更好地保存、展示"南海I号"，当沉箱迁至水晶宫后，各方专家经过反复论证，采取了保水发掘的方式，即完成一部分水下考古工作后放低水位，再对露出部分进行发掘。同时采用浮选法等方法，筛选淤泥中的动植物残骸等微小遗物。

　　2019年，"南海Ⅰ号"沉船发掘初步完成，共清理遗物18万件，绝大部分为瓷器，是南宋福建、浙江、江西等地民窑的产品。此外，还有大量铜铁器、金银器、漆器、钱币、朱砂、丝绸等商品；与货船上人员生活有关的物品和食品，包括木梳、铜镜等生活用品，咸鸭蛋、腌渍植物果核、石栗、胡椒等食物；以及羊、鸡、鹅、猪等动物的骨骼。

　　"南海Ⅰ号"沉船，是目前世界上发现的船体最大、保存最完整的古代货船。船体是宋代福建沿海地区建造的福船船型，方头阔尾底尖，船型宽扁，稳定性好，排水量约为400吨，是当时一艘中等偏大的远洋货船。船体结构保存得比较完整，残长约22.1米，约宽9.35米，内部最深2.8米，整体高度约为3米。船只结构复杂，具有多重板和多水密隔舱结构。

依据沉船制作的"南海Ⅰ号"模型

"南海 I 号"沉船正射影像图，孙键供图

　　船体的不同部位使用了不同材质的木材，其中包括中国东南沿海常见的马尾松木、福建柏木、海南榄仁木、柄果木等。船体中上部采用多重木板对接或鱼鳞状搭接结构，两舷上部及船壳板多为三重板结构。经考古发掘，共发现 15 个船舱，内设有垂直和水平隔舱板。商品层叠有序、大小相套，整齐地摆放于这些密封舱内。

　　在海水的长期浸泡下，"南海 I 号"的船体变得极为松软、脆弱。考古工作人员在船内搭建了数十根钢架以支撑船体，并定期给船体喷洒防腐液体。要将"南海 I 号"船体完整地呈现在大众面前，看来还需要较长时间的修复。

　　"南海 I 号"也是古代海上贸易往来和中外文化交流的见证。经学者考证，像当时众多远洋商船一样，"南海 I 号"也是秋季从泉州出发，利用季风和洋流，途经广州，准备前往东南亚、南亚、西亚，甚至东非海岸进行贸易。按惯例，它可能在次年的春季返航。这样一条东到东亚，南到东南亚，经过西亚、非洲，并与地中海相连的海上贸易航线，也就是后世所称的"海上丝绸之路"。

　　2020 年，"南海 I 号"南宋沉船水下考古发掘项目入选"2019 年全国十大考古新发现"。2021 年，当中国考古学成立百年之际，"南海 I 号"入选"百年百大考古发现"。这一年，泉州也作为"宋元中国的世界海洋贸易中心"被列入世界文化遗产名录。"南海 I 号"和它当时出发的港口，为世人重现了历史上海上丝绸之路的繁盛景象。

44. "江口沉银"真的是张献忠的宝藏吗

从清代开始，有关明末张献忠埋银藏宝的传说便不绝于世。《明史·张献忠传》记载："（张献忠）用法移锦江，涸而阙之，深数丈，埋金宝亿万计，然后决堤放流，名水藏，曰：'无为后人有也。'"四川彭山江口镇也一直流传有"石牛对石鼓，银子万万五，有人识得破，买尽成都府"的民谣，相传当年张献忠用石牛、石鼓标记了埋放金银的地方。

历史上也曾多次打捞过张献忠的沉银。清乾隆五十九年（1794），有人在江口河曾打捞出万两金银和一些珠宝玉器。道光和咸丰年间也有过两次打捞，不过并无所获。民国年间，当地军阀和政府官员曾联合组织打捞，1937 年和 1938 年冬，在成都望江公园外的锦江（岷江）中打捞出石牛，不过这次打捞只是发现一些"大顺通宝"铜钱，并未发现"银子万万五"。从此之后，便很少见到有关打捞出"张献忠沉银"的记载。直至 20 世纪 90 年代，彭山县民众在捕鱼和淘沙之时，才又意外发现银锭。

"张献忠沉银"的传说再次引起世人的关注，则是在 2005 年 4 月。当时，彭山县江口镇岷江河道内正在施工，挖掘机在距地表 2.5 米左右的地方挖掘出一个圆木筒，里面装了 7 件银锭（元宝），每件重约 1800 克。这些银锭被施工工人捡走，后被公安和文物部门追回。

2011 年，在岷江河道的取沙工程中，工作人员发现了"西王赏功"金

"江口沉银"遗址

币和金册等文物。此后，这一地区的盗掘文物活动变得猖獗起来。2015年至2016年，四川警方破获了"江口沉银"特大盗掘倒卖文物案，共追回涉案文物千余件。

为了保护这批文化遗产，在国家文物局批准下，2017年1—4月，由四川省文物考古研究院、国家文物局水下文化遗产保护中心、彭山区文物保护管理所共同组建的考古队，对眉山市彭山区江口镇的"江口沉银"遗址进行了第一次考古发掘。考古工作人员通过在当地进行探访调查，采用电阻率成像法、两栖地质雷达法、高精度磁法等探测方法，确定了遗址范围和重点发掘区。

水流湍急的岷江河道，给开展高精度考古发掘工作制造了巨大的困难，也给考古发掘方法带来了挑战。根据河道发掘特点而制定的围堰发掘方案，是一次创新。围堰纵向长约401米，横向长100余米，面积约为

43200 平方米。在围堰内侧设置排水沟与水泵，将渗水引流至发掘南区排水井中，然后抽排。另外，在迎水面放置砂卵石以抗冲护坡。在围堰排水沟以内的区域，划定探方进行发掘。本次发掘面积为 10100 平方米。

这次发掘共出水文物 3 万余件，以金、银、铜、铁器为主。金器包括"西王赏功"金币，刻有铭文的金册、金锭，以及发簪、耳坠、戒指等首饰；银器包括大量银锭、"西王赏功"银币，以及银饼、银板、发簪、耳坠等首饰。铜器主要有"大顺通宝"铜钱等。铁器则有刀、矛、箭镞、匕首等兵器。

2018 年 1—4 月，对"江口沉银"遗址进行了第二次考古发掘工作。这次发掘面积约 1 万平方米，出水 12000 件文物。发掘的目的，主要是了解遗址的范围和文物分布规律，确定遗址性质，以及寻找沉船线索。

这次出水的文物中，除金银碗、发簪、戒指、耳环等金银首饰外，还有火铳、铁蒺藜、铁刀、铁剑等大量兵器，以及撑船用的铁篙和一些散落的船钉。《彭山县志》记载，顺治三年（1646），义军张献忠部与明参将杨展决战于江口镇，张部战船被焚，沉没过半，伤亡惨重，败回成都。可能就是在这次决战中，张献忠战船上的金银随焚烧的战船沉入了江底。

"江口沉银"遗址出水的兵器残件、船钉，和一些被火烧过的金银器表明，彭山区江口镇的岷江河道，正是文献中记载的张献忠与杨展决战的地方。为此，在评选"2017 年全国十大新考古新发现"时，最初所说的"江口沉银遗址"，也被更名为"四川彭山江口明末战场遗址"。

2020 年 1—4 月，在彭山江口明末战场遗址又进行了第三期考古发掘工作。此次发掘面积共 5000 平方米，出水文物 10000 余件，仍以各种金银器为主，包括金银币、金银锭、金银食具、金银首饰等，此外还有不同规格的铅弹。其中最为瞩目的文物为"蜀世子宝"金印，金印印台边长 10 厘

刻有铭文的金册

"蜀世子宝"金印

虎钮"永昌大元帅印"

米，厚3厘米，含金量约为95%，印面铸有"蜀世子宝"四字，表明这枚金印原应属于明蜀王的世子。

三次彭山江口明末战场遗址的发掘，均出水大量金银锭（俗称"元宝"）。其中大多数是银锭，大银锭重约50两，小银锭重半两至几两不等。大银锭锭面均刻有如"四川十四年四司银伍拾两抚臣廖大亨按臣陈良谟司

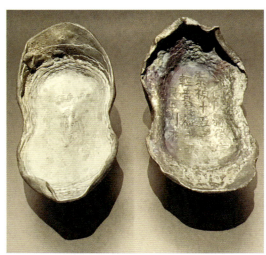

四川彭山江口明末战场遗址出水的金银锭

臣侯安国解官唐皋承差郭元银匠郭元""石门县征完辽饷银伍拾两"之类的铭文，表明这些银锭应该是各地征收的税银。

其他银锭上还刻有"赣州府""庐陵县""武宁县""巴陵县""沅陵县""湘潭县""黄冈县""京山县""清江县""大西眉州"等州县名称，也符合历史记载中张献忠在江西、湖南、湖北、四川等地流动作战的情况。

2017年至今，参与彭山江口明末战场遗址考古发掘的人员，不仅包括专业的考古工作人员，还有面向全国公开招募选拔的实习生和志愿者。实习生和志愿者经专业培训后，参与遗址的发掘和文物整理保护工作，亲身体验真实的考古之路，这也是一次新形式的公众考古实践。

彭山江口明末战场遗址文物的分布面积为100万平方米，目前的考古发掘面积还不到其中的百分之三。目前还暂未发现沉船船体，未来这个遗址是否还会继续发掘，仍有待进一步的评估。

如今在彭山江口明末战场遗址旁的岷江和府河两江汇流处，也正在兴建"江口沉银"博物馆。三期发掘出水的五万余件文物，也即将面向公众展出，以重现"张献忠江口沉银"的历史。

45. 甲午海战中沉没的致远舰是怎么被找到的

中学历史课本中有关甲午战争的叙述格外悲壮，黄海海战中致远舰管带（舰长）邓世昌随致远舰的英勇牺牲，是中国近代海军史上极为壮烈的一页。

1894年，中日甲午战争爆发。9月17日，北洋水师的主力舰队在今天的辽宁丹东港大东沟海域遭遇日本联合舰队，海战一触即发。中、日双方共有 24 艘军舰参与这场海战，这是世界上第一次蒸汽铁甲舰队对战的海战。战役持续了 5 个多小时，海面炮声隆隆，硝烟弥漫，战火将海天染成了红色。

致远舰在掩护北洋舰队旗舰定远舰时，船身中弹，船体倾斜。于是管带邓世昌决定撞击敌舰吉野舰，准备与其同归于尽。不料舰上的锅炉因为超负荷运转，发生爆炸，船上 252 名官兵除 7 人幸免于难外，其余全部随致远舰壮烈殉国。

致远舰再次出现在世人视野中，则是在一百二十多年后。

2013 年，国家文物局水下文化遗产保护中心联合辽宁省文物考古研究所，开始在黄海北部进行水下考古调查，寻找在甲午战争中沉没的战舰。2014 年 4 月初，考古人员运用多波束、旁侧声呐、浅地层剖面仪、磁力仪等多种物探手段和工具，寻找战舰沉没的准确位置。

由于战舰完全被淤泥覆盖，声呐信号反射不明显。最终考古工作者借助磁力仪发现了磁力信号异常点，估算残存铁质物体达 1600 吨以上，埋深 3 米左右。随后通过潜水探摸，发现了铁板、煤炭、木质船板等遗物。考古工作者经过分析，验证出铁板与 19 世纪后期欧洲造船材质符合，结合有关甲午战争的史料记载，推测这艘钢铁沉船可能为北洋海军的沉舰。当时暂将其命名为"丹东一号"。

据致远舰水下考古队领队周春水介绍，致远舰的正式调查工作历时三年，从 2014 年一直持续至 2016 年，共进行了三期调查。第一期调查是在 2014 年 8—10 月，清理出长 50 米、宽约 10 米的两侧舷边，并发现加特林机枪、主炮管残片及子弹等遗物。

2015 年 8—10 月的第二期调查，主要目的是确认沉舰的身份。这次调查揭露出舰体艏部、锅炉、穹甲等部位，并布设了水下小探方试掘，清理出两件带"致远"篆文的白瓷盘，正式确定这艘沉舰为致远舰。

第三期调查是在 2016 年 9—10 月，发现了大副陈金揆的望远镜，并清理出沉舰的舭龙骨，明确了沉舰的埋藏深度、分布范围及整体保存状况等信息。同年，"丹东一号沉船（致远舰）水下考古调查"也入选了"2015 年全国十大考古新发现"。

经水下考古调查，考古工作者探明，"致远舰"残长约 61 米，最宽处 11.5 米，残高约 2.5 米。船体外壳用钢板构造并使用铆钉连接，内侧贴附木质船板。舰体损毁严重，不过仍然能确认残损的水密舱室、锅炉舱、穹甲板等部位。舰体周边散落着舷窗、木板、钢板、锅炉配件、炮弹等遗物。

"致远舰"考古调查共出水文物 429 件，包括武器弹药、船体构件、机器配件、电气设备、工具材料、生活用品等。武器弹药包括加特林机枪、6 英寸炮弹弹头、主炮管残片、鱼雷引信、哈齐开斯速射炮和同型号的炮弹、多枚小口径毛瑟枪、转轮手枪子弹等；船体构件包括方形舷窗、舱盖合页、铜锁等；生活用品包括银锭、茶杯、瓷盘、鞋底、玻璃盏、皮带、木梳、鼻烟壶、银勺、印章、钱币等。

其中比较重要的遗物，包括两件带"致远"字样的白瓷餐盘、陈金揆的单筒望远镜、加特林机枪，以及方形舷窗、鱼雷引信等。两件白瓷餐盘中的圆形徽标正中篆书"致远"二字，外圈写有字母"CHIH YUAN"（"致远"的威妥玛拼音）和"THE IMPERIAL CHINESE NAVY"（中国皇家海军），瓷盘底部印有英国瓷厂商标。

陈金揆单筒望远镜，全长 50 厘米，物镜长 7 厘米，外观呈长筒形，镜筒用铜皮制成，尾端目镜为喇叭形口，设有防尘镜盖。物镜筒上刻有英文的花体字：Chin Kin Kuai，这是致远舰大副陈金揆的英文名字，他在致远舰上的职务仅次于邓世昌，当年也曾是赴美留学的幼童。加特林机枪全长

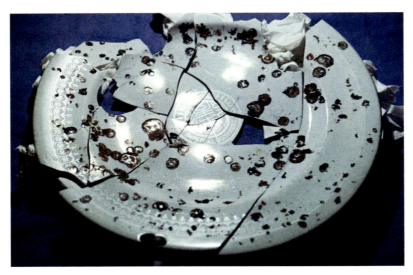

致远舰出水的白瓷餐盘，黎飞艳摄

陈金揆单筒望远镜，黎飞艳摄

致远舰出水的加特林机枪，黎飞艳摄

116 厘米，外径 18 厘米，另外还发现了与其相配的 34 枚子弹，并附带可旋转托架。

致远舰水下调查结束后，考古人员采取原址保护的办法对致远舰进行保护。以铁为主要材质的舰体长期浸泡在海水中会被海水腐蚀。因此考古人员采取牺牲阳极的保护措施，在舰体四周焊接锌块，并定期更换。焊接的锌块与铁质舰体构成原电池，锌块将作为原电池的负极（阳极）在氧化反应中被消耗，铁质舰体作为原电池的正极（负极）就可以被保留下来，从而减缓海水对致远舰船体的腐蚀。

46. 在沙漠中如何寻找古代文明

浩瀚无际的沙漠，是生命的禁地，很容易成为考古的"盲区"。要深入沙漠考古，从人员生存到考古技术、考古方法，都存在很多困难。

沙漠里是否埋藏有古代文明，或者说，沙漠曾经是人类的家园吗？

清末民国时期，一些探险家和科考队开始涉足塔克拉玛干沙漠、罗布泊和巴丹吉林沙漠。这个被称作"第三次探险浪潮"的大规模探险，聚焦于亚洲腹地的高地和沙漠。1900 年，瑞典地理学家斯文·赫定的探险队发现了罗布泊的楼兰故城。之后不久，英国考古探险家斯坦因在当地向导的引导下，发现了塔克拉玛干沙漠腹地的尼雅遗址和丹丹乌里克等一批遗址。

早期的沙漠考古带有强烈的探险色彩，探险家们被发现未知世界的荣耀激励，深入不毛之地，承受了不少风险。他们当中很少有人受过考古学的专业训练，很多操作并不规范。不过，探险家们的发现也揭示了一个事实：在被称作"死亡之海"的大沙漠里，原来还埋藏着大量的古代遗址，这里曾经是生命的乐园。

　　在罗布泊和塔克拉玛干沙漠的探险科考中，也有中国考古学家黄文弼的身影。他在1928—1934年间，多次进入新疆的沙漠荒原，有过很多重要的发现。

　　新中国成立后，沙漠考古逐渐发展成为一个整合了多学科的特殊考古领域。不过，沙漠考古始终面临巨大挑战：除了资金问题和项目审批等方面的问题外，发掘后的遗址保护是头号难题；在遗址的调查和勘探、人员和物资的运输、田野期间的生活保障、发掘技术和方法、田野考古工作设备和通讯方式等方面，沙漠考古都不同于一般的田野考古工作。

　　首先，寻找遗址的方法和技术手段就很不一样。早期的考古发现，都是依赖遗址附近的绿洲居民提供信息这个"土办法"，像楼兰故城、尼雅遗址、小河墓地和黑水城的发现靠的就是这个办法。

　　20世纪30年代，法国兴起了航空考古，这是考古勘查方法的创新。

塔克拉玛干沙漠，考古探险的乐园

黄文弼在西北科考中

"世界上最阴森的死亡殿堂"——小河墓地

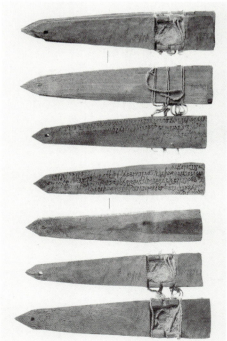

斯坦因发掘的尼雅遗址及获得的文物

Fig. 17. *Mesa* island south of T'u-ken

斯文·赫定在罗布泊探险时的绘画

当时，法国的考古学家利用小型飞机低空飞行，探察了叙利亚沙漠的大批遗址。

　　20世纪80年代遥感考古兴起，考古工作者利用拍摄的航空照片、旧地图和地面雷达影像等，来判断沙漠中可能存在的古迹。这在沙漠考古勘探技术上是一大进步。

　　那时候，卫星影像技术还没有被用在沙漠考古勘探上。直至20世纪

法国航空考古学家拍摄的叙利亚沙漠古城

90 年代，这一高新技术开始广泛使用。在中日共同尼雅遗址调查中，首次使用了尼雅河流域的卫星影像。不过，它的精度还不够高。

与此同时，中法合作的克里雅河考古队，也使用了美国陆地卫星影像，寻找沙漠腹地克里雅河的古尾闾，进而寻找三角洲上可能存在的古遗址。这些卫星影像对于分析遗址的地理环境很有用，但由于精度不够，依靠它来寻找古遗址是极其难的。这个难题最近十多年才得到解决。

在遗址调查中，用于确定方位的卫星定位系统（GPS）得到运用。1991年，手持式的 GPS 第一次被用在尼雅遗址的调查中。翌年，考古工作者利用 GPS 重新找到了楼兰故城。

进入遗址的交通运输是另一个难题。早期的沙漠考古依靠驼队，行进在沙海中的考古驼队是一道赏心悦目的浪漫美景。驼队的运力和速度有很大局限，在没有沙漠汽车和直升机运输的情况下，这实际是一种不

沙漠之舟——沙漠考古队员的伙伴

得已的方式。

　　沙漠考古的营地是传奇的，不过，重要的是在沙漠化的遗址中所使用的发掘理念、方法和技术。沙漠遗址通常都遭受了程度不同的自然侵蚀，被流沙覆盖的遗迹往往会形成固定沙丘，这深深影响到了考古地层学的运用和发掘后的遗址保护。

　　在沙漠考古中，除了一般的田野工作设备，日新月异的科技设备和手段也找到了用武之地。这涉及多学科的合作，在勘探、测绘、记录、摄影、遗物和样本的分析检测等各方面，处处展现着科技与人文的完美结合。

　　干燥的沙漠埋藏环境，给遗址及其中的有机物的保存提供了得天独厚的条件。埋藏环境分析需要沉积学、地貌学等学科介入。这涉及地学考古和环境考古的实践，沙漠环境考古运用了地质、水文、气候、动植物等多个学科的知识和研究方式。各种遗物和自然样本的分析检测，使科技考古

尼雅遗址 N5 遗迹

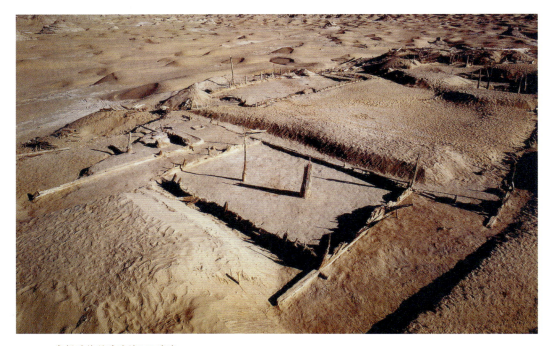

发掘后的尼雅遗址 N5 遗迹

尼雅遗址出土的丝绸

派上了用场。

在尼雅遗址，利用科技考古检测了树木的种属、青铜器成分等。最近对墓葬出土丝绸颜料的检测，发现了三种不同产地的颜料，说明在当年的精绝，丝绸曾被反复染色过。

地处罗布泊荒原的小河墓地，当年被考古学家贝格曼称作"世界上最阴森的死亡殿堂"。在新的考古发掘中，对大批干尸和各种遗物的分析检测仍在进行中。通过对随葬的草篓中残留物的检测，发现了牛奶，这是有关青铜时代饮食和食谱的重要发现。

47. 西沙群岛发现了哪些文物

西沙群岛位于海南岛东南100余海里处，由29座岛屿组成，岛屿面积10余平方公里，海域面积50余平方公里。这片海域暗礁众多，是历代船只触礁沉没事故的多发地带。

　　早在 20 世纪 20 年代，已经有渔民在西沙群岛采集遗物。20 世纪 70 年代以后，我国对西沙群岛进行过多次考古调查。自 20 世纪 90 年代起，我国开始在西沙群岛进行水下考古工作。西沙群岛的考古调查与发掘历史，可分为陆上采集、科学调查与水下考古三个阶段。

　　20 世纪 20 年代至 30 年代，西沙群岛的考古工作主要以采集遗物为主。20 世纪 20 年代以来，日本渔民和政府人员就曾在西沙群岛发现过大量古代钱币，包括王莽钱、开元通宝、皇宋通宝、洪武通宝等。1945 年抗战结束后，国民政府曾收集西沙群岛上的文物 1300 余件。

　　20 世纪 70 年代—90 年代初，我国对西沙群岛开展了多次全面调查和试掘。1974 年 1 月，南海自卫反击战后，中国从越南手中收回了西沙群岛的主权。1974 年 3—5 月和 1975 年 3—4 月，广东省博物馆联合海南行政区文化局在西沙群岛进行考古调查与发掘。工作人员在甘泉岛上发现了唐宋时期的居住遗址，并对其进行了发掘，出土了陶瓷器、铁器、铜器、鸟骨、螺壳、碳粒等遗存。另外，在珊瑚岛、甘泉岛、琛航岛、广金岛等岛屿上，发现 14 座用珊瑚石或砖垒砌的明清时期的小庙，应该是当时海南等地的渔民搭建的。在各岛屿上还发现了数千件陶瓷器、铁器、铜钱等遗物。在这一阶段，考古人员还对琼海县渔民打捞的明代沉船中的遗物进行了整理，获得历代铜钱 500 余公斤，以及铜镜、铜锭、铅块等遗物。有人认为这可能是当年郑和下西洋船队中的一艘沉船。

　　1996 年，中国历史博物馆水下考古学研究室联合海南省文物保护管理办公室等单位，对西沙群岛的华光礁、珊瑚礁等 18 座岛礁、4 个沙洲和 4 个环礁进行文物普查，发现遗存 8 处，打捞文物 500 件。

　　20 世纪 90 年代末至今，随着中国水下考古的发展，西沙群岛的考古调查与发掘工作，也从陆地转移到水下。1998 年 12 月至 1999 年 1 月，西

"华光礁一号"出水瓷器

沙水下考古队在西沙群岛北礁、华光礁、银屿等地进行水下考古调查与试掘，发现水下文物遗存 14 处，出水文物 1500 余件。这些遗存分布在珊瑚环礁的礁石之上，最浅的遗址在水下 1—2 米，最深的遗址深达 35 米。此次调查，发现了"华光礁一号""北礁一号""北礁三号"沉船遗址，其中以"华光礁一号"沉船遗址最为重要，此次发掘出水文物 849 件，以瓷器为主，还包括少量铁器、象牙等遗物。

2007 年和 2008 年，西沙水下考古队再次对"华光礁一号"沉船遗址进行发掘。沉船长 20 米、宽约 6 米，舱深 3—4 米，排水量 240 吨，船体覆盖面积约 180 平方米。出水文物 1 万多件，以陶瓷为主，还出水了少量铁器和铜器。这些陶瓷器以青白瓷为主，还有一些青瓷和少量酱釉瓷器，它们是宋代福建泉州等地窑场的产品。

2010 年后，考古工作者也曾多次对西沙群岛进行水下考古调查与发

"华光礁一号"出水钱币

"华光礁一号"复原模型

掘。2010 年 4 月，西沙群岛水下考古队对永乐群岛诸岛礁进行水下文物普查，调查了 42 处水下文化遗存，新发现 32 处遗址。2015 年，水下考古队对"珊瑚岛一号"沉船遗址进行发掘，出水一批石像、石构件、瓷器等遗物。2018 年，重点对"金银岛一号"沉船遗址进行调查。2021 年 6 月，再次对西沙甘泉岛进行调查，发现古代遗存 62 处。

2011 年以来，为保护西沙群岛的海底遗存，有关部门联合组成了西沙群岛水下文化遗产执法巡查工作队，对西沙群岛海域的水下文化遗产保护情况进行巡查，对文物执法情况进行督查。

西沙群岛的调查与发掘历程，也见证了我国海洋考古学的创立与发展。海洋考古学是产生和发展于西方的一门考古学分支学科，主要内容是对海洋文化的古代物质遗存进行研究。海洋考古以船舶考古为核心，包括海港考古和海洋聚落考古。

另外，海洋考古还有一门相近的学科：水下考古。海洋考古和水下考古，都包括对海底遗存进行发掘和研究，不过水下考古涉及的范围更广，研究内容还包括内陆江河和湖泊中埋藏的文化遗存。

海洋考古的产生与发展，源于潜水设备的发明与进步。1900 年，希腊人身着硬盔等重型潜水装备，在海底发现了一艘装载青铜雕像的中世纪沉船。1944 年，法国雅克斯·库斯托小组发明了通常称为"水肺"（SCUBA）的自携式水下呼吸机（Selfish Contained Underwater Breathing Apparatus）。水肺的发明，极大地促进了海洋考古事业的发展，此后法国、瑞典、美国、英国等国家先后开展了一些海底沉船的打捞工作。20 世纪 70 年代，美国著名海洋考古学家乔治·巴斯的学生吉米·格林，将海洋考古学带到了澳大利亚、泰国、菲律宾，以及我国的东南沿海。

20 世纪 50—80 年代，在我国沿海地区的淤陆中发现一些古代沉船。

这些考古活动开启了我国现代海洋考古的序幕，其中就包括 1974 和 1975 年在西沙群岛开展的考古调查。1987 年 9 月，中国历史博物馆考古部成立了专门的水下考古研究部门：水下考古学研究室（现中国国家博物馆水下考古研究中心）。次年联合阿德莱德大学举办了第一届水下考古培训班，培养了 11 名专业水下考古工作人员，在此之后也举办过多届培训班，这些专业人员后来成了我国各地海洋考古的主力。2012 年，国家文物局成立了"水下文化遗产保护中心"，并设立了南海、北海、阳江、福建、宁波、武汉等基地。

在海洋考古中，传统地层学和类型学的考古学方法仍然适用，同时又因为海洋环境的特殊性，还需借助水下考古技术。在对海底遗存进行探查时，首先需要利用海洋遥感物探技术了解海底的情况。主要使用的设备包括旁侧声呐、浅地层声呐、磁力仪，以及多波束测深仪、水下机器人等。

对海底遗存定位后，通常需要使用淤泥清除机来清除遗存表面的淤泥层。之后的工作则和陆上考古的工作流程相同，包括布设探方、绘图、摄像、发掘，发掘过程中也需要对相关遗迹和遗物进行测量、摄影、记录、清理，最后提取遗物。

提取遗物是水下考古过程中最为关键的步骤，为保证水下遗物的完好，针对不同的遗物，需要选择使用不同的打捞方式。对腐蚀严重的遗存，可以用石膏将其固定进行整体打捞，对一般遗物可采用空气打捞装置（利用空气吸力吸取遗物），以及气体提升装置（将遗物放在系在气球下的篮子中）对遗物进行打捞。

20 世纪 70 年代至今，水下考古以沉船打捞发掘为主要内容，我国已经在南海、东海、黄海、渤海等海域进行过多次海洋考古实践，发掘了"南海 I 号""白石礁一号""华光礁一号""南澳一号"等沉船遗址。这些沉船遗址的发现，也将千百年来海上丝绸之路的足迹，重新展现在世人面前。

48. 计算机是怎样模拟考古的

虚拟现实技术（Virtual Reality，简称 VR）是 20 世纪发展起来的一项计算机应用技术，利用计算机生成一种三维交互环境，可给人直接施加视觉、听觉、触觉甚至味觉等感受。使用者可以在这个生成的虚拟世界中进行交互式的观察和操纵。钱学森曾将这种技术命名为"灵境"。

20 世纪末，中国考古学界就开始探索虚拟现实技术的应用，但当时技术尚不成熟，设备也非常昂贵，应用的难度非常大。2013 年以来，随着虚拟现实设备质量的迅速提升，成本降低，使这项技术得以普及，学界也逐渐将虚拟现实技术应用在考古学研究和教学、博物馆展示等领域。

在考古调查和发掘的过程中，利用三维数字建模技术可以建立高精度的文物和遗址数字模型，还原外部的几何信息、结构信息和局部、细节信息。相关技术在田野考古中的应用已经十分广泛，尤其是具有设备成本低、操作难度小、三维重建精度高等特点的多视角三维重建技术，可以通过照相机在不同角度对某个场景或对象进行拍摄，然后利用拍摄到的多视图序列来恢复重构场景及场景中对象的三维模型。

文物和遗址三维数字模型的建立，为虚拟现实的拓展应用提供了最基础的支撑。在三维模型的基础上，结合虚拟现实技术，利用可视化软件就能够实现文物和遗址的虚拟重构或再现。即便在遗址已经回填以后，即便是研究者未曾亲手发掘过的遗址，只要开启设备，研究者就可以无限次地、自由地进入这个虚拟的空间，身临其境地考察考古发掘现场。

在这个系统中，既能多角度地观察地层、遗迹现象等，也可以与虚拟考古的对象进行交互。比如，研究者可以用手（通过传感器或跟踪装置）或其他三维工具来感知虚拟考古对象，感受文化层、夯土、路土等不同土质间的差异，或者陶器、瓷器、青铜器等不同器物的质感等。

虚拟考古也能够根据研究者的假设或推断来进行，用来检验假设或推断的可靠性。例如对古代不同聚落遗址的环境、地形地貌进行复原，结合资源域等分析方法，观察环境对人类行为模式、聚落形态等方面的影响；还可以再现考古遗址空间位置与几何形态的时空演化，对考古遗址古环境及其时空变化进行定量化、数字化的研究，从而挖掘本体与环境间的深刻关系。

根据考古工作者的研究成果"复原"的古代社会，也可以运用在考古、文物保护等专业的教学以及博物馆展陈中。

一名考古专业的学生要成长为合格的考古工作者，严格而完整的考古田野实践是不可缺少的环节。尽管在实习之前，学生们都会经过长时间的理论训练，但从理论到实践，仍然有一段比较长的摸索和适应期。

过去在考古实习中，年轻的新手们直接以古代遗址为实践对象，虽然经过锻炼后能够迅速成长为熟手，但期间也不可避免会犯一些错误。古代遗址是不可再生的，如果在正式的实习之前，以虚拟的方式进行反复的操作实践，那么应该能够有效降低学生们在田野实习中的出错率。对于水下考古等带有一定危险性且受到场地和设备制约的特殊领域来说，虚拟考古更是能提供在正式下水实践之前充分的演练机会。

对于文物修复专业的学生来说同样如此。对于那些出现脆化、脱色、剥落等现象的易损文物，可以进行虚拟修复和保护，从而检验修复保护技术、手段的可行性，考察修复保护过程中的各项环节和修复保护后的耐久性，这有助于制定科学合理的修复保护方案。

在博物馆中，通过虚拟复原的方式，可以保护那些脆弱的文物，也可以使非考古专业的人士非常直观地感知考古研究的内容，领略考古学家所揭示的古代社会的"真实"面貌，走进十分逼真的虚拟考古世界，真正体验身临其境的感觉。

譬如，我们可以通过这种方式，在任何时间自由地进入莫高窟的每一个洞窟，感受一千多年前的大漠黄沙，经历石窟营筑、雕塑建造、壁画绘制的过程，跻身于僧人俗众的行列中，直观地获取对洞窟功能的认知。甚至，我们可以用虚拟技术再现壁画中的世界，领略古人的艺术和精神世界。

对于那些曾遭受破坏的遗址，虚拟考古技术也有用武之地。人们可以依据历史资料，结合该地的地貌、水系、地形高程等景观特征，恢复和重建古遗址原貌，为文物保护提供一份档案。

虽然考古学是一门研究过去的学科，但服务于当下及未来也是学科的使命之一。研究者通过对古代社会的复原，使得我们能够更加清晰地认识过去是如何塑造现在的。我们也能够从那些不可再生的文物资源中、从我们的文化基因中，重构新的知识、新的可能。

六、石窟考古

49. 沙漠的明珠莫高窟为何让人魂牵梦萦

提起敦煌莫高窟，家喻户晓的反弹琵琶、飞天、九色鹿的形象便会浮现在脑海。这些都是敦煌壁画中的精品。但壁画只是莫高窟艺术的一部分。莫高窟为何被誉为"东方艺术的明珠"，又为什么能够吸引一代代"莫高窟

敦煌鸣沙山下的莫高窟

人"扎根大漠、奉献敦煌呢？

这要从莫高窟的历史讲起。

莫高窟，位于今天甘肃省西部敦煌东南的鸣沙山上。敦煌是河西走廊西端戈壁荒原之中的绿洲，人口稀少。但在古代，这里却是丝绸之路上的要冲，也曾是显赫一时的都市，大名鼎鼎的阳关、玉门关就位于这里。正是因为敦煌是中原通往西域的必经之地，历史上无数的商人、僧侣、使节等，都在这里留下了自己的足迹。

根据唐代碑刻的记载，在公元 366 年（这时的敦煌属东晋十六国时期的前凉王朝），一位名叫乐僔的佛僧途经这里，他看到鸣沙山上忽然闪耀金光，形状如同千佛一样，便认定这里是一处佛教圣地，于是在此开凿了第一座洞窟。此后，历经前秦、北魏、西魏、唐、五代、西夏等朝代的开凿，形成了一座巨大无比的石窟寺，其香火绵延达千年之久。

元代停止开窟之后，莫高窟逐渐被废弃冷落。明代嘉靖年间（1522—1566）封闭嘉峪关，敦煌这个曾经的丝绸之路重镇被弃置关外，失去了往日的辉煌，莫高窟也淹没于漫天黄沙之中。

清代平定新疆后，敦煌经济重新得到恢复，莫高窟也重回人们的视线。清光绪二十六年（1900），寄居在莫高窟的道士王圆箓在清理莫高窟洞窟内的积沙时，偶然发现了一个被封闭的密室，里面发现成捆绑扎、堆积到窟顶的经卷、文书、绢画，这便是震惊世界的藏经洞和敦煌遗书。

发现藏经洞的消息，引来了英、法等国的探险家，他们得到王圆箓的允许，在支付了一些银圆之后，从藏经洞中挑选了大批的文书携回欧洲。这些遗书和绘画，入藏英国图书馆和法国巴黎国家图书馆等。藏经洞的发现是一个大事件，它既是一次文物大发现，也带来了严重的文化浩劫。

神奇的藏经洞埋藏着莫高窟和敦煌的历史。

这座洞窟中，曾秘密埋藏了 5 万多件文物，多数是手写（抄本，写卷）或印刷（刻本）的文书或书籍，其中九成为佛教文献，包括各种佛经和论、疏以及愿文、经变文、高僧传记、印本的宣教书画、僧徒书信等；世俗文书包括书信、官府公文、经史子集书籍、经济类文书（如契约）、俗文学作品以及道教、摩尼教、景教等其他宗教的经典。

大部分书卷是用汉字书写的，此外还有用古藏文、于阗文、梵文、回鹘文、粟特文、婆罗迷文、突厥文等各类文字书写的文献，可以说藏经洞是一个十分丰富的"图书馆"。除了写本、印本文献外，藏经洞中还存放了一批精细的绢画、麻布画、纸本绘画、木版画等艺术珍品。

发现"藏经洞"的王圆箓

根据清末民国时期的记载，王道士在偶然间发现藏经洞时，这些书卷都被白布包裹（即中国古代图书收藏方法中的"帙"），整齐地码放在洞内。这就不得不让人疑惑：这么多书卷为何会被封存在这里呢？

要想解答这个问题，就必须知道藏经洞最后被封闭的时间。根据学者的研究，现藏于俄罗斯的 Φ.32 号文书是目前藏经洞中已知年代最晚的一件文书，上面记录了书写年代为大宋咸平五年（1002），就此推测藏经洞的封闭年代应该与这个年份比较接近。

这个时期，西域的一场战争已经进入尾声，这就是信仰伊斯兰教的喀喇汗王朝（都城在今新疆喀什）与信仰佛教的于阗国（都城在今新疆和田）之间的战争，最终喀喇汗朝于公元 1006 年前后攻灭于阗国。当时，于阗与敦煌（当时叫"沙州"）之间的关系非常亲密，莫高窟中不仅有于阗王室供

莫高窟中的藏经洞（第 17 号窟）

1907 年，法国汉学家伯希和在藏经洞挑选经卷

养的洞窟，藏经洞中还发现了两地频繁交流的信件和档案，里面记载，有不少于阗公主、王子和僧侣长期居住在敦煌。

因此，西域战事的进展，敦煌人是十分清楚的。于阗国灭亡后，可能有不少于阗人来到敦煌避难，并带来了喀喇汗朝在于阗推行伊斯兰教、于阗佛教走向消亡的噩耗。这令当时同样信仰佛教的敦煌人十分恐惧，他们担心喀喇汗朝会继续东进，敦煌会重蹈于阗的覆辙。这可能就是促使莫高窟僧侣将一批经书、佛画等神圣物品加以封存的原因。

这个封存过程是一个有计划、有序的过程。藏经洞封闭后，还在外壁

莫高窟藏经洞中收藏的文书

莫高窟第 98 窟壁画中的于阗王李圣天像

　　绘制了壁画，里面的秘密被长久保存起来。当然，这只是藏经洞封闭原因众多猜测中的一种，历史的真相还得依靠更多的线索和证据。

　　堪称佛教艺术宝库的莫高窟，保存了大批泥塑与壁画。在鸣沙山东麓的砾岩崖壁之上，现存有 735 个洞窟，分为南、北两个区域，其中北区是僧侣修行、居住和瘗埋区，洞窟内多为生活设施，相对简朴。而南区是礼佛活动的场所，绝大多数洞窟都有精美绝伦的泥塑像和壁画，现存壁画45000 余平方米，彩塑像 2000 余身，是世界上现存规模最大、内容最丰富的佛教艺术宝藏。

　　唐代是中国古代艺术的高峰，也是莫高窟彩绘和壁画的黄金时代。开凿于盛唐的莫高窟第 45 窟就是莫高窟石窟艺术的代表。窟西壁龛内塑造有一佛、两弟子、两菩萨、两天王共七身塑像。这七身塑像均为木骨泥塑，也就是先用木头制作骨架，再敷泥塑出形象，最后彩绘上色。它们以佛像为中心，依身份等级分列两侧，形象栩栩如生，形态、样貌、表情、迥然不同。在塑像背后和龛顶，还绘制了八弟子、诸菩萨、天龙八部、飞天等形象，与塑像共同组成佛教中净土说法的场景。

　　洞窟的南壁是观音经变壁画，壁画下方为表现观音有求必应、救苦救难的大慈悲，描绘了唐代的监狱、海难、求子、商人遇盗等场景。这些唐人真迹体现出当时高超的绘画技巧，是唐代佛教社会生活的再现。

莫高窟第 45 窟的泥塑

这里介绍的只是莫高窟的冰山一角。人们踏入莫高窟的洞窟之中时，无不为这里栩栩如生的彩绘泥塑，满壁绘制、色彩绚烂的壁画所震撼。但这些珍宝已经历千年岁月，它们已经十分脆弱了。大量高科技文保技术被用于莫高窟崖面和洞窟内部的加固与保护，其中就包括了高清三维扫描技术。如今，莫高窟的每一座洞窟都拥有极为清晰的数字影像和三维模型，不仅为后世保留了珍贵资料，也为普通人通过网络仿佛身临其境地欣赏和研究这些艺术珍品提供了方便。

莫高窟是人类文明的瑰宝，它的保存和维护离不开一代代敦煌学家的付出。在莫高窟对面的一片墓地里，长眠着常书鸿、段文杰和其他十余位敦煌研究院的工作人员。他们放弃了大城市的优渥生活，来到敦煌，终生守护这颗沙漠明珠，百年后也静静陪伴着她。

50. 龙门石窟的造像为什么不成比例

在古都洛阳城南，伊河从龙门山、香山之间穿过，远看两山，就如同两扇大门一般，因此这里古称"伊阙"，也称"龙门"。

北魏孝文帝推行汉化，将都城从平城（今山西大同）迁往洛阳。孝文帝是一个笃信佛教的帝王，他迁都后，便在伊河两岸开凿石窟，这便是龙门石窟。从北魏开始，历经东魏、北周、北齐、隋、唐等朝代的连续开凿，伊河两岸成为规模庞大的石窟寺。目前，在伊河东西两岸，南北约1公里的范围内，分布着2345座窟龛，近11万尊造像，另外还有2800余品古代碑刻题记。龙门石窟是世界上造像最多、规模最大的石刻艺术宝库。

石窟伽蓝起源于印度，原是供僧侣隐修的清净之地，因此大多都开凿

伊河岸边的龙门石窟

在远离城市的山谷中，位置比较偏僻。然而，龙门石窟是一个例外，它离洛阳城很近，这是因为它长期作为皇家石窟使用，需要满足皇室贵族就近礼拜的需求。

北魏孝文帝迁都洛阳后，大量兴建佛寺。根据《洛阳伽蓝记》记载，当时洛阳寺院林立，极盛时佛寺数量超过一千座。正是在这样的背景下，龙门石窟开始营建。

在北魏开凿的洞窟中，宾阳中洞最具代表性，它是北魏孝武帝为纪念孝文帝和文昭皇后所修造的洞窟。史书记载，开凿这座洞窟用时二十四年，动用了大量人工。洞窟内共有石刻造像十一尊，分为三组，正壁是一佛二弟子二菩萨，南壁、北壁则分别为一佛二菩萨的形象，这三组造像分别代表过去、现在与未来的"三世佛"。

除了佛教造像外，宾阳中洞的窟壁上的浮雕也极为精美，特别是南壁、北壁最上层的帝后礼佛图，展现了当时皇室礼佛时的盛景。其中，北壁浮雕了孝文帝头戴冕旒，身穿衮服，在王公贵族、官员、仕女和侍卫的

宾阳中洞石雕造像

文昭皇后礼佛图

簇拥下前行的场面；南壁则描绘了文昭皇后莲冠霞帔，在贵妇、宫女簇拥下的场景，极具艺术和历史价值。令人遗憾的是，这两幅礼佛图在民国时期被切割盗卖到了美国。

宾阳中洞与古阳洞、莲花洞合称龙门"北魏三大窟"，它们展现了北魏后期的艺术新风格。与北魏早期的云冈石窟造像相比，此时的造像变成"秀骨清像""褒衣博带"的艺术风格，面容清秀温和，服装宽袍大袖。这原是魏晋中原和南方士大夫的穿衣风格与艺术造型，此时已融合进来自异域的佛教艺术之中，是佛教艺术中国化的典型例子。

唐代是龙门石窟开凿的又一个高峰时期，大卢舍那像龛（又称"奉先寺"）就是其中的代表。它是龙门石窟群中规模最大的一组石刻，也是代表唐代石雕艺术最高水平的杰作之一。

大卢舍那像龛凿于龙门西山南部山崖之上，主尊为卢舍那佛，左、右分别为文殊、普贤菩萨及阿难、迦叶两位弟子，在龛的左右还各有一组天王、力士、仕女像，共十一尊造像。这组造像体量巨大，主尊高达 17.14 米，头高 4 米，仅耳朵就高 1.9 米。

大佛整体造型宏伟，面容庄严典雅，表情慈祥，嘴角微微翘起，似有微笑，被誉为"东方蒙娜丽莎"。更为精巧的是，大佛头部稍做俯视，又利用地面、台阶的高度巧妙配合，使得礼佛者在佛前仰视时目光能与大佛相交。其余菩萨、弟子像同样表现了高超的雕刻技艺，华服、盔甲、璎珞珠饰刻画得十分精致，肌肉力量和身体动作表现得惟妙惟肖。

根据现代测量数据，这些造像都存在上身大、下身小不成比例的问题，但在实地观看则感到比例匀称协调。这正是唐代设计家和雕工的精妙设计，他们根据"近大远小"的透视原理，调整了造像的实际尺寸，堪称世界雕塑史上的奇迹。

自空中俯瞰大卢舍那像龛

卢舍那佛主尊

大卢舍那像龛规模巨大，设计精妙，开凿工程必然要耗费大量人力物力，这是一般的开窟者无法承担的。它的施主是谁呢？主尊佛像佛座上的碑刻告诉了我们答案。根据碑刻记载，大像龛开凿于唐高宗时期，咸亨三年（672），当时的皇后武则天捐助了上万两脂粉钱用于开龛造像，三年后正式完工。因此，也有人说这座卢舍那大佛就是根据武则天的样貌雕塑的。

除了精美绝伦的石雕艺术外，龙门石窟还保存有 2800 余品古代碑刻题记，也堪称古代书法的宝库。这些碑刻主要是造像记，镌刻于石窟之中，记录了造像者（施主）、建造时间以及礼佛祈福等内容。

在这些碑刻中，书法水平最高的要数被誉为"龙门二十品"的北魏时

龙门石窟崖壁上的造像记

"龙门二十品"之一：始平公造像记拓片

期的二十方造像题记。"龙门二十品"的书体笔画棱角分明、外方内圆，在书法史上被称为"魏碑"。这是一种自隶书向楷书转变的过渡书体，上承汉隶的古朴醇厚，下启隋唐楷书的方正严峻，雄秀相兼。"龙门二十品"在中国书法史上占有一席之地，备受后代书法家的推崇。

唐代诗人韦应物在游览龙门石窟后，曾写下"精舍绕层阿，千龛邻峭壁"的诗句，足见当年石窟寺的盛景。龙门石窟的石刻艺术水平在各大石窟中独树一帜，被联合国教科文组织称为"中国石刻艺术的最高峰"，并被列入世界文化遗产名录。

51. 云冈石窟为什么有"胡风汉韵"的艺术特征

公元 524 年，北魏地理学家郦道元在北魏旧都平城（今山西大同）郊外的武周川，目睹了佛教圣地的壮观石窟群，在他的《水经注》里这样记述：武周川的河水向东南流去。河崖上有开凿的洞窟，是比丘尼们的居所。河水再向东流，从灵岩的南面流过。在那里，人们沿着山崖开凿了石窟，那景象真是壮观，世间所稀见。山岩上的佛窟注视着映照在水面上的大殿，香烟缭绕的伽蓝比比相望。

文中所说的武周川河崖上的洞窟，也就是今日山西大同的云冈石窟。云冈古代被称为武州塞或武周山，根据云冈石窟中题记的记载，明代才开始使用"云冈"之名。

云冈石窟，让走遍大江南北的郦道元惊叹不已。那么云冈石窟的往昔盛景究竟是何风貌？它又见证和经历了哪些沧桑世事？这一切还要从北魏建国说起。

公元 386 年，鲜卑族首领拓跋珪恢复了代国。398 年，拓跋珪从盛乐迁都平城，定国号为"魏"，史称北魏。拓跋珪先后击败了柔然、夏、北凉、北燕等政权，并持续从关中长安、河西凉州、山东青州等地掳掠了大量财富和人才，使平城成为中国北方的政治、经济、文化中心。这些从各地征调而来的财富和僧俗工匠，为修建规模恢宏的云冈石窟提供了必要条件。

云冈石窟外景

云冈石窟真正开始营建，是在文成帝拓跋濬开始大力弘扬佛法之时。记载当时佛、道情况的《魏书·释老志》这样记载，文成帝时一位叫昙曜的僧侣，受命为僧统（佛僧统领），他在京师西郊的武州塞主持开凿了五座大窟，里面各雕刻一尊大佛像。这就是云冈石窟著名的"昙曜五窟"。

另据窟内最迟题刻的记载，石窟应基本于正光五年（524）修建完毕。云冈石窟的修建，共历时 64 年。北魏以后，隋、唐、辽、金、明、清，也曾对云冈石窟进行过一些修造。

对云冈石窟的考察和研究，始于 20 世纪初，当时日本建筑史家伊东忠太和法国汉学家沙畹先后造访了云冈石窟，并将其介绍给世人，引起了中外广泛关注。1933 年，梁思成和中国营造学社的成员对云冈石窟做了一些测绘。在日本侵华期间，日本京都大学调查队的水野清一等人对云冈石窟进行过全面调查和测绘，以后又出版了 16 卷本的调查报告《云冈石窟》。

新中国成立以后，国家高度重视云冈石窟的调查与保护工作。1950

年，中央曾派裴文中率雁北文物勘察团对云冈石窟进行调查。1961 年，云冈石窟被列为第一批全国重点文物保护单位。2001 年，它又被联合国教科文组织列为世界文化遗产。

云冈石窟现存 45 座大窟，209 座附属洞窟，被自然沟谷分为东、中、西三个区域。佛龛计 1100 多座，造像 59000 余尊，雕刻面积达 18000 余平方米。这是又一座中国艺术宝库。

云冈石窟开创了佛教石窟和造像的"云冈模式"，成为南北各地石窟参考的典范。它窟形多样，主要包括椭圆形大像窟、中心塔柱式洞窟、双窟形洞窟、前后室结构洞窟四类。

石窟内雕刻以"雕饰奇伟，冠于一世"著称，主要包括佛、菩萨、护法等造像，造像最高的达 17 米，最小的只有 2 厘米。石窟内雕刻内容还包括大量仿木构建筑，箜篌、排箫、筚篥等乐器，莲花纹、忍冬纹、火焰纹

昙曜五窟外景

水野清一等人拍摄的云冈石窟第 3 窟

等纹饰。这些雕刻融汇了来自中亚、印度各地的文化因素，形成了云冈石窟"胡风汉韵"的艺术特征。

最为经典的要数"昙曜五窟"，也就是昙曜主持营建的 5 座洞窟，现今编号为第 16—20 号洞窟。5 座洞窟的形制基本相同，平面呈马蹄形，穹窿顶。石窟内中心均为三佛造像，5 座石窟内造像的主尊，分别象征着北魏的 5 位皇帝。

第 20 窟，是云冈石窟中极具代表性的石窟，位于"昙曜五窟"的最西侧，前壁于辽代崩塌，佛像整体露在石窟之外，又称露天大佛。石窟内的造像为一组三世佛，主尊高约 13.7 米，东立佛高约 9.5 米，西立佛已坍塌。佛像背后还雕刻一些坐佛、飞天菩萨等。主尊为释迦牟尼，端坐于石台座之上，手施禅定印，身形健硕，面容慈祥。造像头顶肉髻高大，面阔

云冈石窟第 20 窟的释迦牟尼佛

肩宽，深目高鼻，眉间施白毫，蓄八字须，身穿袒右肩袈裟，袈裟质地厚重，衣褶曲回，具有犍陀罗造像的遗风。

　　根据宿白先生对云冈石窟的分期研究，云冈石窟的开凿共分三期，第一期是"昙曜五窟"，窟内造像姿态雄健，面颊宽大，肩膀宽阔，胸膛厚重，造像衣着服饰明显具有异域之风，衣纹既有中亚犍陀罗样式的厚重衣纹，也有印度笈多秣菟罗样式的贴体衣纹。

　　第二期（471—494 年）营造的石窟，主要开凿于云冈石窟群的中部东侧，包括第 5—12 窟。这一时期的石窟和造像逐渐汉化，石窟内流行汉式殿堂的形式和布局，造像风格清秀，服饰呈现褒衣博带的特征。

　　第三期（495—524 年）的营造发生在孝文帝迁都洛阳之后。这批石窟由留居在旧都平城的皇族、中下级官吏和僧侣信众所建。它们都是中小型石窟，集中建在第 20 窟以西。这个时期的窟式最为繁杂，个体造像更为清秀，下垂衣襞越来越复杂，还出现许多新的装饰式样。

如今，和其他石窟一样，历经一千五百年岁月的云冈石窟，也面临风化、崩塌、渗水、环境污染等问题。20 世纪 50 年代以来，云冈石窟的保护修复工作一直受到国家文物部门的重视，经历过"三年保护工程""八五维修保护工程"等各项专项治理。在长期保护修复的过程中，云冈石窟也探索出使用环氧树脂，用灌浆、粘接、加固等方法对岩石裂隙进行修复的方法，为其他石窟的修复保护工作提供了经验。

2005 年，云冈石窟开始采用三维激光扫描技术，对石窟进行数字化采集，利用 3D 打印技术复制出第 3、12、18 等窟的大佛，并在北京、上海、杭州、青岛等地进行展出。未来的云冈石窟还将继续完成全部石窟的数字化采集工作。

52. 麦积山石窟背后有什么故事

《北史·后妃传》中记载了这样一则故事：西魏文帝大统年间（535—551），皇帝为安抚北方的柔然可汗，废黜了皇后乙弗氏，娶了柔然公主为皇后。这位柔然公主担心皇帝不忘过去的情义，便逼迫乙弗氏落发为尼。

但是皇帝心中还是挂念着乙弗氏，让她秘密蓄发，以便他日将她迎回宫中。柔然把此事当作入侵的借口，举百万之众进犯西魏，最终逼得乙弗氏自尽。乙弗氏死后被安葬在麦积山石窟中，这便是麦积山第 43 号瘗窟的来历。

除了这则令人唏嘘的故事外，麦积山石窟以及其中的雕塑和壁画等遗存，还有着更多的历史故事。

麦积山位于甘肃天水市，秦岭山脉的西端，地处重峦叠嶂之中。从远

麦积山景色

处看，它的形状像北方的麦垛，所以便被称作"麦积山"。这是秦岭中绝佳的自然景观，在山崖南面开凿的众多窟龛，更为它增加了神圣的色彩。

如今面对麦积山石窟，人们不禁会产生这样的疑问：在如此孤绝的崖面上，这些石窟是如何开凿的？根据五代王仁裕《玉堂闲话》中的记载，当时工匠在开凿的崖面外把木材堆积至岩顶，他们从上至下开凿完一层石窟后，就拆掉一层木材。窟龛建好后，工匠们又在崖上修筑了栈道。

麦积山石窟的开凿年代，根据第 3、4 窟之间南宋绍兴二十七年（1157）题记的记载："麦积山胜迹始建于□秦，成于元魏，经七百年，四郡名显……"据此推算，□秦应为东晋十六国时期的后秦王朝（384—417）。

学者们进一步探究了石窟的营建时间。根据《方舆胜览》《玉堂闲话》等历史文献和其他碑记的记载，结合洞窟形制和造像特点，推断麦积山石窟开凿于后秦姚兴时期，兴盛于北魏，历经西魏、北周、隋代的扩建而形成现在的规模，在以后的朝代都曾做过一些重修。

对麦积山石窟的勘察工作最早始于冯国瑞先生。从 1941 年开始，他多次前往麦积山石窟进行考察，并留下了抄录的碑文、拓片等珍贵资料。在20 世纪 40—50 年代，还有一些学者和团体前往麦积山石窟考察，这其中包括著名艺术史家王子云带领的西北艺术文物考察团，敦煌文物研究所的阎文儒、常书鸿先生带领的西北考察团等。

1953 年，中央人民政府文化部派出的中央勘察团对麦积山石窟的文物和保护情况做了全面系统的勘察。1961 年，麦积山石窟被列为第一批全国重点文物保护单位。

麦积山石窟与敦煌莫高窟、洛阳龙门石窟、大同云冈石窟齐名，在营造窟龛和造像上，借鉴西域模式之外又有创新，以崖壁上开凿窟龛造像为特征。麦积山石窟现存的雕塑共有 10632 身，被称为东方雕塑馆。

麦积山石窟的雕塑采用了石胎泥塑、木胎泥塑、泥塑、影塑等塑造技法，造像以北朝佛教造像"秀骨清像"和"褒衣博带"的风格为主；另外也有深目高鼻、身躯健硕的犍陀罗风格，以及体态丰腴、面部圆润的隋唐

麦积山石窟全景

风格。在塑像之外，麦积山石窟内也绘有大量壁画。现存壁画共有 979.54 平方米，主要是北魏和北周时期绘制的，包括各类经变画和佛本生故事等题材。

现今麦积山石窟共保存有 221 座窟龛。唐代时这里曾发生过强烈地震，窟群从中部坍塌，整个石窟因此被分为东崖和西崖两个部分。如今，东崖有窟龛 54 座，西崖有 140 座，其他地方有 27 座。

221 座窟龛中，北魏时期开凿的洞窟数量最多，有 90 余座，其余则分属于后秦、西秦、西魏、北周、隋、宋、元、明、清各个时期。其中的第 5、13、44、74、127 号窟等，均是麦积山石窟中最具代表性的。

第 13 号窟是一座大像龛，体积最大，凿于东崖的中部。它开凿于隋代，南宋时曾重修。它的立面近似方形，通高 17 米、宽 17.9 米，深约 1 米，壁面现存许多方形桩眼，是当年制作大佛时用以插入木桩的。龛中的大像是麦积山石窟中最大的一组造像，也被称为东崖大佛。

造像为石胎泥塑的一佛二菩萨组合，主佛像高 15.8 米，两侧的胁侍菩萨高 13 米。佛像面容饱满圆润，梳螺纹髻，顶有肉髻珠，弯眉细长目，双眉间有白毫相，双目下视，表情肃穆庄严。两侧的菩萨像头戴宝冠，面容圆润，双眉间也有白毫相，身着璎珞。左侧菩萨左手提净瓶，右手持莲花置于胸前；右侧菩萨托莲花于肩。

1982 年，在修缮主佛像时，在其白毫相处发现了一件宋代的定窑瓷碗，碗外侧墨书"绍兴二十七年八月二五日……"的题记。在主佛的右脸颊内，还发现了一件东晋高僧昙无谶译《金光明经》的唐末抄本第四卷。

第 127 号窟是西魏武都王元戊为生母乙弗氏修建的功德窟，位于西崖最上层偏西。窟内平面呈横长方形，盝形顶，四披为梯形，窟内正、左、右各开一浅龛，窟顶雕刻杖楣、杖杆。石窟内三壁造像均为一佛二菩萨组

麦积山石窟第 13 窟

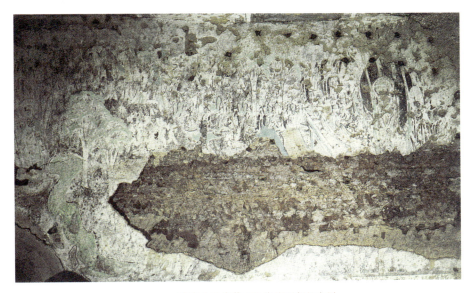

麦积山石窟第 127 窟的涅槃经变图

合，在学界通常被认为是表现中土、东方、西方的三世佛。

石窟内最引人注目的当属场面恢宏的解说佛经的壁画。正壁上方绘《涅槃变》，左壁上方绘《维摩诘变》，右壁上方绘《西方净土变》，前壁上方绘《七佛变》，下方绘《地狱变》。窟顶的正、左、右三披绘《萨埵那太子本生》，前披绘《睒子本生》，顶部绘《帝后升天图》。这些壁画描绘了释迦牟尼舍身饲虎、出家成道、讲经说法、涅槃等场景，也表达了元戊对母亲的怀念。

麦积山石窟的文物保护工作，始于20世纪60—70年代，当时对石窟外损坏严重的栈道和石窟山体做了大规模的整修和加固。2000年以后，对麦积山石窟加强了科技保护，对山体裂隙进行防渗注浆，在山体中钻孔引水，同时对环境的湿温度进行监测，并进行生物治理。另外，石窟中一些泥塑造像，其内部的木骨架和芦苇已完全断裂糟朽或流失而成为空腔，文

麦积山石窟第44窟"东方美人"佛像

保人员尽量采用原工艺和原材料，对其做了修复。

2014 年，麦积山石窟作为"丝绸之路：起始段和天山廊道路网"中国段的重要节点，被列入世界文化遗产名录。今天，麦积山石窟中"东方美人"的那一抹微笑，在经过一千五百年后，仍以其不朽的姿态感染着这大千世界，犹如温柔的春风一般，熨平人们心中的褶皱。

53. 鸠摩罗什的故乡——西域龟兹地区的石窟有哪些特点

地处丝绸之路上的古代龟兹（今新疆库车、拜城一带），是西域佛教文化的一个中心。这里是著名高僧鸠摩罗什的故乡，在中国佛教史上，他以兼通大、小乘佛教和翻译佛经而著称。

鸠摩罗什生活的东晋十六国时代，正是中国佛教发展的重要时期，大乘佛教正在迅速传播，佛经的翻译事业也在迅猛发展。他自幼随母亲求法印度，青年时即成为名动西域的高僧。后来被前秦皇帝苻坚挟持到凉州，以后又被后秦皇帝姚兴迎请到长安，以国师相待。鸠摩罗什在长安组织了规模宏大的译场。

鸠摩罗什的家乡龟兹，作为"丝绸之路北道"的重镇，很早就接触到了佛教。到公元 3 世纪，佛教已成为龟兹的主流宗教，寺院、石窟纷纷营建，其中最耀眼的是开凿在雀儿塔格山、木扎提河崖上的克孜尔石窟和库木吐喇石窟。

考古学家通过对克孜尔石窟不同洞窟壁画的年代学研究，并且借助现代科技对石窟营建材料中的木、草做年代测定，判断出克孜尔石窟开凿于公元 3 世纪左右，衰落于 9 世纪，这意味着它要比敦煌莫高窟早百年以上。可以说，克孜尔石窟是我国年代最早的佛教石窟之一。

克孜尔石窟前的鸠摩罗什像

　　龟兹地区是佛教从印度、中亚逐渐东进，进入我国中原地区的必经之路。在库车、拜城等地，现在保存的古龟兹石窟寺遗址，除了大名鼎鼎的克孜尔石窟和库木吐喇石窟外，还有克孜尔尕哈石窟、森木塞姆石窟等，另外还有大型佛寺遗址苏巴什遗址。这是古西域地区一笔十分珍贵的佛教文化遗产。

　　克孜尔石窟位于今新疆拜城县克孜尔镇东南木扎提河北岸的悬崖间，它不仅是龟兹石窟的代表，更是西域现存规模最大的佛教石窟群。迄今发现的洞窟有 345 座，它们类型多样，包括中心柱式窟、大像窟、僧房窟、方形窟、异形窟等，既遵循了印度石窟的规范，又因地制宜，有所创新。

　　显然，作为佛教伽蓝之一的石窟，它们的不同类型是根据伽蓝的不同功能和用途而设计的。

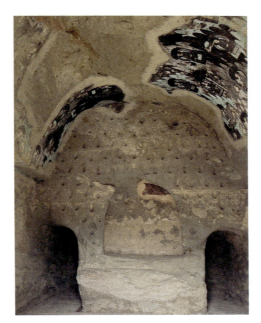

中心柱窟，可通过正壁中心柱四周的甬道旋绕礼拜

    中心柱窟，顾名思义是在洞窟内部有一根从底到顶的立柱，既起到支撑窟顶的作用，又象征佛教中的"塔"，因此又被称作塔庙、支提。这种洞窟在印度就多有使用。在龟兹石窟中，这种洞窟一般规模较大，主尊有塑像，全窟绘制壁画，主要表现的是释迦牟尼佛前世与本生的故事。

    中心柱窟是龟兹佛教艺术集中表现的场所。窟内满绘的壁画和中心柱上的塑像，是供僧侣和信众瞻礼、修习佛法使用的，环绕中心柱可做右旋礼拜。

    中心柱窟还有一种变体——大像窟，即中心柱前立一尊高大的佛像。很多石窟伽蓝里都曾雕造这种高大的佛像，最大的佛像是阿富汗巴米扬石窟的立佛像。雕造它们通常要花费更多的财力和人力。在克孜尔石窟，最大的大像窟第47号窟立佛像高达15米，极其雄伟。克孜尔石窟有7座大

克孜尔石窟崖壁上的大像窟（佛像已毁）

像窟。此外，在森木塞姆石窟、库木吐喇石窟也有雕造高大佛像。

　　方形窟即是不设中心柱的窟，平面通常呈方形，因而得名。这种洞窟一般也有前室与主室，部分有佛坛。在窟内墙壁和天顶上也都会绘壁画，在迎着窟门的墙壁还泥塑佛像。它是供高僧讲经的场所，也是供养人和学僧学众研习佛经的场所。

　　除了这三类宗教活动场所外，克孜尔石窟中数量最多的是僧房窟，即僧侣日常起居、坐禅等使用的洞窟，也被称作毗诃罗窟。它由前室、甬道和主室（居室）组成，居室内有壁炉、床台等生活设施，一般不绘制壁画。克孜尔石窟中还有一些规模很小的禅窟，长宽高均在 1 米左右，仅能供单人修行。这些数量众多的僧房和禅窟是古龟兹佛教盛行的例证。

　　其实，石窟群中的每一座洞窟都不是孤立存在的，石窟之间会通过木栈道、阶梯等外部设施相互连接，形成功能齐全的洞窟组合。但随着时间的流逝，外部设施和洞窟本身都有坍毁的情况，因此我们现在很难确定准确的洞窟组合结构了。

作为古西域佛教艺术的宝库，龟兹石窟以高超的壁画闻名于世。以克孜尔石窟为代表，这座石窟寺现存的壁画面积约 4000 平方米。相较于敦煌莫高窟等石窟，克孜尔石窟由于开凿年代早，受印度、中亚佛教影响深，同时受龟兹地区长期盛行的小乘佛教影响，因此在壁画题材、构图及艺术风格上都有鲜明的特色。

在题材上，克孜尔等石窟多绘制以本生故事（释迦牟尼在轮回中修行成佛的故事）、因缘故事（释迦牟尼成佛后的教化事迹）和佛传故事（释迦牟尼一生的事迹）等释迦牟尼本人的故事画为主，数量极其丰富，被誉为"佛教故事的海洋"。并且形成了以菱格为基本单元的构图形式，即在墙壁上绘制连续的菱格作为绘画单元，每个菱格内绘制一个故事，这种绘画构图是龟兹石窟艺术的独创。

除了题材和构图上的特色，龟兹石窟壁画中最令人称道的还有它的用色。最常用的红、青、绿、蓝、白诸色中，红、白等色多用于绘制裸体或半裸体人物形象，而青、绿、蓝等色则被大量用于人物较少和留白的区域，进而形成整体颜色偏冷的绘画风格，这在我国其他地区的石窟中是比较少见的。

根据科技考古的分析，绘制克孜尔石窟壁画的颜料绝大多数是矿物颜料，如绿色主要使用氯铜矿石和孔雀石，红色使用赭石与铅丹，白色采用石膏。最具特色的蓝色则使用了珍贵的青金石，在克孜尔石窟，这种色调堪称"龟兹蓝"。在古代，青金石仅在阿富汗的巴达赫尚省等少数地区出产，龟兹石窟中的青金石原料可能就来自这个地区，这是古代西域丝绸之路上的贸易品之一。

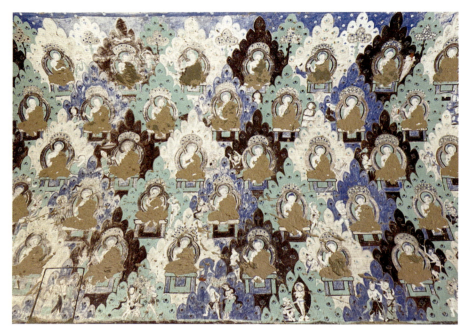

克孜尔石窟中的菱格构图法

以蓝、绿为主色调的壁画，描绘弹奏筚篥的伎乐

以红色为主色调的壁画，描绘的是供养人的肖像

被德国探险家切割的克孜尔石窟第 8 窟壁画

　　以克孜尔石窟为代表的龟兹石窟，在中国佛教史上占据着重要的地位，它为中国佛教石窟的发展和东西方文化交流做出了贡献。提起龟兹石窟，就想起鸠摩罗什，当年他以"莲花出淤泥而不染"的设譬启迪了无数后人。在龟兹地区的众多石窟寺遗址中，也有他出入过的伽蓝吧。

七、技术与文明

54. 什么是石器

　　人类是通过以石击石获得最初的工具的，这一过程可能开启了人类制作和使用工具的独特演化道路。那么究竟如何定义石器？它们可以分为哪些类型，又与普通石头有何区别？

　　以石击石的动作看似简单，却需要打击者寻找合适的角度并使用合适的力度。这是对手眼配合能力、手的灵巧度、手的力量控制的综合考验。大部分从事石器研究工作的人员，都需要经过专业培训，才能掌握打制石器的技巧，并建立起对打制石器过程的认识。若要理解并掌握更为复杂的技术，则需要花费大量的时间反复练习。

　　想要认识什么是石器，就必须知道它们是如何生产出来的，可能具有怎样的形态。这里我们就来谈谈有哪些石器制作技术，这些技术产生了怎样的石器。

　　最简单的技术就是以石击石，只要击碎石头就可以得到锋利的边缘。

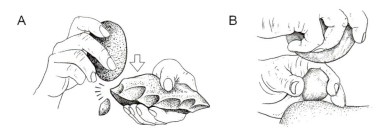

生产石器的两种基本方法锤击法与砸击法，A 为锤击法，B 为砸击法

使用这种技术的打制者往往对最终产品的样式没有具体要求。他们可以拿起或是抱起石块碰向或者摔向更大的石块，来得到带利刃的石片，这种技术被称为"碰砧法""摔碰法"。

他们也可以把要砸碎的石头放在类似"砧板"的较为扁平的石头上，用另一块石头从另一端砸下去。如此一来，被砸的石头会向不同方向碎裂开，因此就可以获得形态不可控的碎片，像极了"砸核桃"。这种方法被称为"砸击法"或"两极法"。

为了避免力的分散，更有效地获取想要的碎片，可以选取一定角度，用手执握石锤敲向另一只手拿着的石核，这种方法被称为"锤击法"。与碰砧法、砸击法相比，锤击法体现了更好的控制性，因此产品也就相对更容易识别。

当我们在合适的角度击打时，石头会按照赫兹定律开裂，在裂片表面形成半锥体，就像在玻璃板上投石子一样，会出现贝壳状断口，并且在远离击打点的一端呈现完美的尖灭状薄刃。这就得到了石片。这样的石片可以被直接使用，也可以进一步加工。从广义上讲，把石锤、石核、石片进一步加工，获得的工具均为石器；而狭义的石器一般仅指在石片上进行二次加工的产品。

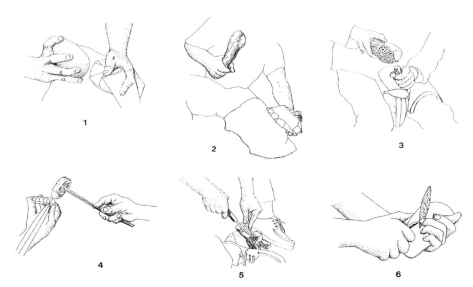

打制方法：1. 硬锤（石锤）直接锤击；2. 软锤（骨角或木）锤击；
3—4. 用不同工具配合进行间接打击；5—6. 使用工具或徒手进行压制

　　砸击和直接锤击属于初级打制技术，最早的例子可以追溯到三百多万年前。但旧石器时代的打制技术远不限于此，在简单锤击、砸击之后，也产生了间接打击、压制等可以生产更为规律的产品的高阶技术。打制工具也从最早的石锤（硬锤），扩展到了硬木、骨、角等材质的软锤。

　　技术难度的提高，反而为辨认石器提供了方便。通常来说，外形和修制技术越规律的石器，与自然界的普通石头的区别越明显。在上图中，可以看到几种不同技术生产的石器产品，其中属于高阶技术产品的压制细石叶石核、精美的压制石镞都更容易被识别。

　　考古工作者在研究报告中，往往会给工具分类并命名，例如手斧、刮削器、尖状器、锯齿刃器、钻具、端刮器、石镞等。那么它们的名字是否就直接指示了功能？譬如，锯齿刃就是锯子吗？尖状器就是用来穿刺的吗？

不同类型的旧石器（1、3—钻；2—石镞；4—锯齿刃器；5—刮削器；6—双刃刮削器；7—尖状器；8—处于制作初始阶段的两面器）

事实上，我们的分类，更多是为了比较和归类，并不真正指示它们的功能，这一点在研究比较早期的石器时尤其明显。而到了比较晚的时期，工具的用途和使用方法就相对固定，例如端刮器和石镞。

端刮器一般被认为是用来刮掉兽皮内的油脂的，而现在我们处理皮子的方法大多数是使用化学试剂浸泡。石镞的功能也是显而易见的，它作为箭头，在没有金属材料的时代里被用作武器或是狩猎工具。为了更明确地判断工具的使用方法和具体功能，考古学者们常常借用不同类型的显微镜，通过痕迹分析和残留物分析来完善认识。

与今天使用厨房的菜刀类似，古人类使用完石器后，也会在工具表面留下一些划痕和残渣。通过这些痕迹，考古学家可以判断使用者使用这件工具的方式，如用来切、刮还是砍砸。还能判断工具的加工对象，如处理肉类还是植物类。用特定的动作加工特定的材料，会产生特定的痕迹，这让我们今天的"推演"有迹可循。

上面主要介绍了旧石器时代的石器以及它们的制作和使用。在此基础上，我们尝试回答一个很具有挑战性的问题：如何识别早期的"真"石器和"假"石器？

出现较为成熟的打制技术和工具修理技术以后，石器变得更有规律，外形上也更符合我们在日常生活里对工具的认识。那么两三百万年前的石器呢？在对早期石制品的确认中，除了确认是否拥有石器的技术特征或是外形特点，还要综合多方面的因素。

在一些容易产生大量碎石的地方，比如河流的冲积扇地带或是倒石堆中能发现单个的疑似石器，要注意，不能仅以此作为人类活动的依据，还应考虑是否有成组或聚集的石器存在。另外，哺乳动物化石尤其是带有人工痕迹的动物化石碎片也是非常重要的佐证，当然，如果直接伴生早期人类化石就更明确了。在发现它们的地方，往往就是早期人类活动过的区域。在这些区域，往往就能发现早期的石器。

55. 最早的人类制作了哪些工具

提起"工具"，今天的我们可以举出无数例子。从起床拿起牙刷，到乘坐各式交通工具出门，再到使用计算机、互联网开始办公，工具如影随形。"工具"渐渐成为一个包罗万象的概念。你可曾想过工具的起点在哪里？只有人类使用工具吗？在漫长的狩猎、采集岁月里，我们的祖先使用过哪些工具呢？

在很长一段时间里，我们一直以为制作和使用工具是人类特有的行为。借助工具，人类可以"征服"大自然，成为这个世界的"王者"。然而，事实表明，工具的起点一直都在自然界。

我们的动物朋友们可能是我们的"老师"：拿着树枝取食蚂蚁、用石头砸击坚果的猩猩，抱着卵石击碎贝壳的海獭，折取天然带刺的植物做工具的乌鸦……深入自然界，我们会发现人类只是众多工具使用者中的一员。因此，比起自视甚高的态度，尊重生命、和谐相处或许才是人类面对其他动物时应有的姿态。

尽管在"使用工具"的行列中我们并不孤单，但在"制造工具"这条路上，我们似乎找到了特别的"演化通路"。从大约两三百万年前开始，人类就在制作和使用工具的道路上另辟蹊径了。

彼时，我们的祖先第一次尝试用一块石头敲击另一块石头获得石器。作为"锤子"去敲击的石头便成了加工工具，考古学家称之为石锤；而被敲击的石头则开始剥落下锋利的碎片，其中，被敲击的母体被称为石核，击落的带有锋刃的碎片便是石片。我们既可以把带有锋刃的石片作为工具，也可以把不停被剥片形成的具有较厚刃缘的石核作为工具。

工具因此变得多样起来，其类型包括但不限于刮削器、锯齿刃器、砍砸器、石镞等。我们的祖先可以选取"合适的石料"和"加工工具"，进行正确的加工，最终获得"预设中不同类型的工具"。那么，现代的工人如果穿越到狩猎采集时代，应该如何去生产一把具有切割功能的"石刀"呢？

首先，他们需要挑选材料。这里没有钢材，可用的天然耐久材料只有石头，所以第一步是挑选合适的石料。其次，他们需要挑选加工工具。他们原本可能习惯了用机械或铁锤捶打，而在这里，他们能做的就是另寻"石锤"来做加工工具，比如硬度和大小合适的卵石。最后，他们还需要掌握正确的加工方式。石刀的刀刃部位薄而手持部位厚，因此加工不同部位时需要的技巧也不同。只有完整实现了以上过程，才能够制造出一把实用的刀。

回溯人类加工工具的过程，我们与动物界其他"工具达人"的区别就明晰了。在这个过程中，我们需要具备一系列复杂能力，包括但不限于：鉴别可用资源，了解它们的分布和获取路径；预设加工工程，甚至评估出错风险并提出纠正方案等。这些复杂的决策过程和逻辑思维过程，在一定程度上也推动了大脑的发展，因此"工具"非但有效提高了生产效率，也在促进人类大脑进化上"功不可没"。

旧石器时代的早期，人类祖先一般直接用手拿着工具来使用。而随着

出土于北京周口店遗址的石制工具

石器打制技术的积累和人类智能的演化，复合工具开始崭露头角，出现了装柄现象。人类开始将不同部位的"零件"进行组合，如把箭头捆绑在箭杆上，用来投掷或射击。

目前，最早的复合工具出现在距今约50万年的非洲。在中国，内蒙古乌兰木伦遗址出土的可能被装柄的工具，距今约5万年，河北下马碑遗址出土了距今4万年左右的复合工具。但总体来说，相关例子还比较少。而到了距今1万—2万年的时候，给细小的石叶装柄就已经比较普遍了，如在宁夏水洞沟遗址第12地点出土的骨柄，给我们提供了直观的骨柄的形态。

在旧石器时代，除了石器，木器和骨角器也是重要的工具。在周口店的山顶洞遗址就出土了漂亮的骨针，可见3万多年前，爱美的祖先们就开始制作"皮草"了。除了山顶洞遗址的骨针外，在辽宁小孤山遗址出土的骨针与鱼叉也非常精美。鱼叉呈倒刺状，现存长度约18厘米。

宁夏水洞沟遗址第12地点出土的骨柄与骨针，仪明洁制图

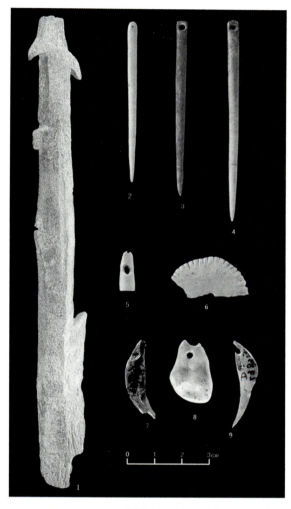

辽宁小孤山遗址出土骨器及装饰品

　　目前已报道的狩猎采集人群使用木器的证据是德国南部 Schöningen 出土的木矛，它已有 40 多万年的历史了。与石器相比，骨器和木器不易于保存，因此在考古遗址发现的骨角器和木器数量非常有限，但已为我们认识当时人类制作和使用工具的情况提供了重要的启示。

56. 我国发现的最古老的石器是什么样的

我们知道，早期石器的确认是比较困难的。考古学家在开展早期石器研究工作的过程中，需要拿出坚实的证据才能令人信服。就当前的考古发现来看，中国以及世界上最古老的石器究竟有多古老呢？

目前发现的世界上最古老的石器大约有 330 万年的历史，发现于肯尼亚境内埃塞俄比亚高原上的洛迈奎（Lomekwi）第 3 地点，位于图卡纳湖畔。这一发现在人类演化史上具有标志性意义。洛迈奎出土了 149 块石器，

肯尼亚洛迈奎第 3 地点石器

包括石核、石片和一些加工工具（石砧和石锤）。当然，这一发现也并未被所有人认可，而有关它的论文之所以能够在知名学术期刊上发表，是因为这里出土的石器有三点符合有关早期石器的判定：形制较为明确、成组出现（含有石核、石片以及石锤）、可以拼合。

除此之外，在发现于埃塞俄比亚高原的 Dikika 遗址，报道过距今 339 万年的带划痕的动物骨骼。这为出现在约 330 万年前的石器提供了背景及合理性。

离开非洲大陆，我们所处的欧亚大陆又有哪些古老的石器呢？发现于 20 世纪 90 年代早期的格鲁吉亚的德马尼西遗址，将欧亚大陆公认最古老的石器定格在约 180 万年前。一直到 2018 年，才出现较为公认的证据打破这一认识。

这一年，我国的科研工作者在陕西蓝田上陈遗址的工作成果受到国际顶级期刊的认可，将亚洲最古老的石器推到了约 212 万年前。本书作者有幸参与了这项重大发现的野外调查，并参与了对石器的研究工作，见证了这一重要的发现。实际上，在发表论文之前，这项研究（尤其是野外调查和地层测年）已经持续了十多年，可见考古求证之路的艰辛与漫长。

发现古老石器并判定它们的年代，是一项重要的考古学工作，也是一项艰巨的地质工作。换句话说，认证古老的石器，需要两个条件：第一，"石器"真的是石器，是人工制作的；第二，出土层位明确且测年准确。

接下来，我们就说说上陈遗址的发现为什么符合这两个条件。

上陈地点的石器有以下特点：其一，打制特征明显（即外形明确）；其二，有石核、石片、石锤及少量二次加工工具（组合出现而非单一出现）；其三，与哺乳动物化石碎片同出。这三点是帮助研究人员确定其人为性质的重要支撑。这些石器出土的背景，也为排除自然成因提供了重要的依据。

上陈地点的石器发现于黄土高原南部的黄土地层中。这里的黄土是一种风尘堆积，其物质源自亚洲内陆干旱区广袤的沙漠、戈壁。在那里，由于风沙颗粒的相互碰撞而产生的大量微米级的细粒粉尘，通过西风和西北风的搬运，长途跋涉到今天的黄土高原地区堆积下来，久而久之就形成了层层叠置的黄土地层。

风力不能长距离搬运粗颗粒的砾石，因此典型的风成黄土地层中不会掺杂河边常见的厘米级到分米级的砾石。正因为这样，位于黄土地层中的上陈石器显得如此"格格不入"——在自然力无法搬运的情况下，它们只可能是人类活动的产物。

接下来再来说说地层层位和年代的确定。在上陈石器的野外编号中，会看到有 L 与 S 开头的字符，它们分别为黄土层（Loess）和古土壤层（Soil）的英文首字母。在野外，一层层叠置的黄土—古土壤地层如同堆积在大地上的一页页书，记录了过去几百万年来的地质、环境和气候历史，而早期人类活动也被写入了这部大书中。

黄土—古土壤序列是帮助我们确定上陈地点年代的关键。在地球演化的不同时期，大自然会在不同的地方留下不同的足迹。每一种痕迹都构成一个时间序列，如一圈圈的树木年轮。科学家们复原这些序列的时间标尺，即通过特定的技术手段得知这些痕迹是在什么时候形成的（如树轮上的哪一圈形成于哪个时期），并比较不同时间标尺之间的数据（如比较同一地区的碳十四年龄数据与树轮数据），从而得到更为可靠的年代范围。经过反复比较和校正的时间标尺就成了一种研究工具，用来衡量新发现的年代。

上陈地点剖面的黄土—古土壤序列，就是这个遗址的重要时间标尺，它是地质学家在长期野外考察、采样及实验室定年的基础上最终建立起来的。正是这一序列帮助我们确定了遗址的年代。

陕西蓝田上陈地点发现的代表性古老石器

　　运用古地磁定年方法结合其他同位素定年方法，中国黄土高原的黄土—古土壤时间序列早在 20 世纪 80—90 年代就确立了，也就是说我们已经知道了每一层黄土和古土壤的年龄，并且这一时间序列可以与地球上其他时间标尺（如深海氧同位素、极地冰芯）相对比，因此它的年代是较为可靠的。

　　在时间标尺明确的情况下，只要我们可以确定考古出土物所处的确切的地层序列位置，就能初步判定一个年代范围，然后再使用实验室年代学技术方法进行测试，就能确定考古出土物的确切年代。例如，某件石器处于第 27 层古土壤，即 S27，对应到黄土—古土壤序列中，可以得知这一层所处的年代范围就是距今约 2,089,000—2,119,000 年，即大约距今 209—212 万年。

除此之外，这一序列还可以反映气候条件：黄土层形成于干冷的冰期，而古土壤形成于温暖湿润的间冰期。利用黄土层与古土壤层交替沉积的特征，考古工作者就可以确定考古发现产出的位置对应的是哪一层黄土或哪一层古土壤，从而得知当时的气候环境及年代。

这样看起来，上陈地点为什么得到国内外公认，就是因为它符合上面说的两个最基本的条件：第一，"石器"真的是石器；第二，出土层位真实可靠且定年准确。

很多人看到蓝田上陈地点，马上想到的便是它是非洲以外最古老石器和我国最古老石器的发现地之一。事实上，上陈地点的重要之处，还体现在它有连续的黄土—古土壤地层序列。而更妙的是，在序列的多个层位中均有石器和动物化石发现。

在蓝田上陈地点，第 15 层古土壤（S15）至第 28 层黄土（L28）有 17 个层位含有人工制品。其中，石制品主要发现于温暖湿润气候下形成的 11 个古土壤层中。这 17 个文化层的时间跨度长达约 85 万年，暗示着古人类可能在 212 万年前到 126 万年前反复（但不一定连续）地生活在黄土高原上。

这样看来，我们开展的工作，其实是在一层层黄土—古土壤中寻找一代代早期人类的足迹，如同读取一页页书中记载的故事。在以后的研究中，继续翻阅黄土这本"书"，我们可能会读出更多精彩的人类演化故事。

陕西蓝田上陈黄土—古土壤序列地层剖面

57. 新石器时代到底"新"在哪里

人类起源与进化历史的绝大部分时间处于旧石器时期，也就是从距今约二三百万年持续到距今一万多年。早期人类在缓慢进化中，从能够制作工具的"能人"或"匠人"，到"直立人"，最终进化为"智人"。他们留下来的遗产，最主要的是用石头制作的工具。因为采用的是最古老的制造技术——打制，这些工具被称作"旧石器"。

旧石器时代的人类也使用木头、骨头、兽角等加工工具，但是这些工具难以保存下来。人类在使用旧石器的数百万年的过程中，渐渐领悟到了把有些打制石器进行精细加工、修整，可以提高工具的效能。人类工具史上迈出的更大一步，是将打制成型的石器进行研磨，生产出更规范、高效的石器。

显然，这是一种与打制石器不可同日而语的新技术。这种用磨制技术制作的石器被考古学家称作"新石器"，人类普遍使用磨制石器的时代被称作"新石器时代"。世界各地普遍使用磨制石器（新石器）的历史阶段，总体上处于距今 1 万多年至距今 4000 年左右，个别地区甚至持续到距今 2000 年左右。

旧石器和新石器比较，左为旧石器，右为新石器

在人类历史上，新石器时代起着承前启后的独特作用。与旧石器时代相比，新石器时代究竟出现了哪些革新与进步，以至于深深影响着我们现代生活的方方面面呢？

首先，我们可以看到，从远古出发的人类，他们驰向现代文明的列车，到新石器时代突然加速了。个中原因是复杂的，人们相信与地球上最后一次冰期的逐渐结束有关，当然也与人类的工具知识和生活经验的积累有关。突破不仅仅发生在工具的革新方面，这是一个新时代，产生了一系列深远的变化。

与旧石器相比，新石器的新，体现在石器材料、加工技术和工艺、形态、效能等方面。

新石器时代大量制作的磨制石器，多选用硬度适中、易加工的石材，如玄武岩、安山岩、粉砂岩、页岩等。加工工艺变得复杂，先琢制，再经过粗磨或精磨，使器形变得更加规整和精细。不仅美观，工作效能还得到了提高。

新石器的种类明显专门化，主要有农业生产工具和木材加工工具，还有一些狩猎工具和装饰品，纷繁多样。由于加工精细，石器的刃部比较锋利，在性能上要明显好于打制石器。另外，在制作磨制石器的过程中，人们逐渐发现了一些超越普通石材的美石类原料，经过加工，又分化出以多种美石为原料的玉器。

新石器时代还意味着生产方式上的创新发展，即从以原始的狩猎采集为主的自然经济，进入到以农耕畜牧为主的生产性经济阶段。

在人类历史早期，人类获取食物主要采用的是狩猎采集手段。这种自然的经济方式或谋生方式一直维持了数百万年。随着知识的积累，人们逐渐注意到，身边时常作为食物采集对象的几种特殊植物——野生的稻、麦、粟、黍，可以通过有意的培植来获取收成。同理，人们根据对几种经常作为狩猎对象的动物——野羊、野牛、野猪等的生长习性的了解，发现可以对它们进行驯化，从而获得持续的食物来源。

这样的生活经验经过长期的改进、优化，最早的人工种植作物和饲养动物就产生了，这就是原始农业和家畜饲养的出现。这一崭新谋生方式的出现，对当时人类的进化和人们各方面生活的进步产生了巨大影响，因此有学者把农业的出现称作"新石器时代革命"。

农业的出现和发展，给人类社会带来的一个重大改变，就是随着经济

新石器时代的新石器

磁山文化的陶炊器

生产的趋于稳定，人类逐渐从频繁的迁徙走向了定居，并从穴居转为开始修建房子。房子集中出现，就形成了村落，一些条件优越的大村落又逐渐发展成为早期城镇。村落和城镇的出现，同时也刺激了石器制作工艺的改进。石器的需求量也得到快速增长。

陶器是新石器时代的另一项重大发明。这种被誉为"土与火的艺术"的产品，给生活带来了巨大的便利。定居生活促进了陶器的大量制作，也催生出了品质越来越精细的陶器。带有美术和巫术意义的彩陶出现了。

除了物质文化方面的创新与进步，观察大量发现的新石器时代的聚落遗址和墓地，可以看出当时的中国人在社会关系和组织形态上的变化：从以血缘关系组合的氏族社会，转变为以地缘关系组合的部落甚至部落联盟。与之相关的是人们的婚姻、家庭的进化。

在漫长的旧石器时代，地球上人口稀少，个体生存能力十分有限，相比其他动物，人类可以说是很弱势，只能依靠群体的力量维持生存。这样

辽宁朝阳牛河梁遗址出土的红山文化女神像

的原始小群体仅仅是依靠简单的血缘关系来维持。

进入新石器时代之后，由于农业这种新兴食物生产体系的建立，小群体人口得到了快速增加，社会关系从简单组成的原始群转变为由女性主导的母系氏族社会。一些氏族组成了更大规模的复杂社会群体——部落和部落联盟。母系氏族社会的一个体现，就是在考古当中经常能发现女神或"母神"雕像。发现于辽宁省朝阳市的牛河梁遗址属于红山文化，在这个遗址里，就出土了可能是供奉在神庙中的女神雕像。

新石器时代晚期的墓葬中，显示出男性在社会生产中的作用的加强。社会财富的控制权渐渐转向男性，母系氏族社会逐渐转变为父系氏族社会。在这个时期，剩余财富大量出现，财富的分配、占有和继承关系发生显著变化，氏族成员的身份、地位、权力也随之发生分化。人类社会逐渐形成以祖神崇拜、天神崇拜等观念为核心的宗教信仰，靠此来平衡社会关系。这些变化对后来的历史进程产生了深远的影响。

58. "五谷丰登""六畜兴旺"意味着什么

中国文化传统中的祝福"五谷丰登""六畜兴旺",是古老农业文明的一个历史记忆。"五谷"和"六畜",指的是最先被培育、驯化的五种谷物和六种牲畜。不过,古人说的"五谷"有两种说法,一说是麻、菽、麦、稷、黍,另一说是稻、菽、麦、稷、黍,差别在麻和稻,这可能是南北方农业文化的差异造成的。至于"六畜",则指犬、羊、牛、猪、马、鸡。对于以农业立国的古代中国来说,"五谷丰登""六畜兴旺"是社稷的根本。

"五谷"和"六畜"是怎样被驯育的呢?其实,这是个史前考古学问题,需要从旧石器时代说起。

人类从诞生以来的数百万年间,所依赖的无外乎动物性食物和植物

五谷

性食物两大类。在漫长的旧石器时代，人类与很多大型动物一样，依靠狩猎和采集谋生。这种利用天然动植物资源的谋生方式，可以说是"靠天吃饭"。

到了距今一万多年的新石器时代早期，一些生活在优异自然环境下的先民，在取食活动中逐渐意识到了可以利用某些动植物的生长习性，来获得比较稳定的食物源。于是农业（广义的）就出现了。

随着农业技术的改进和提高，人们生产的素食、肉食两大类食物的产量也逐渐提高。这些农业社会生生不息、欣欣向荣。农业的持续改良，农业技术的广泛传播，为人类开创了最重要的生存途径，并深刻影响到了后来人类社会和日常生活的方方面面。

农业的产生和发展经历了漫长而艰辛的过程，在考古学出现之前，我们现代人对此所知甚少。

在今天的中国境内，通过数十年的考古发现，可以确定的是，在距今一万多年的南方和北方地区，先民们已经利用不同的自然环境条件，开启了自主生产食物的原始农业。人们选择了水稻、粟、黍等作为主要作物加以种植，把它们的种实作为食物资源的一种加以利用，并且随着生产经验的积累，把它们逐步驯育成为对日常生活越来越重要的食物性植物——农作物。

从考古发现来看，后世"五谷""六畜"所指的五种谷物和六种牲畜，是在不同时间陆续被驯育的，它们来自自然界的野生动植物。而且，古代驯育的动植物也远非这些。

在对早期农作物和家畜驯育问题的探索中，人们可能对开始的时间、驯育者是什么地方的人以及驯育的关键性过程感兴趣，对考古学来说，这些都是难题。要回答这些问题，我们需要明白的是，早期农业的产生建立在适宜的自然环境条件和发达的人类文化基础上，考古学探索的就是这样的环境条件和考古学文化。

让我们从中国人口集中的东部地区的自然环境说起。这一地区包括黄河中下游平原和长江中下游平原，这里地处温暖湿润的东亚季风气候区，有着肥沃的平原和丘陵，适合动植物生长，为开启和发展古代农业提供了优越的条件。其中综合条件最有利的部分地区，率先在新石器时代早期开始栽种一些植物，通过长期的驯育、改良及引进优质品种，使它们成为具有稳定性的耕作对象。

当特定的土地、植物品种和劳动方式紧密结合的人类取食行为新模式逐渐固定下来后，作物种植业（狭义农业）就正式开启。这样，人类的主要食物来源就有了稳定的保障。

直到今天，"五谷"中的稻和麦仍是我国南、北方最主要的两种粮食作物。在麦子从西亚地区引入中国北方地区之前，北方的作物长期（距今约9000—4000年）以粟与黍为主，此外还有菽、麻、粱等传统作物。

水稻是由野生稻驯化而来。在神话传说中，水稻起源于神农时代的华南地区，但是并不可信。要科学解答水稻的起源问题，需要有更多的科学证据。

经过数十年的考古发现和研究，我们已逐步看清楚距今一万年左右开始的水稻的人工种植、改良、驯化品种的缓慢过程。水稻起源于距今一万多年前的中国长江中下游地区，包括今天的湖南、江西、浙江等几个省份。它的驯育时间不迟于北方的粟和黍，甚至可能更早。

代表水稻起源阶段的最丰富的考古材料，来自浙江西南部的金衢盆地一带，即"上山文化"分布区。而湖南的玉蟾岩遗址和江西的仙人洞—吊桶环遗址也出土了距今12000多年的人工栽培稻谷遗存。今天那里还生长

河姆渡遗址 T224 ④ A 出土的碳化稻谷

着一些野生稻品种。

在著名的河姆渡文化的余姚河姆渡遗址和田螺山遗址中，出土了保存良好、数量众多的各类稻作遗存，也发现了稻田遗迹。这些发现表明，至少在 7000 年前，水稻已成为南方地区的重要粮食作物，可以说，那时的江南地区已是名副其实的"鱼米之乡"了。

再说黍和粟。考古证实，这两种作物是最早被中国北方先民驯育的。野生的黍，大约在 10000 年前就开始了被先民栽培、进入驯化的时期，在距今 8000 年的内蒙古兴隆沟遗址，黍已经广泛出现。这表明黍耐寒、耐旱的生性优势非常适合北方地区的气候环境条件。黍在黄河流域被广泛栽培。在河北磁山遗址、河南裴李岗遗址、山东月庄遗址、内蒙古兴隆沟遗址、甘肃大地湾遗址都发现了黍。

粟是晚于黍驯育的作物，由于它的产量比黍高，很快跃升为北方地区种植量最大的农作物。到了距今 6000 多年的仰韶文化中期，粟已经在中原地区大面积种植，并且被引种到了南方长江流域。这不仅满足了人们对于稳定粮食的需求，同时也为更大规模聚落的形成、社会的复杂化乃至古代中华文明的发展提供了强大的物质基础。考古发现表明，黍和粟曾经在公元前 3000 年至公元前 2000 年间，沿着史前时期的"丝绸之路"陆续传入亚欧草原、中亚、西亚、欧洲等地，对人类文明的发展做出了贡献。

古人曾用粟作为黍、稷、粱、秫的总称。稷又被视作百谷之长，代表了中国古代帝王和诸侯祭祀的谷神，与土地神"社"合称"社稷"。这个词成了国家的代名词。可见粟在中国古代农业中的地位。

后世成为北方主要粮食作物的小麦，是从西亚经过中亚传入中国的作物。小麦大约在一万年前的西亚被驯育，最初是一粒和二粒小麦；在传入伊朗高原后，再与当地的山羊草杂交，慢慢进化成今天普遍种植的六倍体小麦。考古发现表明，距今 4000 年左右，小麦传入中国。殷墟出土的甲骨文中的"来"字，指代的就是小麦。

小麦传入中国北方后，由于加工方式的局限，未能很快被中国先民接受。到了春秋、战国时期，石磨出现了。麦子被磨成面粉，适口性大大提高，才受到了人们普遍的喜爱，很快发展成最主要的粮食作物。此后，小麦由黄河中游向外扩散，逐渐扩展到长江以南各地，并传入朝鲜、日本。

菽是豆类的总称，也特指大豆。中国是世界公认的栽培大豆起源地。在距今 4000 年左右的黄河流域、长江流域和西辽河流域，都出现了由野生大豆驯化而来的大豆。

最后，让我们来说说"六畜"的由来。

根据动物考古学的研究，狗是最先被人类驯化的家畜。在旧石器时代，先民们将猎获的狼进行驯养，作为狩猎的帮手。大约在距今 1.4—1.2 万年，狼进化成了家犬，成为人类生活的一部分。在世界范围内，西亚、北非、中美洲、东亚，四大农业起源中心都各自培养了不同的作物和家畜，其中都发现了狗的身影。

在中国的史前考古中，在距今 8000—10000 年的遗址中，已发现过不少狗的骨骸。根据形态和 DNA 分析，狗至少在距今 10000 年左右已成为家养动物。

猪也是人类最早驯养成功的动物之一。汉字的"家"，在"宀"下有"豕"字，表明远古养猪的行为与社会细胞——"家"的产生有紧密的关

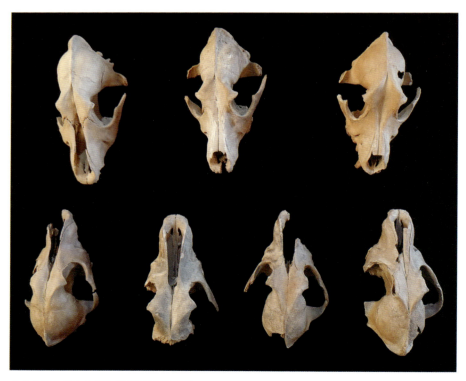

井头山遗址出土的距今 8000 年的狗头骨

系。据考古发现，目前所知中国最早的家猪出自距今 9000 年左右的河南舞阳贾湖遗址，距今 8000 年的浙江萧山跨湖桥遗址也出土了家猪的骨骸。

在考古发现中，无论是北方还是南方，猪都是最常见的肉食来源。新石器时代中晚期的大墓随葬遗物中，通常会有猪骨，或全身，或仅有头部和下颌骨，表明猪从那时起已经成为人类生活中的某种财富和权力象征。在牛和马等大牲畜传入中国后，猪的象征地位有所下降。

牛是与农业密切相关的养殖动物，包括黄牛和水牛两种，生长于中国的北方和南方地区。黄牛，包括普通黄牛和瘤牛两种。现有考古证据表明，普通黄牛起源于土耳其的野牛，瘤牛则起源于印度。距今 5000 至 4000 年，黄牛由西亚地区传入中国。除了能够提供更丰富的肉食外，黄牛也被视作财富和地位的象征，甚至成为祭祀中最重要的祭品。汉字里的"牺牲"就是指以牛献祭。

南方地区的史前考古遗址中，通常出土粗大的圣水牛骨骸。在河姆渡、田螺山等河姆渡文化遗址中，圣水牛的肩胛骨通常被用于制作稻田翻土工具——骨耜（类似于掘土的铁锹）。而圣水牛的来源和驯养时间，仍需要更多的发现和研究来确定。

考古证据表明，最早的山羊和绵羊，几乎同时出现在距今 10000 至 9000 年的西亚地区。绵羊在世界上大致有三个独立的驯化中心，分别是西亚、印度和非洲。与黄牛类似，绵羊也是在距今 5000 至 4000 年由西亚传入中国，现在生活在青藏地区的藏系绵羊被认为是最古老的绵羊品种。绵羊传入中原地区后，在祭祀中的地位仅次于牛，并广泛应用于士大夫的宴席、馈赠和赏赐活动中。而羊在南方地区的出现似乎较晚。

距今 5000 年的东欧和亚欧草原地区的遗址中都曾发现家马的遗存，但有关家马的起源问题，至今仍有争议。距今 3000 多年的商周时期，家马开

河姆渡遗址出土的猪头骨、猪雕像和猪纹方钵

始在中国西北地区出现，此后传入中原，被统治阶级视作最重要的牲畜，用于运输和战争。商周时期，就已出现专门养马的牧官，商代有管理王室马匹的官吏"马小正"，并且出现了带辐的双轮马车。殷墟甲骨文中已有阉割马的记载。

鸡的祖先是一种名叫红原鸡的野鸡，俗称雉。有关家鸡的起源，也存在很多争议。以前考古学家曾经把距今8000多年的河北磁山遗址中出土的几块鸡骨作为家鸡起源的标志，但后来重新检测，认为这几块鸡骨来自野鸡。现在，普遍认为家鸡最早起源于中国的云南地区或西南亚一带，时间是距今4000多年。家鸡成为中国古代的六畜之一后，也是普通人的重要肉食来源。

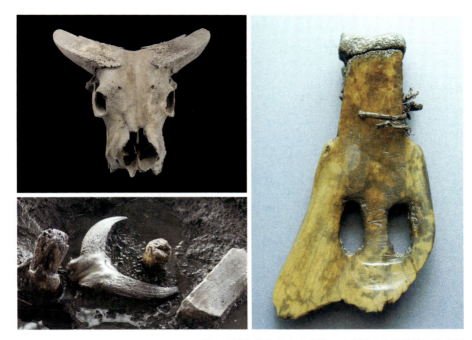

田螺山遗址出土的圣水牛头骨，以及用牛肩胛骨制作的骨耜

59. 丝绸是如何发明出来的

地球上生存的各种动物中，唯有人类能够制作用于蔽体、美饰的衣服。到今天，现代人类的服饰已经发展得越发舒适得体。然而，在人类数百万年进化史的绝大部分岁月里，人类也是跟其他动物一样赤身裸体的。真正意义上的衣服的出现，大概还是距今 10000 年左右的事情。

考古学家猜测，最初用于制作衣服的原料可能是兽皮、草叶、植物纤维之类的天然有机质物品，可想而知，它们几乎没有可能留存到现在。目前的考古科技水平尚无法复原或难以确认这些遗存。人类最初的衣服究竟是什么样子的呢？这恐怕要留给人们的想象了。

不过，采用动物的皮毛以及植物的纤维来制作衣服的技艺，却得到了传承和发扬，推动了纺织术的产生。这是在新石器时代实现的，丝绸，就是在这个背景上被发明出来的。

丝绸是农耕文明的重要成果。尽管其起源问题在研究者中总是争论不休，随着与丝绸有关的考古发现的实物增多和研究技术的不断提高，大家对丝绸起源的认识也在不断加深。

1956 年和 1958 年，浙江湖州钱山漾遗址发掘出土了少量绢片和丝带等非常珍贵的丝织物。经上海纺织科学研究院切片检测，它们被确认为人工饲养的家蚕丝织物，距今已有 4300 年左右的历史。这是世界上迄今发现的最早的家蚕丝织品实物。

这些丝织物的平纹结构、密度体现出新石器时代人类的纺织技术已达到很高的水平。这些珍贵实物证明了中国是世界丝绸文化的发祥地，钱山漾遗址也被命名为"世界丝绸之源"。

1973 年，从有机质遗物保存良好的浙江余姚河姆渡遗址中，出土了一件象牙质的半圆形器物，它的表面刻划了几条非常像是家养蚕的图案。考古学家试图找到一些佐证，例如从遗址保存的大量木材中鉴定出的一些桑木木材，以及不少竹（有的为芦苇）编类遗物，似乎可以让人相信，河姆渡文化先民很可能已经开始植桑养蚕来纺丝织衣了。

不过，由于丝织品难以长期留存，要根据出土丝织品实物来确定中国丝织技术的确切起源，几乎是不可能的。但是随着现代考古学的发展，科技检测手段的提升，对于地下埋藏的衣服类材料留存的痕迹或信息，已有可能得到识别甚至确认。哪怕是在地下埋藏了数千年的丝织品，虽然肉眼无法分辨其痕迹，但通过仪器可以辨识出丝蛋白的影像特性，由此证实丝织品的存在。

浙江湖州钱山漾遗址

在近年的考古发掘工作中，已逐渐找到了数千年前的丝织品的证据。考古学家提取了肉眼依稀可辨的织物残痕，然后在实验室里进行仪器检测，并做出鉴定。通过对这些实例的研究，可以推断中国最早的丝织品至少已有 5000 年的历史了。

近几年，在通常以为难以保存有机质遗物的黄河流域，从一些史前时代遗址中，令人惊喜地出土了一些反映北方地区丝织技术起源的实物。考古学家认为，中国丝绸纺织的起

浙江河姆渡遗址出土的蚕纹象牙柄端饰

源，可以追溯到距今 5000 多年的仰韶文化时代。

其中，在河南巩义市的双槐树遗址，出土了一件栩栩如生的蚕形牙雕。它由猪獠牙制作而成，做工精致，形态写实，整体的造型与蚕吐丝时背部凸起、头昂尾翘的样子非常相似。雕像的长度为 6.4 厘米，也与家蚕大小相似。

这是发现的仰韶文化时期与养蚕及丝绸起源相关联的、比较直观的实物资料。它的出土，说明在仰韶文化时期，河洛地区的先民们已开始养蚕缫丝，并对蚕这种小动物很熟悉了。作为黄河流域中心聚落群的代表性遗址，双槐树遗址是目前考古发现中唯一一个与桑蚕业有关的聚落，是证实中国农桑文明发展史的可靠证据。

在距离巩义不远的荥阳青台遗址中，从一具瓮棺葬中，发现了包裹在婴儿身上的丝织物。经鉴定，这件丝织物是中国迄今发现的最早的丝织品，时间距今 5300—5500 年。

最近，在荥阳汪沟遗址的同类瓮棺葬中，又发现了婴儿身上包裹的绞经丝织物。2017 年和 2019 年，中国丝绸博物馆利用自主研发的检测技术，对从这件丝织物中提取的炭化织物的纤维材质和组织结构进行鉴定和确认，确定这件绞经丝织物是四经绞罗织物炭化后的残留，而且是四经绞罗并脱胶染色这种工艺下制成的很成熟的丝织品。

以上发现和研究都表明，距今 5000 多年的黄河流域地区，丝绸的制作技术已经趋于成熟。由此看来，上古史上流传的黄帝妻子嫘祖劝民养蚕的传说（"始教民育蚕，治丝茧以供衣服，而天下无皴瘃之患，后世祀为先蚕"），恐怕不是完全杜撰的了。

这样的考古新发现层出不穷。从中原地区新石器时代的裴李岗文化时期的遗址中也检测到了丝蛋白，因此可以说，7000 多年前，在中国某些区

河南巩义双槐树遗址出土的牙雕蚕

域可能已经出现了丝织品。有些仰韶文化遗址的尖底瓶及部分陶罐的外表
装饰有线纹，个别器物底部有布痕，表明纺织技术在新石器时代中期甚至
更早阶段已经比较发达了。

离河南不远的山西夏县师村遗址中，最近也有与蚕桑起源有关的考古
发现。2020 年，那里发掘出土了 4 件用当地常见的绿帘花岗岩制成的石雕
蚕蛹，形体酷似现代家养的桑蚕蛹。这 4 件仰韶文化早期的石雕蚕蛹，距
今 6000 年以上，是我国目前发现年代最早的石雕蚕蛹。

用石头雕刻蚕蛹，可见人们对蚕的喜爱，也说明当时人们已经认识到
了蚕的重要性。这意味着最迟在距今 6000 年以前，先民们就喜爱并崇尚植
桑养蚕，已掌握了养蚕缫丝的技术。这为夏县"嫘祖养蚕"的传说增添了
新的佐证，同时也为丝绸起源和传播的研究提供了重要线索。

其实，早在 1926 年，"中国考古学之父"李济就曾在夏县的西阴村遗
址中，发掘出土过半个碳化的经过人工切割的蚕茧。这就是考古学史上有
名的"半个蚕茧"的故事。在清华大学为李济举行的考古发掘结束的庆祝
会上，这枚蚕茧吸引了王国维等人的注意。

山西夏县师村遗址出土的石雕蚕蛹

李济在夏县西阴村遗址发掘出土的半个蚕茧

通过考古发现可以确认，中国是世界上最早饲养家蚕、缫丝织绸的国家。华丽轻盈的丝绸也成为中华文明的重要载体，在世界历史中发挥了重要作用。丝绸的出现是中国进入文明阶段的重要成就之一。另外，传承千年的丝绸也为后世所称的"丝绸之路"的开创奠定了物质基础。

据考古发现，丝绸之路上的丝绸贸易早在汉朝之前就已经开始了，到了西汉时期张骞出使西域，代表官方开辟了以首都长安（今陕西西安）为起点，经甘肃、新疆到中亚、西亚的陆上通道。

在古代丝绸之路上，中国丝绸贸易长盛不衰。即使在今天，中国的丝绸在世界丝绸贸易中仍占据着举足轻重的地位。以丝绸等物质文明为基础的中华古代文明，仍将继续为人类做出独特的文化贡献。现如今，无论是陆上"丝绸之路"还是"海上丝绸之路"，都是紧密连接中国与世界的纽带。

60. 青铜器是怎样制作和使用的

1963 年，陕西省宝鸡县贾村镇出土了一件青铜方尊（后被命名为"何尊"）。尊通高 39 厘米，口径 28.6 厘米，重 14.6 千克，体侧装饰有四道镂空扉棱，器身遍布纹饰，以雷纹为底，中间高浮雕兽面纹，巨目利爪，表情狞厉凶猛。

尊内铸有铭文 12 行，记述了周成王营建东都成周（今河南洛阳）的事迹，其中可见"宅兹中国"四字。这是有关"中国"二字最早的出处。这样制作精美、纹饰复杂的青铜器，究竟是如何制作的呢？古代的青铜技术又是如何产生的呢？

让我们从早期青铜器的考古发现讲起。

青铜是由铜与砷、锡、铅等金属、非金属炼成的合金，在刚制作完成时呈金色，商周时被称为"金"或"吉金"。因氧化后呈青绿色，被称为"青铜"。

中国古代的青铜器，是在新石器时代末期（又称铜石并用时代）铜冶金的基础上发展出的。目前发现最早的青铜器之一，是甘肃临夏林家马家

何尊

窑文化遗址出土的铜刀。这个遗址中还发现了冶炼铜的残渣，这表明公元前 3000 年前后，我国已经出现了青铜冶炼技术。

西北地区的甘肃、青海、新疆以及中原地区都陆续发现了一些公元前 3000 年左右的早期青铜器，像甘肃蒋家坪马厂文化遗址、秦魏家齐家文化遗址、齐家坪齐家文化遗址、青海尕马台齐家文化遗址，以及河南王城岗龙山文化遗址等，出现了青铜制造的刀、环、锥等工具。这些遗址里还发现了铜器，说明在当时，这两种材质的工具同时在使用。

在著名的夏都遗址——河南偃师二里头遗址，发现了冶炼和铸造青铜的作坊，以及一系列礼器、乐器、兵器等青铜器。这表明当时已经熟练掌握了青铜铸造技术，也标志着中原地区进入了青铜时代。对二里头遗址出土的一件铜爵的电子探针定量分析，显示其含铜 92%，锡 7%，属于锡青铜。当时青铜器的种类已经多样化了，夏朝的工匠们制造了容器和礼器，还制造了小刀、钻、锥、凿、锛、鱼钩等工具，镞、戈等武器。

至商周时期（约前 1600—前 256），随着青铜器制作技术不断发展，青铜器器形日渐丰富，制作日渐精美。这一时期，是我国青铜器制造高度繁荣的时期。

关于中国青铜器的起源问题，目前考古学界仍没有达成一致的认识，主要存在两种观点：外来说和本土说。外来说认为，我国铸造青铜器的技术是由西亚经过欧亚草原地区传入新疆和河西走廊，最后传入中原等地的。本土说则认为，中国的冶铜技术是本地独立起源的，首先在中原产生，后向周边地区传播，之后与欧亚草原的冶金技术交流并相互影响。

要解答这个问题，需要有更多的考古发现，加上冶金科技考古的分析和研究。比较明确的是，在中国这样幅员辽阔的国家，铜和青铜冶炼技术的出现应该是个十分复杂的问题。

除了青铜器的起源问题，青铜器的铸造技术和工艺也是常讨论的问题。考古学者通过对偃师二里头铸铜遗址出土的陶范和相关遗迹进行研究，复原了青铜器块范法的铸造过程。块范法也称为范铸法、泥范法、模范法。制作过程为：首先制作青铜器的模型和外范，并进行烧制；待模、范冷却后，将铜液浇铸在模型和外范之间的空隙中，外范与模型之间的空隙宽度即为青铜器的厚度；待铜液冷却后，打碎外范取出青铜器，最后打磨青铜器表面的纹饰和铭文。

商代在块范法的基础上，发明了分范合铸法。所谓分范，即将整器的陶范分为多个组合的陶范。西周时期，进一步发明了失蜡法和焊接法等铸造方法。失蜡法的制作工序是：首先用黏土制作模型；随后在器表涂蜡，并在蜡上雕刻纹饰；再用泥料敷在蜡外形成范；加热使蜡融化，形成空腔

河南偃师二里头遗址出土的青铜器

后，将铜液浇铸其中。

此外，一些青铜器的耳、足等部位常装饰有复杂的动物图案，这些动物图案通常是用焊接法焊接在青铜器上的。春秋中期，还发明了错金银工艺，即预先在青铜器表面留出图案和铭文所需的凹槽，待青铜器铸造完成后，将金银丝、金银片镶嵌其中，再打磨光滑。

高度发达的商周青铜文明，制造了纷繁复杂的青铜器，按照用途可分为食器、酒器、乐器、兵器、盥水器、杂器等。其中食器主要包括鼎、鬲、甗、簋、簠、豆等；酒器主要包括爵、角、斝、觯、壶、杯、罍、尊、卣、觥、罍、盉、彝等；乐器主要包括铙、钟、镈、钲、铃等。其中一些类别如鼎、簋等，也是用于祭祀仪式中的礼器，是所谓的"重器"。

为了显示丧葬礼制，商代后期开始，高等级的贵族墓里随葬成套的青铜器，这一制度可以从殷墟著名的妇好墓等贵族墓葬中得到反映。随葬器类如鼎、簋、爵、壶、罍等，通过随葬重器（鼎）以及酒器的种类和数量，体现墓主人的身份和地位。

这一套礼制发展至周代，更加完备。史传周公制礼作乐，形成了后世景仰的周礼。除了庙堂祭祀，周礼的另一个集中体现是葬礼，不同身份、等级的人，随葬的青铜礼器品类、数量是不同的。这就是所谓的"名贵贱、辨等级"。文献记载，西周晚期已经形成了"列鼎列簋"制度，即：天子九鼎八簋，诸侯七鼎六簋，大夫五鼎四簋，士三鼎二簋。这样的礼制，如今也被考古发现所证实，如西安张家坡墓地、三门峡虢国墓地，墓葬中随葬的鼎、簋的数量均与墓主人的身份等级相符。

西周时期以后，历史进入东周时期的春秋、战国，社会发生了巨大的转型。孔子哀叹的"礼崩乐坏"，意味着西周时期创制的礼乐制度遭到了破坏，这与青铜制造业的衰落、铁器的普及是密切相关的。到了战国时代

虢季墓出土的七鼎六簋

（前475—前221），铁器开始被大规模使用，在社会生产和军事中逐渐取代
了青铜器，中国也从青铜时代进入了早期铁器时代。

61. 古人是怎样用黄土建城的

在辉煌灿烂的中国古代文化中，出现了殷、丰镐、长安、洛阳等历史
名城。这些古代都城中的壮丽建筑，随着时间的流逝都渐渐湮没为历史的
废墟了。当我们今天再踏上这些古都的遗址，看到那些高大的黄土台基或
黄土城墙时，不禁要问：这些黄土建筑曾经是什么样子的？它们是怎样建
造出来的呢？

让我们从黄土建筑的基本技术——夯筑开始吧。

用典型的黏土——黄土作为建材，反复夯打成型的土结构，是中国古
代建筑的基本形态。考古学上研究黄土建筑，是从识别夯土开始的，其中
的要点是辨别夯窝与夯层。

　　在古老的黄河冲积平原等地，千万年来随着气候变化和地质作用，形成了深厚的黄土。在沉积学分类上，黄土是一种呈黄色的黏土，粒度极小而富于黏性。经过夯打，黄土间隙里的空气被排出，干燥后变得坚硬如石，就像是可以任意塑造的石料。

　　黄土的这种物理性质，自新石器时代起就被古人发现并加以利用了。新石器时代的古人用夯土建造城墙，并逐渐开始夯筑高大建筑（如宫殿、庙宇）的台基或屋墙。将黄土制作成土坯砌筑屋墙等，也是新石器时代晚期的发明。再进一步，就是将土坯烧制成硬砖，这是后来的发明了。如今在一些边远地方，仍能看到人们使用夯筑技术建筑房屋或围墙。

　　由于夯土是不断夯打形成的，因此会留下一层一层叠加的痕迹，即夯层；而被夯打的地方也会因为反复受力，形成夯窝。夯层、夯窝加上夯土

夯层（新疆库车克孜尔朵哈烽燧）

本身紧实、坚硬的特征，共同组成了考古工作者在田野考古中判断夯土的依据。

在安阳殷墟遗址的前三次发掘中，李济等考古学家就发现小屯的商代地层中部分区域有密集的凹坑，连绵如波浪一般，当时他们认为这可能是水淹没后形成的痕迹。但在1930年山东城子崖的发掘中，考古工作者发现了龙山文化的城墙，上面也出现了这种凹坑。

那个时候，夯土墙体在中国乡村还十分常见，工作人员识别出这种凹坑就是人们夯打黄土时形成的"夯窝"。因此，在殷墟第四次发掘时便有了新的经验，进而发现了小屯商代宫殿和宗庙遗址。

黄土筑坚城的技术，始于新石器时代，这是中国古老的建筑技术。黄土筑就的高大城墙，也是中国古代文明的象征物之一。

福建土楼的夯土墙

人类诞生之初，以洞穴为居。到了新石器时代，先民们根据不同地区的自然条件，创造出了不同的房屋，如黄河流域的位于地下的地穴式和半地穴式房屋，长江流域的为避免潮湿的干栏式房屋。

那时，人口逐渐聚集，村落开始出现。为了防止野兽和敌人入侵，村民便会在村落周围挖掘深沟，保护村落。这便是"环壕聚落"，著名的西安半坡遗址就是这类遗址。

环壕聚落出现后，一些村落为了加强防御能力，便会将挖掘壕沟的土堆积在沟旁，形成一定高度的城墙。这种堆筑城墙多见于长江流域，如号称"中国第一城"的湖南澧县城头山城址的城墙，便是用这种方法修筑的。

这种城墙是堆土而成，一般较宽，且两侧有明显的坡道，军事防御的

夯窝的遗迹

意义不大。因此在军事冲突更加频繁的黄河流域，先民便发明了夯筑城墙技术，也就是反复砸击黄土，压实黄土，使其变得十分紧密坚实。

在实践中，人们又发明了版筑技术，即用木头制成模具，其中灌满泥土，再用夯杵夯实。一层夯筑坚实后再将模具向上移动，夯筑更高一层，直至达到想要的高度。这样修建的城墙，不仅十分坚固，而且可以保证墙体的直立。因为两侧坡度很小，城墙的军事防御功能大大增强。

夯筑技术的出现，在古代建筑史上具有划时代的意义。目前，位于河南郑州的西山古城是已知最早使用版筑法修建城墙的古代城址，距今约5000年。此时这种技术并不多见。但到了距今约4500年的龙山时代，中原大地出现了数以百计用夯筑法筑造城墙的城，可以说是"城郭林立"。

到夏商周时期，这种技术更为常见，秦汉以来的历代王朝都采用夯筑技术建造城市，并把这种技术延伸到宫殿、礼仪设施、陵墓、屋宅和军事防御工程（如万里长城）等建筑中。直到近现代，夯筑墙体的方法也没有彻底消失。可以说，夯筑墙体技术的出现奠定了中国传统建筑的基础。

下面我们要说说中国古代宫殿是如何利用黄土来建造的。在上古时期的都城中心，都会建造体现王权的宫殿和体现神灵崇拜的庙宇。此类大规模的建筑采用了平地起高台即修建夯土台基的模式，在高大的台基上再建造宫殿、庙宇。高台增加了宫殿、庙宇宏伟、神圣的视觉效果。这一建筑传统一直延续至明清时期。

高台的建筑方式，在上古时是用夯土，中古时期发展出在夯土芯体外壁包砌砖或石块的方法。这种高台式殿宇的建筑形态，是中国古代高等级建筑的常见营造法式。古老的宫殿随着王朝的覆灭被废弃和毁坏，木构殿宇被烧毁、拆掉，逐渐消失在历史长河中，而底下坚硬的夯土高台却能够保存至今，被考古工作者发现。

湖南澧县城头山古城

中国第一个王朝夏朝的都城之一，目前考古学家推定位于河南偃师的二里头遗址。遗址的规模十分宏大，遗址中分布着祭祀区、宫殿区和手工业作坊区。宫殿区中分布着 12 座大中型夯土建筑，其中 1 号宫殿规模最大，总面积近 1 万平方米，与现代足球场规模相似。经历了 3000 多年，木构屋宇早已湮灭，只留下底部的夯土台基和立柱的痕迹。

根据考古发掘，我们可以想象当时的画面：宫殿位于夯土台基之上，高于四周的土地，进入大门后是一处院落，可供百官集会，在台基的最北端，矗立着一座殿堂，殿堂下又有一层夯土台基，这就是当时统治者发布政令的场所。正是因为夯土台基的存在，整个宫殿显得十分高大，尽显夏

隋文帝泰陵，用黄土夯筑的封土堆

二里头遗址 1 号宫殿复原图

代统治者的威严。

　　要建造如此规模的宫殿与都城，除了需要成熟的夯筑技术，还需要大量的人力和财富。仅夯筑 1 号宫殿遗址底部的台基，就需要数千人同时工作数月才可完成。要知道二里头遗址中的夯土建筑可不止一处。在古代，营建一座城市需要大量的人力物力，这标志着当时已经能够有效组织社会资源进行工程建设，这也是为什么夯土建筑的出现被视为文明起源的一个标志。

62. 古代的车是什么样子的

在古代，用牛、马等牲畜牵引的车辆不仅是人们主要的陆路交通运载工具，还是身份和礼仪的象征。有些车辆构造复杂精细，装饰描金髹漆，极尽奢华，主人生前靠它出行，死后还会用它陪葬。

由于古代车辆主要采用木材制造，它的实物难以保存下来。车辆结构极度复杂，零部件众多，因此想要完整地发掘出古代车辆几乎是不可能的事。考古发现的古代车辆，主要是已融入泥土的车辆痕迹，以及用青铜、陶等制作的车辆模型。

在古代传说中，人们将车的发明归功于华夏族的始祖黄帝，或者是夏禹时期的工匠奚仲，这些都是无法被证实的。在真实的考古发掘中，最早发现的马车实物可以追溯到商代。

1935 年，在安阳殷墟遗址西北岗王陵区的东区，第一次发现了埋葬车、马的车马坑。翌年，又在位于小屯村的宫殿区发现五座车马坑。由于当时发掘技术有限，没能将车辆整体清理出来。从出土的青铜装饰物上，可以想象当时车辆的华丽。

到了 20 世纪 50 年代，在河南辉县琉璃阁墓地的发掘中，又有车马坑被发现。根据当时的工作记录，发掘车马坑时正值隆冬季节，考古队员在冰天雪地中一点点剔出了马车的痕迹。经过极为精细和艰苦的发掘，古代马车终于完整地显现出来。

发掘结束后不久，考古学家根据发掘记录，成功复原了战国时期的马

根据河南辉县琉璃阁墓地的发现复原的战国马车

车。在此之后，车马坑的发掘技术不断完善。在中原等地，陆续发掘出一大批商、西周、春秋、战国以及秦汉时期的车辆，它们为复原古代车辆结构与用车制度提供了珍贵的实物资料。

更加令人震惊的是，从20世纪90年代开始，考古学家在夏代的二里头遗址和商代早期的偃师商城遗址中，都发现了平行的车辙痕迹。并且在郑州商城遗址和偃师商城遗址中，还出土了马车的部件青铜軎（wèi，用于车轮两端固定车轴的部件）。这些考古发现将中国使用双轮车辆的历史，提前到了夏代和商代早期。

在古代车辆结构中，连接车厢（古代叫"舆"）与拉车动物之间的杆被称为"辕"或者"辀"（zhōu），成语"南辕北辙"中的"辕"就是这个字义。从商周到西汉中期的车一般只有一根车辕，因此也被称为独辀车或独辕车。

殷墟宗庙遗址发现的古代车辆

在礼制森严的先秦时期，有"天子驾六，诸侯驾五，卿驾四，大夫三，士二，庶人一"的规定，也就是拉车所用马的数量是根据身份等级而严格规定的。

2002 年，考古学家在河南洛阳市中心的勘探、发掘中，发现了数百座东周时期的墓葬以及车马坑。其中，5 号车马坑规模最大，共埋有车 26 辆、马 68 匹，其中还包括一辆由 6 匹马牵引的马车，与天子等级相符。这是考古中首次发现"天子驾六"的实物遗存。后来，这片墓地被确认为东周的天子陵区之一。

秦始皇陵园中曾出土过两件铜车马的模型，其大小相当于真车马的一半，造型逼真，反映了当时马车的形态。两件铜车马均为四马拉车，其中一号铜车马的车舆是长方形开放式的，右侧站有一位御者。这是当时战车的常见形制，战时有一名或两名战士站在御者身旁，用戈、矛等长兵器或

秦始皇陵陪葬坑出土的二号铜车马

弓弩与敌人交战。车战是商周至战国时代最常见的战争形式，战车数量的多寡是当时国家是否强大的重要指标。

二号铜车马的车舆与一号车大不相同，它可分为两部分，前部是供御者驾驭所用的空间，后部则为有顶棚的车厢，可供乘坐者坐卧，可能是参照秦始皇本人生前乘坐的车辆仿制的。

在商周至秦汉时期，车既是战争的重要装备，更是表现贵族身份的奢侈品。考古发掘出的古代车辆，结构精密，设计的繁复远超我们的想象。其中很多车辆装饰华美，车体整体髹漆，有各色彩绘，安装了贴金银装饰的灯。此外，衡首、车書、铃銮等部件一般都是青铜铸造，并使用错金银、鎏金等装饰技法，极为奢华，令人惊叹。

战国中期之后，新型的兵种骑兵崛起，骑兵凭借高超的机动能力和冲

甘肃张家川马家塬战国墓地出土古车的复原，赵吴成制图

击力逐渐取代了车兵。特别是马鞍、马镫等马具的发明，让骑马变得相对简单。到魏晋时期，骑马出行已经成为时尚。在这种环境下，马车作为身份象征的功能也日渐没落。

与此同时，车辆本身也在进行着改良，双辕车开始出现，它的优点是双辕中间只需要单匹马便可以维持车辆的平稳，节约了成本。大体上，在东汉以后，双辕车就已经完全取代了之前的独辀车。

因为双辕车的出现以及马匹骑乘的普及，车的使用范围被极大地扩展了，上至皇帝、下至平民，从货物运输到邮政传递，都能看到马车的身影。东汉以后，车已然进入寻常百姓家，不再是某个阶层的独享。

放眼全球，两河流域是目前发现使用车辆最早的地区之一，早在公元前3500年左右，苏美尔人就已经发明了车，此后，车逐渐在欧亚大陆流行

武威雷台古墓出土的铜双辕车

两河流域苏美尔王朝乌尔王陵发现的战车图像

开来。有学者认为，中国的车来源于西方，车是经过欧亚草原传入中原的。但反对者认为，中国古代的车在尺寸、结构和驾乘方式上都与西方车辆有所不同，是独立起源的。

目前，关于中国古代车辆的起源问题仍然充满了争议。无论我国的车是本土独立产生还是西方传入，它的出现都具有划时代的意义。它解放了人的双足，使古人能够跨区域旅行。有了车，不同国家、不同区域的文明得以连接在一起，文明交流与互鉴变得更加便捷与频繁了。

63. 瓷器是怎样发明出来的

中国是世界上最早发明瓷器的国家，也是将瓷器艺术发展到极致的国家。提起瓷器，我们能想到的往往是淡雅的青花瓷、色如"天青云破处"的汝瓷、色彩绚丽的斗彩。但这些都是唐宋元明时期的瓷器，更加古老的瓷器是什么样的，它的历史最早能追溯到何时？瓷器又是如何发明的呢？

首先，我们从区分陶器与瓷器开始说起。

陶器与瓷器是一对关系密切又有明显区别的"姐妹"，它们都以泥土为原材料，经塑造成型后再在窑炉里高温焙烧。区别在于：烧制陶器采用的是一般的黏土，烧制瓷器则使用高岭土、瓷石等瓷土；陶器的烧成温度一般在1100℃以下，而瓷器的烧成温度则在1100—1300℃；瓷器要上不同颜色的高温釉，而陶器则不必上釉。一些被称为釉陶的陶器和美术陶如"唐三彩"，也在表面施低温釉，但与瓷釉不同。

正是瓷器在原料、烧成温度、施釉等方面的几个特点，造就了它独特的物理性质。比如瓷土细腻、色纯、烧成温度高，因而瓷器较陶器更美观，而且不易透水；瓷器上施的釉，经高温熔化和冷却后会形成晶莹剔透的玻璃相，看上去像玉。

瓷器的发明要追溯到上古时的"原始瓷"。这是瓷器的早期状态，与后世成熟的瓷器有差别，但已不同于陶器。原始瓷在外观上不精致，但已经出现了薄厚不均的釉，它使用瓷土作胎，烧成温度基本在1150℃以上。这种原始瓷器已经具备了瓷器的基本要素。在年代相当于夏代的山西东下冯遗址和河南二里头遗址中，都发现了原始瓷。到了商代，瓷器的工艺变

二里头遗址出土的原始瓷盉

印纹硬陶罐

得更加成熟，到了战国时期，瓷器的生产达到前所未有的高峰。

原始瓷的出现与陶器制造技艺的发展密不可分。在新石器时代晚期至夏商时期，今浙江、江苏、江西、安徽和广东地区开始流行硬陶。这种陶器和普通陶器相比，质地更加坚硬，而要想陶质坚硬，就必须提高烧制的温度。

根据考古发现，此时的南方地区在烧制陶器的陶窑上有了很大改进，特别是已经发明了依山坡而建的龙窑。这种窑的长度，从夏商时期的 3—5 米，逐渐加长到数十米，因形状如龙身而得名。它的好处是有效利用了火焰和烟气的温度，燃烧时热烟如同火龙在窑中穿梭，实现了陶瓷烧制温度从 1000℃以下到 1200℃左右的技术突破。

烧制温度的突破是成功烧制硬陶的基础，但同时高温对于陶胎存在一定的要求，品质不佳的陶土烧制时不能耐高温而无法成形，因此需要寻找更适合高温烧制的土。经过无数次尝试之后，人们发现了瓷石（土）是高温烧制的最佳原材料。

原始瓷的另一个特征是表面施釉。釉是一种覆盖在陶瓷器表面的玻璃态物质，它的出现与陶器使用过程中出现的表面粗糙、易吸水、不美观等缺陷有关。早在新石器时期，史前先民就利用涂陶衣及施加彩绘等方式来解决这些缺陷。后来，人们在偶然间发现，烧制陶器时如果以柴草树枝为燃料，烧成的陶器表面就会有一层玻璃态的物质，在这样的启发下，人们有意地将草木灰和黏土混合研磨后施加在陶器表面，在烧制结束后器物表面便形成了一层有光泽、防水并透明的玻璃态层——釉出现了。

现代人知道，这是因为草木灰的主要成分是氧化钙（CaO），它可以降低瓷土中二氧化硅、氧化铝等成分的熔融温度，使之在烧制温度下成为光亮透明的釉。这种氧化钙含量很高、又经过高温烧制的釉，被称为高温钙釉，这是人类历史上发明的第一种高温釉。此时，瓷器的要素虽然都不完

修建于山坡上的龙窑遗迹（顶部已坍毁）

美，但均已具备，原始瓷出现了。

在不具备现代物理化学知识的古代，总结出釉的烧制方法是一件十分困难的事，要靠一代代工匠不断总结经验，不断改良。在考古发现的商周时期原始瓷中，考古工作者发现了当时给器皿上釉的方法。

一种是刷釉法。这种器皿表面往往留有刷涂的痕迹，特别是在釉与胎的结合位置更加明显。另一种是浸釉法，也就是手持器皿底部将其倒放进釉浆中。这种器皿内外均有施釉，但外侧底部附近却没有上釉，这正是手持的位置。当时尚属于技术的初创阶段，经验不足，原始瓷器的釉往往厚薄不均，容易脱落，且透明性远不及后世瓷器。

原始瓷器在商代和两周时期流行于全国各地，器形既包括鼎、豆、尊等礼器，也有罐、钵、杯、碗等日用饮食器皿，甚至还有乐器、兵器等器形，可谓种类多样。目前，考古发现的原始瓷窑大多出自浙江、福建等省份，特别是以浙江德清为中心的东苕溪流域，原始瓷窑众多，时代自商代延续至春秋战国时期，应当是当时的一个窑业中心。

此外，在北方地区，如河南二里头、河南殷墟遗址及陕西沣西张家坡等遗址中，也出土了为数不少的原始瓷器。不排除北方有本地烧造的可能，这还要期待未来的考古发现来证实。

在原始瓷之后，瓷器制造的又一次飞跃是青釉瓷的出现，这是真正的瓷器的诞生。千余年的原始瓷烧制历史中，烧制原料被不断优化，龙窑的结构也在不断进步。到了东汉时期，龙窑已经可以长达数十米，这样能够获得更高的烧制温度。可以说，瓷器的出现是原始瓷烧制经验积累的必然结果，不过，这个过程是漫长的。

目前发现的最早瓷器，是东汉时期的越窑青釉瓷，主要分布在浙江杭州湾南岸地区，今天的慈溪、宁波、绍兴等地都分布有大量的越窑窑址。

表面残留有釉层的原始瓷罐

东汉青釉瓷壶

对浙江上虞等地发现的东汉晚期越窑瓷片的科学检测，显示当时的烧制温度已经超过 1300℃，瓷釉透明度很好，并且薄厚均匀，不易脱落，在吸水性和强度上也完全符合现代瓷器标准。这标志着当时的越窑瓷器在各

陕西西安法门寺地宫出土的秘色瓷盘

项指标上均已经超越原始瓷，是为名副其实的瓷器。

越窑从东汉创烧以来，到唐五代发展至顶峰，衰落于宋代，烧制时间近千年。越窑瓷器釉色以青色为主，在唐代被称为"秘色瓷"，唐诗中就有"九秋风露越窑开，夺得千峰翠色来"的名句，足见其精美。越窑青瓷的成功烧制，让中国进入了"瓷器时代"。

纵观陶瓷器的发展史，从距今一万年左右陶器出现，到距今四千年左右原始瓷创烧，再到两千年前瓷器走上历史舞台，每一次飞跃都是土与火创造的奇迹，记录着古人对陶瓷工艺孜孜不倦的改进与追求。

64. 中国人是什么时候开始使用纸张的

纸张是人类现代生活中最重要的书写材料，造纸术的发明，史书归功于东汉时的宦官蔡伦。

《后汉书·蔡伦传》记载说，自古以来，人们多用竹简书写，把书写用的丝帛称作是纸。竹简沉重，丝帛珍贵，使用起来不方便，于是蔡伦用树皮、麻、破布、渔网来造纸。元兴元年（105），蔡伦将他发明的纸上呈给汉和帝，受到嘉许。从此全国都使用这种纸，称作"蔡侯纸"。

蔡侯纸是否就是中国最早的纸呢？《后汉书》的记载中，"纸"原是指书写的丝帛，以后指称蔡伦用植物纤维所制作的产品。看上去，在蔡伦之前似乎是没有纸张的。实际情况是这样的吗？

我们先看古代纸张复杂的制作过程。按照明朝学者宋应星在《天工开物》中的记载，纸张的制作共分为九个步骤，依次是：切青、洗涤、浸石灰水、蒸煮、舂捣、打浆、抄纸、烘纸、揭纸。只有按照以上步骤得到的产物，才能称之为纸。

如果按照这个标准，恐怕很多的"纸"都不能称作真正的纸了。不过，纸的发明受到丝帛的启发，最初应该经历了一个似曾相识的"原始纸"的过程。这需要到蔡侯纸之前的时代去寻找。

到目前为止，中国已经发现了许多两汉时期残留的纸，有罗布淖尔纸、灞桥纸、金关纸、中颜纸、马圈湾纸、放马滩纸、悬泉纸、楼兰东汉纸、敦煌纸、额济纳纸、民丰纸、旱滩坡纸、伏龙坪纸等。其中比较著名的纸有罗布淖尔纸、灞桥纸、中颜纸、放马滩纸、悬泉纸等。

汉代纸张的发现可以追溯到1933年。这一年，考古学家黄文弼随中—瑞西北科学考察团对西北地区的古代遗址进行考察。在新疆罗布淖尔考察时，他在一处西汉亭燧遗址中得到一片白色的麻纸，认为这是西汉中后期的纸。这张纸毁于20世纪30年代的战火中。

1957年，考古学家在陕西灞桥砖瓦厂古墓中发现88片古纸残片。这些纸被称为"灞桥纸"。根据墓葬的特征，人们推断这座墓葬的年代下限为汉武帝元狩五年（前118）。也有学者认为，灞桥纸的结构不够紧密，未经过舂捣和抄纸这两个步骤，不能称为纸，而是以乱麻絮为主的衬垫物。

1978年，在陕西扶风县太白乡中颜村一座汉代窖藏中，出土了56件铜器、2块麻布和1件麻纸。这件麻纸被称为"中颜纸"。科学家们在显微镜下观察了中颜纸的厚薄程度、纤维反射光的情况，认为中颜纸是真正的纸。

另一个新发现是在1979年，考古学家们在甘肃天水市麦积区放马滩发掘战国秦汉时期的墓葬时，在5号墓葬中发现1片汉代麻纸。纸上绘有山脉、道路、河流等地形，可能是当时的地图。考古学家根据墓葬的特征，推断墓葬的时代是西汉早期，这张麻纸的年代也是这一时期的。"放马滩

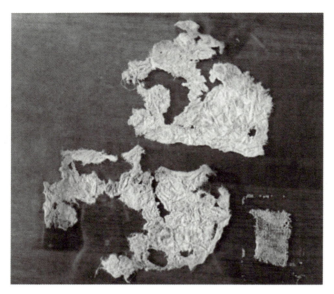

中颜纸

纸"还是目前为止出土的年代最早的纸质地图。

在河西走廊西端的敦煌，1990年，考古学家们在发掘汉代的官方"招待所"——悬泉置遗址时，在遗址西南角发现了10件纸文书。其中9件文书是汉代的，最早的是汉武帝时期的文书，1件是晋代的文书。另外还出土了460余件麻纸，是从汉武帝时期至魏晋时期的产品。

上述考古发现的纸，尤其是西汉时期的纸，让人们重新认识了中国造纸的历史。看来，在蔡伦的发明之前，纸张已经出现了。不过西汉时期的纸张几乎都是以麻为原料的麻纸，与东汉时期的"蔡侯纸"有着明显差别。蔡伦很可能是受到西汉时期造纸术的启发，并在此基础上对纸做了改良。

65. 汉代的钢铁是怎样冶炼出来的

东周时期出现的铁器技术，就像工业革命一样引起了当时社会广泛而深刻的变革。到汉代，铁器的普及程度已经相当高，应用地域也进一步扩大。在西汉初年，在被视为边地的岭南，也通过与长沙国之间的关市大量购置铁器，并将它们运用到生产和军事等领域。

由于铁器是关涉国家经济与军事命脉的产品，汉武帝曾将铁器的冶铸权和经营权收归政府，并在产铁区设立铁官。铁官遍及 40 郡国的 48 处，负责采冶铸造、发卖铁器。无论是在诸侯国，还是郡中，所设的铁官皆由中央的大司农管理。

汉朝的钢铁制造技术可以说领先于世界。那么，汉代铁器生产的整个工艺流程究竟是怎样的呢？汉代的铁工场遗址已发现了数十处，分布在北起辽宁、南到湖南，东起山东、西至新疆的广阔地域内。对这些遗址的考察，足以为我们揭秘这项两千年前的高精尖技术。

钢铁生产的第一步是开采铁矿。对河南巩县铁生沟、江苏徐州利国驿等采矿场遗址的相关考察表明，汉人已对铁矿资源的分布特征具有系统性的了解，他们根据矿床的不同特征，设计出了差异化的开采方法。在矿床中央，已经使用了竖井技术，当时的矿井一般宽 1 米左右，深可达 10 米，矿工在矿井底部可沿着矿床平行掘进。

如果遇到缓倾斜矿床，则采用斜井技术，依着山势向内凿井采掘。假如是夹在地表岩石层中的铁矿，则采用露天开采的方法。采矿时，用火爆水激之法使岩石开裂，再用铁质工具开挖。

采得足够的矿石之后，便将其运输至附近的冶炼场中，就近在炼铁炉旁进行粉碎和筛选。工人使用铁锤、石砧、石夯等工具对矿石进行粉碎，筛选出粒度在 2—5 厘米之间的碎屑，再把其余的废料倾倒入专门的窖坑中。

矿石碎屑被投入炼铁炉中，经过一定时间、适当温度的熔炼后，就能得到生铁。炼铁炉通常是圆形或方形的竖炉，建造时先用掺杂煤和石英砂粒的黑色耐火材料夯筑炉芯，周围再用红色黏土夯筑出方形或长方形炉基。冶炼所用的燃料主要是木炭，并加入少量石灰石作为助熔剂，这样可以降低炉渣的熔化程度、提高铁水的流动性。

河南古荥镇发现的一座汉代炼炉，高可达 6 米，已可称为"高炉"，据估算，它的有效容积约 50 立方米，生铁的日产量可达 1000 公斤左右。一个铁工场当然不止有一座炼炉。当年汉帝国的大地上，处处炉火熊熊，每日的生铁产量是相当惊人的。

生铁在被锻铸为铁器之前，还需先投入熔铁炉进行熔化。在冶铁业发达的地区，如长安西市、巩县铁生沟、南阳瓦房庄等地，熔铁炉一般是建造在地面上的竖炉，用耐火砖砌筑而成。耐火砖是用耐火黏土掺入石英石和某种绿色岩石颗粒制成的，耐火度在 1240—1330℃。但在冶铁业不发达的地区，如湖南桑植的朱家台，就使用一种由炉基、炉体和鼓风管道组成的小型熔铁炉。

汉代铸铁已经基本淘汰了之前的石范铸造工艺，主要采用陶范和铁范工艺。从南阳瓦房庄发现的模和范推断，在铸造翻土农具铁铧的铧冠时，需要 3 件铁范（阳范、阴范和芯模）相合，在浇口处倒入铁水，才能铸造成一件铁铧冠。铁范可重复使用，极大地节省了成本，也提高了铁器的标准化制造水平。

铁范铸造技术在汉代的应用十分普遍，锤、铧冠、铲等工具都是用铁范生产的。陶范铸造技术主要应用于车马器的制作，可以使用叠铸法一次性批量生产。譬如在铸造马衔时，使用一组 10 件套的叠铸范，可以一次性铸成 20 节铁马衔，极大地提高了生产效率。

史载，汉昭帝时举行的朝廷盐铁会议上，曾将车辆生产和车辆关键零部件的损耗率列为判断国家经济状况的关键指标之一。这种批量生产方式也可以提高标准化生产水平。汉代安国城址（今河南镇平）的东南郊，曾经发现过一处铁器窖藏，内含多套规格的六角釭、圆釭和齿轮，相邻两种规格的径长仅差 0.5 厘米。河南温县、渑池等地也发现了类似的六角釭，它们的生产年代有的是东汉，有的是魏晋。可见各地作坊在长时间内，都执行着同一套生产标准。

战国时期已经形成的块炼铁、块炼渗碳钢、共晶白口铸铁、脱碳铸铁、韧性铸铁、铸铁脱碳钢、熟铁等产品的钢铁冶炼技术，在汉代得到了持续发展。铸铁技术的革命性产品，是西汉中期出现的灰口铸铁。灰口铁成分中包含石墨，所以断面呈灰白色，因而有"灰口"之名。这种铁的流动性、热稳定性均十分优良，又具有收缩率小的特点，适用于制造结构复杂的铸件和铁范。巩县铁生沟遗址、渑池窖藏、满城汉墓等，都发现了灰口铸铁的铁器。

此时也开始出现百炼钢和炒钢工艺。满城汉墓出土的中山靖王刘胜的佩剑、钢剑、错金铁匕首等，经鉴定都是将块炼铁反复锻打渗碳使之成为钢的制品。这几件刀剑的刃部都采用了局部淬火和表面渗碳的工艺，这体现着钢铁热处理技术在汉代的新发展。

汉代能够生产的铁器种类已经相当丰富，包括农具、建筑工具、加工工具、矿冶器具、兵器、车马器、舟船部件、度量衡器、炊煮器、容器等，凡日常所用，无一不涉。铁器也成为汉文明向外辐射的载体，汉朝的边境地带发现了大量中原铁器和本地仿制的铁器，在汉朝邻境也发现了许多来自汉地的铁器。

满城汉墓出土的错金铁匕首　　　　　满城汉墓出土的大型铁犁铧

66. 唐代有印刷品吗

宋仁宗庆历年间（1041—1048），一位出生在淮南路蕲水县（今湖北英山）的杭州书店刻字工毕昇，根据自己长期的刻字经验，创造了一项改变历史的发明：活字印刷术。

毕昇的发明，被稍后于他的北宋人沈括记录在了《梦溪笔谈》里。沈括说：用雕刻木版的方法印制书籍，在唐代还没有盛行，自从冯瀛王上奏朝廷开始雕印五经以后，传统的经典就都是雕版的了。庆历年间，平民毕昇又发明了活字版。……毕昇死后，他的字印被我的侄子收藏，至今还在。

活字印刷术发明之前的书籍是怎样的呢？

最初的书都是抄写出来的，像司马迁的《史记》就是抄写在竹简上的。纸张流行后，书就抄写在纸上，这被称作写本或钞本。可想而知，钞本是难以大量复制的，无法大范围传播。

印刷术属于复制技术。古人从悠久的拓印技术中受到启发，于是发明了雕版印刷术，其印刷品被称作印本或刻本。根据一些记载，有人认为雕版印刷是隋朝发明的，不过没有定论。

唐代开始流行雕版印刷，当时地方官府和民间都有雕版印刷作坊，除京师外，长江流域印刷业也十分发达。印书的类别有历谱、医书、字书、道传、佛书等，印量可达数千册。有的书规模很大，像四川雕印的《玉篇》，有三十卷之多。

以上都是史书里的记载。那么，唐代的雕版印刷品有存世的吗？这个问题，需要考古学去解答。

今天存世的图书都是宋代和以后的印本。唐代的雕版印刷品，早年都是发现于西北的敦煌、吐鲁番等地，这些地方出土的纸文书中保存了少量的印刷品。从新疆吐鲁番的佛教石窟和敦煌莫高窟的藏经洞里，发现了印本的佛经。这要追溯到清光绪末年探险家的盗掘活动。

吐鲁番吐峪沟石窟和高昌故城，发现了唐代印刷的佛经和佛教绘画。印本的佛经有汉文《大般若经》《妙法莲华经》和回鹘文佛经。

斯坦因从敦煌莫高窟藏经洞获得了一卷唐代印本的《金刚般若波罗蜜经》，该经卷首带有插图，通常称《唐金刚经扉画》，又名《祇树给孤独园图》。经卷的末尾有抄经题记"咸通九年四月十五日王玠为二亲敬造普施"，咸通九年为公元 868 年，这是施主王玠为他的父母施舍的抄经。

藏经洞的印本，大多是单张的佛像或菩萨像，大约当时为了推广佛教，很流行这种宣传画。

继西北的发现后，唐代雕印的书、画在其他一些地区和境外也陆续得到发现。

莫高窟藏经洞唐印本佛画

莫高窟藏经洞唐印本《金刚经》扉画《祇树给孤独园图》

中国版画史上有名的"至德本"版画，1944 年出土于成都市内的一座唐墓中。画的中心是小坐佛像，周围是梵文，属于陀罗尼经咒类的图画。根据画框外刻印的"成都府"等字样，有人认为是唐至德年间（756—757）的雕印版。版画现藏中国国家博物馆。

1974 年，从西安西郊柴油机械厂内唐墓中，出土了梵文的《陀罗尼经咒》，单张麻纸，夹在逝者佩带的铜臂钏中。这件经咒被认为是初唐时候的印刷品。

翌年，西安西郊冶金机械厂院内，又发现了新的唐墓，其中随葬了装在小盒里的《佛说随求即得大自在陀罗尼神咒经》，也是雕版印刷的单张麻纸。这座墓葬的年代被推定在开元年间的盛唐。

据说，1966 年从韩国庆州佛国寺的释迦塔中，发现了武则天长安二年（702）在东都洛阳刊印的密宗典籍《无垢净光大陀罗尼经》。

还有一些考古发现，是这里没有引述的。可以期待，未来还会不断有新的发现，帮助我们认识唐代雕版印刷的真容。

67. 唐三彩是哪里烧制的呢

1928 年，陇海铁路修至洛阳城北的邙山脚下时，发现了许多唐墓，出土了为数可观的随葬品。其中一种未见于文献记载的多彩陶器惊现于世，人们称之为"唐三彩"。这批器物运到北京，引起了王国维、罗振玉等学者和古董商的注意，唐三彩从此闻名于世。

1949 年以来，以唐代两京（长安、洛阳）地区为中心，在全国多个地方的唐代墓葬和遗址中，发现了数量众多、种类丰富的唐三彩器物。

唐三彩是唐代陶瓷手工业的一个新品种，属于低温釉陶系统。所谓唐三彩并非只有三种彩釉，而是以黄、绿、白三色彩釉或黄、绿、赭三色彩釉为主，还有深绿、浅绿、翠绿、黑、蓝、褐等多种色彩，实际上唐三彩是多彩釉陶的总称。

唐三彩是在汉代黄釉、绿釉陶器的基础上发展起来的，人们在长期的生产和实践中不断对胎质、釉色加以改进，精选胎土，使用多种彩釉，进一步提高了陶器的制作技术。山西大同司马金龙墓出土了大批绿釉和黄釉陶俑，河南安阳北齐范粹墓、濮阳北齐李云墓中出土的釉陶器，均带有绿白色或绿色的条带。这些北朝的单彩或双彩器物为唐三彩的发展奠定了基础。

唐三彩何时出现？文献中不见任何记载，只能从考古发现中寻找答案。目前考古发现的最早的一件唐三彩，是陕西礼泉昭陵陪葬墓郑仁泰墓（建于公元 664 年）的一件蓝彩残器盖纽。陕西富平献陵陪葬墓李凤墓（建

黄釉绿彩瓷罐，1958 年河南濮阳北齐李云墓出土

白釉绿彩长颈瓷瓶，1971 年河南安阳北齐范粹墓出土

唐三彩束腰盘和三彩榻，1973年陕西富平李凤墓出土

于公元 675 年）中，发现了最早的完整三彩器，一件为三彩束腰盘，一件
为长方形三彩榻，李凤墓中还发现了十余件三彩残片。

　　可见，长安及其周围地区三彩器的制作，最迟在唐高宗时期就已经开
始了。开元、天宝时期，北方三彩器发展到了高峰，以后就逐渐衰落。而
地处南方的扬州地区，则在中晚唐时期开始烧造三彩器的。

　　三彩器为何流行于唐代？唐代是中国封建社会最为鼎盛的时期，经
济、文化都得到了空前发展。唐三彩是这个时代经济高度发展的产物，同
时也是我国陶瓷工艺自身发展的产物。三彩器的出现表明，我国古代制陶
工匠对于各种呈色金属原料特性的认识、化学技术的掌握和运用，已达到
了一个新的水平。

另一方面，唐代商业贸易的繁荣和厚葬之风的盛行，为唐三彩提供了广阔的市场。长安、洛阳是唐代的政治、经济、文化中心，也是当时的国际大都会，更是丝绸之路的起点。唐代发达的海上贸易，把中国的丝绸、瓷器大批运往海外诸国。在朝鲜、日本、俄罗斯、伊拉克、伊朗、叙利亚、约旦、埃及、苏丹、意大利等国都有唐三彩出土。国内外的商业需要，无疑促进了唐三彩制造业的发展。

史载，盛唐时期，上自王公百官，下至寻常百姓家，都竞相用人、马、驼俑厚葬。这种厚葬的风气，为唐三彩的发展提供了空间。

那么，唐三彩又是在哪里烧造的呢？考古发现表明，东都洛阳地区不仅是最早发现唐三彩的地方，也是唐三彩的故乡。考古工作者在唐代洛阳辖区内的巩义，今天的大黄冶村、小黄冶村，发现了烧制唐三彩的窑址。

黄冶唐三彩窑址位于河南巩义站街镇大黄冶村、小黄冶村附近的黄冶河两岸，窑址总面积约 16 万平方米。自从 1957 年被故宫博物院的冯先铭先生发现以来，黄冶唐三彩窑址经历了多次考古调查和发掘。这座古窑场经历了汉、隋、唐、宋、元等王朝，其中唐代主要烧造三彩器皿和陶塑，另外还烧造白、黑、酱、黄各色釉瓷。

黄冶村唐三彩窑址拥有多个唐三彩之最：烧制唐三彩时间最早，烧制时间最长，窑址面积最大，烧造品种最多，制作质量最精，三彩釉色最艳。这使得它当之无愧地被认定为唐三彩制作工艺的发源地。

黄冶窑在初唐时开始正式烧造三彩制品，盛唐、中唐时产量达到顶峰。黄冶窑的产品种类多样、造型优美、釉色滋润，代表了当时陶塑艺术的最高成就。这些产品上贡宫廷，畅销海内外，其影响远及日本、朝鲜、东南亚及非洲各国。晚唐时期，三彩制品的生产受社会动乱影响有所缓滞，

河南巩义黄冶窑址的窑炉遗迹

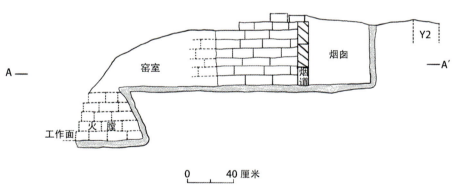

河南巩义黄冶窑Ⅱ区窑炉剖面图

但工艺上仍保持很高水平。

　　除巩义黄冶唐三彩窑址外，中国境内已发现的唐三彩窑址，还有陕西铜川黄堡窑址、陕西西安唐长安醴泉坊窑址、河北内丘县西关窑址、山西浑源县界庄窑址四处。

河南巩义黄冶窑遗址出土的三彩器

陕西铜川黄堡窑的唐三彩窑址发现于 1984 年，出土了大量的唐三彩、低温釉单彩器物、陶范和支烧工具。三彩器分日用器皿、陶塑和建筑构件等几种，属于盛唐至中唐时期的产品。黄堡窑和黄冶窑的窑炉结构大致相同，但规模小一些，烧制的三彩胎体含杂质，釉的玻璃质感强，釉与釉之间交融性差，釉色种类单调，极少使用蓝色釉，比较清淡素雅，不似巩义黄冶窑的三彩器丰富多彩。

大约在公元 7 世纪中叶至 9 世纪末，唐三彩制品作为贵重礼品和贸易品被输送到海外。唐三彩的制作技术也随之传播，对渤海国三彩、日本奈良三彩、新罗三彩等产生了影响。

68. 秘色瓷的"秘色"是什么意思

"九秋风露越窑开，夺得千峰翠色来。好向中宵盛沆瀣，共嵇中散斗遗杯。"唐代陆龟蒙的一首《秘色越器》诗，给世人留下无限的遐想。但秘色瓷只存在于文献里，人们一直未见到实物。

清乾隆皇帝有感于秘色瓷的难得，写下"李唐越器人间无"的诗句，并命御窑厂把诗文烧造在"乾隆仿古"款鸡缸杯上。秘色瓷，一种谜一样的瓷器，因为后人无缘目睹它的真面目，致使千百年来众说纷纭。

生活在唐末五代的徐夤在《贡余秘色茶盏》中咏到："捩翠融青瑞色新，陶成先得贡吾君。功剜明月染春水，轻旋薄冰盛绿云。"说明秘色瓷主要用于供奉皇室贵族。考古发现也提供了证据：浙江上林湖越窑遗址，曾发现过刻画了"官""官样""贡窑"铭文的窑具和瓷器。

据宋人的文献可知，北宋晚期越州已无秘色瓷生产，仅有古物存在，这与越窑衰落于北宋中晚期的史实相符。明嘉靖年间编修的《余姚县志》记载说，秘色瓷起初在上林湖烧造，宋代以后上林湖窑址废弃。至于为什么称"秘色瓷"，根据北宋赵令畤《侯鲭录》卷六《秘色瓷器》的说法，这种瓷器是五代十国时吴越国烧造了进贡用的，臣僚和平民百姓不得使用，所以称作"秘色"。

1987 年陕西扶风法门寺真身宝塔地宫出土的一块石碑《应从重真寺随真身供养道具及恩赐金银器物宝函等并新恩赐到金银宝器衣物帐》(简称《衣物帐》)，记载了皇室和贵族供奉佛指真身舍利的器物明细。《衣物帐》碑中，记录了供品中有"瓷秘色碗七口，内二口银棱，瓷秘色盘子、叠子共六枚"。与《衣物帐》同时出土的一个漆盒内，恰恰装有 13 件瓷器。至此，秘色瓷的神秘面纱终于被揭开。这批器物是唐懿宗用来供奉释迦牟尼真身舍利的精美供器。

唐代越窑窑址在今天的浙江上虞、余姚一带，它的产品胎质细腻致密，釉色晶莹，制作精美，因此畅销国内外。茶圣陆羽对越窑青瓷情有独

法门寺唐地宫出土的秘色瓷碗（左）、秘色葵口瓷盘（右）

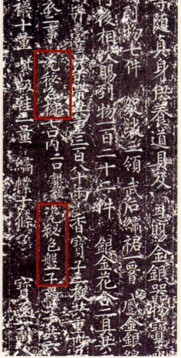

法门寺唐地宫出土的《衣物帐》碑拓本

钟，形容其质"类玉""类冰"，是茶碗的最佳选择。

后司岙遗址是越窑考古成果中最为重要的一处，它位于浙江宁波慈溪上林湖越窑遗址最核心区域，考古清理的堆积层主要位于窑炉的西侧，时代主要集中于晚唐五代时期。1977 年在上林湖吴家溪出土的唐代林倜墓志罐上，记录了墓葬位于"贡窑之北山"，说明上林湖地区是彼时贡窑的所在地。文献中亦有记载，"秘色瓷，初出上林湖，唐宋时置官监窑"。后司岙遗址的发掘印证了墓志罐及文献的记载，厘清了唐五代时期最高质量越窑青瓷窑场的基本格局，呈现了晚唐五代时期秘色瓷生产的基本情况。

浙江慈溪上林湖后司岙窑址，是上林湖窑址群中产品质量最高的一处青瓷窑址，是晚唐五代时期烧造宫廷用瓷和秘色瓷的主要窑场。法门寺地宫出土的秘色瓷很可能就出自这一窑址。

唐代越窑烧造的秘色八棱净瓶

浙江慈溪上林湖吴家溪出土的唐代林倜墓志罐

秘色瓷与普通越窑青瓷均采用当地的瓷石原料制胎，但秘色瓷对胎体原料的选择和处理更为精细。秘色瓷釉的元素组成与同时期普通越窑青瓷无异，都采用瓷石加草木灰、石灰石的三元配方，其独特的釉色可能与它采用瓷质匣钵的烧制工艺有关。

秘色瓷烧制时使用了与瓷坯材质相同的细质匣钵，使两者在受热膨胀、冷却收缩时保持一致；同时，用釉涂封匣钵的接口，使匣钵内的空气在熔融状态下排出，冷却时接口处的釉凝结，保证匣钵内的瓷器始终处于还原气氛中，烧出青绿秘色。

在青瓷化学成分中，凡釉色纯正、清亮者，釉中二价铁与三价铁的比值高，达到 1:1 左右；而釉色偏黄者二价铁与三价铁的比值则低很多，其二价铁的含量约占釉中铁含量的 5% 左右。决定此比值高低的最直接因素，是烧成过程中还原焰的强弱：还原气氛强，釉中相当部分的氧化铁被还原，釉色呈现较为纯净的青色；反之，还原气氛弱，釉中相当部分的铁仍保持氧化状态，釉色表现为青中泛黄。

浙江慈溪上林湖后司岙窑址出土的秘色瓷与垫饼、"官"字款匣钵

唐代，越窑青瓷已经作为州府的贡品献给皇室。当地在上林湖窑场特设"贡窑"烧造。五代，吴越王朝为保政权稳固，更是将越窑青瓷作为特产贡献给北方朝廷。北宋中期，越窑窑工烧制"官样"瓷器纳贡。南宋初年，已经走向衰落的越窑受命烧造供奉皇家的明堂祭器。从唐到宋的数百年间，越窑几乎从未间断烧造供奉皇室、贵族的青瓷精品。

为满足特贡中原朝廷与行销海外的需求，五代时期，吴越钱氏在上林湖专门设置了隶属吴越中央财政机构的窑务管理机构"省瓷窑务"。自此，越窑的发展进入鼎盛期，窑场成倍增加。此时越窑瓷器除大量供吴越国王室使用，也在外交活动中广泛使用。

69. 宋代的"五大名窑"是哪五大

中国古代制瓷工艺发展到宋代，出现了突飞猛进的进步。概括来讲，宋代制瓷手工业的发展有下述几个主要表现：一、窑场分布地域广泛，从数量上说，比唐代要多出数倍；二、由于改进了装窑的方法，提高了窑的单位产量，使宋代瓷器产量大增；三、由于制瓷技术的提高，出现了不同的釉色和装饰花纹，形成了不同风格的窑系；四、瓷器已成为民间普及的日用器皿，瓷器贸易发达，著名窑场的瓷器不但运销国内各地，而且成为对外贸易的主要出口商品。

宋瓷历来是人们喜爱的对象。今天流行的有关古代文化常识的书中，常常可以看到宋代"五大名窑"的说法，一般指的是汝、官、哥、定、钧这五处窑址。

汝窑在北宋晚期曾为宫廷烧造御用瓷器，所以又称为"汝官窑"，很早就受到关注。经过考古调查和发掘，确认其窑址位于河南省宝丰县清凉寺村。汝窑器物胎质细腻，釉层浑厚、均匀，不同于同时期的其他青瓷，具有独特的风格，基本色调为淡淡的天青色，釉面柔润。除了这类为宫廷烧造的御用瓷器以外，汝州境内还有一些民间窑场，一般称为"临汝窑"，也烧青釉、白釉、黑釉瓷器等。

　　宋代官窑是宋代官府建置的烧造宫廷用瓷的窑场，根据文献记载，宋代官窑有三处：北宋官窑、南宋修内司官窑、南宋郊坛下官窑。北宋官窑的窑址迄今尚未发现，一般认为在北宋都城东京（今河南开封）。南宋修内司官窑一般认为位于浙江杭州老虎洞；郊坛下官窑即乌龟山官窑，位于杭州市南郊的乌龟山，发掘后的遗址已经建为南宋官窑博物馆。南宋官窑主要烧造青釉瓷器，产品种类包括祭祀用礼器和宫廷日常生活用器。官窑产品胎体厚重，胎釉有厚、薄之别。

天青釉盘口折肩瓶，出土于河南宝丰清凉寺汝窑遗址

南宋官窑花口瓶，出土于浙江杭州乌龟山南宋郊坛下官窑遗址

哥窑鱼耳炉

哥窑的名字，常见于元明时期的文献记载，但至今窑址尚未发现。由于缺少考古资料，加之文献记载并不明确且多有抵牾，学者们对哥窑的认识还有很大分歧。例如传世哥窑是否就是文献记载的哥窑，经考古发现的某类器物是否就是文献记载的哥窑产品，哥窑的时代究竟是何时，学术界尚未取得共识。不过目前北京故宫博物院、台北故宫博物院的传世哥窑瓷器在清宫的记录中就称为哥窑器，至少说明了清前期对哥窑瓷的认识。

定窑是北方地区继邢窑之后兴起的著名白瓷窑址，通过考古调查，明确了定窑遗址分布于河北省曲阳县涧磁村、北镇村和燕川村一带。定窑创烧于唐代，五代时已有相当规模，北宋至金代进入繁荣时期，元代逐渐衰落。定窑产品在北宋以后成为精细白瓷的典型代表，对北方地区制瓷手工业产生了重要影响。北方一些瓷窑纷纷仿烧定窑白瓷，这类产品被通称为"仿定器"。

除了白瓷以外，定窑还烧造黑釉、酱釉、绿釉瓷器等。北宋早期定窑使用一匣一器的匣钵装烧方法，北宋中期以后，开始采用支圈覆烧工艺，大大提高了产量。但覆烧工艺烧制的器物口沿无釉，即通常所说的"芒口"。

　　钧窑遗址分布在河南禹州城周边，创烧于北宋晚期，金元时进入兴盛时期，并影响到北方广大地区的窑场，元代以后仍有烧造。钧窑器物属于青釉系统，是一种乳浊釉，基本色调是各种深浅浓淡不一的蓝色。钧窑产品突破了青釉的传统色调，烧出了天蓝色釉，并以高温铜红釉作为装饰，使得天蓝色釉和铜红釉错综掩映，有很好的色彩装饰效果，深受人们的喜爱。

定窑白瓷洗，内外饰以刻花的莲花图案，并在口沿处镶以金属釦

定窑标志性产品之一白釉孩儿枕

然而"五大名窑"的说法，其实是根据明清以来古董家或文人的附会之言形成的。一般说来，窑的概念在历史文献中比较早的系统叙述，始于明洪武二十一年（1388）曹昭所撰《格古要论》，该书卷下《古窑器论》中记载了宋元时期包括柴窑、汝窑、官窑、哥窑、高丽窑、古龙泉窑、大食窑、古定窑、古磁窑、古建窑、古饶窑等在内的多处古窑。

《宣德鼎彝谱》为明后期人托吕震之名所著，其中所言"内库所藏柴、汝、官、哥、钧、定"各窑瓷器，被人们认为是最早提到的与今天宋代"五大名窑"的观念相类似的概念。明代后期到清代，也有不少文人根据自己的收藏和前人著述来记录瓷器，也多从名窑着眼。也许是因为长久以来柴窑无法确认，逐渐在20世纪形成了汝、官、哥、定、钧所谓"五大名窑"的说法。从根本上说，这类说法主要是着眼于古

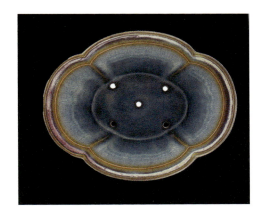

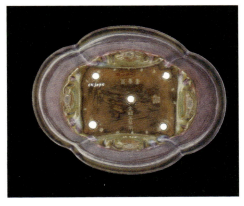

钧窑玫瑰紫釉花盆

陶瓷收藏或鉴赏，与近代以来兴起的科学的陶瓷考古的认识并不相同。

在陶瓷考古研究中，学者们广泛使用另一个学术概念——"瓷窑体系"，或称"窑系"。1986 年出版的中国硅酸盐学会主编的《中国陶瓷史》，是邀请全国各方面的陶瓷专家共同编著的陶瓷研究领域的重要著作。这本书中说，"陶瓷史家通常用多种瓷窑体系的形成来概括宋代瓷业发展的面貌。瓷窑体系的区分，主要是根据各窑产品工艺、釉色、造型与装饰的异同"。书中进而将宋代划分为六个瓷窑体系：北方地区的定窑系、耀州窑系、钧窑系、磁州窑系，南方地区的龙泉窑系、景德镇的青白瓷系。

书中还提出，瓷窑体系的形成，是宋代在一定历史条件下瓷业市场竞争的结果。由于宋代瓷业市场的竞争比唐代以前更加激烈，因此当一种瓷器在市场上受到欢迎，首先是邻近瓷窑相继仿制，继之就是瓷窑的增加与窑场的扩大，形成瓷窑体系。

近年来，又有学者展开了对"窑系"这一概念的反思，强调除釉色和装饰外，还应充分关注工艺技术，从时代和生产规模上考察瓷器手工业的发展状况。另外，各地窑场的产品种类在不同时期都有发展、变化，因此，窑系划分普遍存在着交叉的现象。这些问题，仍有待于陶瓷考古发掘和研究工作的不断拓展和深入。

70. 南方地区越窑和龙泉窑的瓷器有什么特点

唐代法门寺地宫出土的秘色瓷的来历，曾经是引人瞩目的问题。经过考古学家们的探索，今天我们已经知道，秘色瓷产自浙江宁波慈溪后司岙窑址，位于上林湖的核心位置，是越窑的一部分。

上林湖是唐宋时期越窑的中心窑场，也是唐、五代至北宋时期全国的窑业中心之一，代表了 9 世纪至 11 世纪中国青瓷烧造技艺的最高成就。

越窑生产的茶具，唐代曾名满天下。被誉为"茶仙"的陆羽在其《茶经》中，品评越窑和邢窑茶碗的高下，以越窑为第一，并说："或者以邢州处越州上，殊为不然。若邢瓷类银，越瓷类玉，邢不如越一也。若邢瓷类雪，则越瓷类冰，邢不如越二也。邢瓷白而茶色丹，越瓷青而茶色绿，邢不如越三也。"

唐人常用的茶具有执壶和碗、盏，以越窑瓷为上等。执壶当时又称作"注子"，早期较矮，流也比较短，晚唐至北宋以后器形逐渐瘦长，流也变得更长。盏与托是配套使用的茶具。浙江宁波曾出土一套唐代盏托，盏作敞口荷花形，托作卷状荷叶形，二者搭配，宛如出水的翠色莲荷，釉色青翠饱满，异常精美。

唐代越窑的主要窑场，设在越州的余姚、上虞一带，分布范围比较广。这一地区的陶瓷业可以上溯到上古的商周时期。三国两晋南北朝时期，窑场主要集中在上虞一带，隋唐五代时期，上虞窑场仍继续烧造，但烧造的中心区域转移到了慈溪，分布在慈溪市的上林湖、白洋湖、古银锭湖周围，其中以上林湖周围的窑场最多、最密集。

目前学术界一般认为，越窑在东汉时期已经可以烧造出成熟瓷器，在东吴至西晋时期进入了兴盛阶段，东晋以后逐渐衰微。唐代中

越窑云鹤纹套盒，出土于河南巩义宋太宗元德李皇后陵，由四件相套而成

期以后越窑逐渐复苏，唐代晚期至五代时期得以迅速发展，进入了创建以来的第二个兴盛时期，一直持续到北宋早期。我们通常在概括唐代制瓷手工业格局时会说"南青北白"——即南方以生产青瓷为主、北方以生产白瓷为主，其中南方青瓷就是以越窑为代表的。

龙泉窑是南方地区另一处重要的青瓷窑场，因主产地在浙江龙泉而得名。龙泉窑创烧于北宋时期，南宋前期生产规模扩大，工艺技术迅速提高，到南宋后期薄胎厚釉青瓷迅速崛起，成为龙泉窑最有影响的产品。元代龙泉窑蓬勃发展，规模扩大，产量剧增，明代中期以后逐渐衰落。

龙泉窑青瓷以独特的风格受到人们的普遍欢迎，有着广阔的国内市场。在元代前期，龙泉窑产品已逐步扩展到中原、华北地区，到了元代中后期，产品远播至今内蒙古、东北，分布范围很广。

以陕西为例，宋代时耀州窑产品可谓独步北方，在陕西秦岭以北地区，耀州窑青瓷在宋金时期处于十分强势的统治地位。但入元以后，特别是元代中期以后，输入陕西的龙泉窑瓷器比例明显提高，耀州窑青瓷已无力与龙泉窑青瓷进行竞争，最终转型为一处同时生产日常民用的黑瓷、白瓷和白釉黑花瓷等器物的窑场。

造成这一现象的原因是多方面的。一方面是当金元改朝换代之际，耀州窑生产遭到破坏，造成青瓷产品质量、档次下降；另一方面是，元朝统一后，龙泉窑的生产规模扩大，加上南方、北方之间的交通和贸易比起宋、金对峙时更为便利，南方的龙泉窑产品得以便利地输入北方。

越窑和龙泉窑瓷器不仅在国内畅销，通过在"海上丝绸之路"沿线的大量考古发现，它们也远销海外。印度尼西亚海域发现的黑石号沉船，曾出水六万余件瓷器，除了大宗长沙窑瓷器以外，还发现了二百余件越窑瓷器。远在伊拉克的萨玛拉遗址，以至埃及的福斯塔特遗址都曾发现唐宋时

越窑青瓷碗与瓜棱执壶

龙泉窑青瓷碗。内底有"河滨遗范"款，外底墨书"卢元美宅庚戌年"款

期的越窑瓷片。

龙泉窑瓷器同样是重要的外销瓷品种。宋元时期大量沉船中都发现了龙泉窑瓷器，元代晚期沉没的新安沉船所装载的中国瓷器两万余件，其中以龙泉窑瓷器居多。在福建平潭大练岛发现的元代沉船，出水的器物绝大

部分是青瓷器。说明它是一艘主要运输龙泉窑瓷器的民间货船。

受进口的大量龙泉窑瓷的影响，中东一些地区也开始仿制龙泉青瓷。刚才提到的埃及福斯塔特遗址中，也曾出土大量龙泉窑风格的残片，其中来自中国的龙泉青瓷残片 1095 片，而埃及本土的仿制品残片多达 6917 片。在土耳其、伊朗、伊拉克等地，都发现了龙泉青瓷的仿制品。这是古老的龙泉窑瓷器走向世界的见证，是青花瓷兴起之前中国瓷器的"高光"时刻。

71. 为什么景德镇能成为"瓷都"

地处江西省东北部的景德镇是个历史悠久的地方。东晋时这里曾设有新平镇，唐代改称为昌南镇。景德镇的得名，是因为北宋真宗景德元年（1004）在窑场处设镇，官府设监镇厅，负责税收、治安等事务。景德镇这个名称一直沿用到现在。景德镇因烧造瓷器而闻名，也因烧造瓷器而繁荣。

景德镇窑是南方地区的重要窑场，根据目前的考古资料，一般认为景德镇窑创烧于五代时期。当时的窑址位于县治郊区，兼有原料好、燃料丰富、水源充足、交通方便的优势。但五代时期景德镇窑还没有形成自己的特色，尚处于初兴的阶段。

宋代时景德镇窑迅速发展，进入兴盛时期，成为宋代重要的瓷窑之一。那时景德镇窑开始烧造一种别具特色的新品种——青白釉瓷器，并很快大批量生产。这种青白釉瓷器，就是釉色介于青釉和白釉之间，青中有白，白中闪青，也有人称作"影青""隐青"瓷。此外，当时景德镇窑也少量烧制黑釉等瓷器。

到了元代，景德镇窑继续繁荣。元世祖至元十五年（1278），设置"浮梁磁局"（当时景德镇属浮梁州），负责烧造瓷器等事。至元十五年是元灭南宋的前一年，说明元朝政府很早就注意到景德镇的瓷器生产。

景德镇元代窑址主要分布在城区和近郊。从考古发现看，当时大量烧造的是青白瓷和黑釉瓷器，同时还发展了青花瓷器、高温铜红釉瓷器，创烧了卵白釉瓷器、高温钴蓝釉瓷器和釉里红瓷器，开创了制瓷手工业发展的新局面。

釉里红是以铜料在未经素烧的坯体表面绘画花纹，施透明釉后用高温一次烧成，因为釉下呈现出红色花纹而得名。高温钴蓝釉瓷是将钴料掺入釉中作呈色剂，在高温还原气氛下烧出钴蓝釉。

这里特别值得一提的是元青花，据目前考古发现，元青花主要产自元代景德镇的窑场。青花瓷器是以钴料在未经素烧的瓷胎表面绘画花纹，然后上一层透明釉，放入窑炉中用高温一次烧成，呈现出蓝色花纹的釉下彩瓷器。在装饰手法上，它采取笔绘的技法，将绘画融入瓷器的装饰上，达

景德镇出土的青白釉瓷器
（左：北宋青白釉刻花执壶、温碗；右：南宋青白釉刻花缠枝花卉纹梅瓶）

到了别样的艺术效果。青花瓷出现以后，传统的在瓷器上刻花、印花、划花装饰的方式便退居次席了。

元代景德镇的青花瓷，存世的并不算多，除一些中外馆藏外，就是从元明墓葬中发掘出的随葬品，以及少量的沉船出水遗物。可以想见元青花的珍贵程度。其瓷艺，除了器物本身的精工制作外，在蓝颜料的品质和绘画上，都达到了一定高度，并为此后明清时期青花瓷生产的高峰奠定了基础。

根据考古发现和科技检测，元代制作青花的蓝颜料来自今中国境外，品质很高，呈色纯正。在绘画上，一些瓷器的画工出手不凡，绘画的题材和图案也丰富多样。例如南京市江宁区明黔宁王沐英墓出土的一件青花梅瓶，描绘了萧何月下追韩信的历史故事，上下分别饰以变体莲瓣纹、缠枝牡丹纹和卷草纹，十分精细。

到了明清时期，景德镇已发展成了最为繁盛的窑场，此时期的窑场遗址分布在景德镇市区和近郊区。明代景德镇瓷器产量剧增，宋应星在《天工开物》中说："合并数郡，不敌江西饶郡产……若夫中华四裔，驰名猎取者，皆饶郡浮梁景德镇之产也。"景德镇烧造量之大，规模空前。

据学者研究，在明代嘉靖时期，景德镇从事瓷业的人数已达十万余。也正是从明代开始，景德镇瓷器生产在元代的基础上突飞猛进，成了全国的制瓷业中心。

明清时期，景德镇的窑场根据性质的不同可以分为御窑和民窑。明代初期，开始在景德镇设置御器厂（清代称"御窑厂"），任务是烧造官窑器供宫廷使用。其遗址位于景德镇市中心的珠山一带。

景德镇御窑瓷器制作精细，质量极高，代表了明清时期制瓷手工业的最高水平。其中以青花瓷器为大宗，数量最多，也包括青花釉里红、釉里

有元至正十一年铭文的青花云龙纹象耳瓶

元萧何月下追韩信图青花梅瓶

宣德年间生产的青花"一把莲"盘

明成化年间景德镇生产的斗彩瓷

红、白釉、黑釉、紫金釉、红釉、黄釉、蓝釉、洒蓝釉、孔雀绿釉瓷器，以及斗彩、五彩、珐琅彩等彩瓷，品种多样，绚丽多姿。

明清时期的景德镇御窑瓷器供宫廷使用，而民窑瓷器在国内外大量销售，使用十分普遍。景德镇瓷器除了销往亚洲、非洲以外，还大量销往欧洲。与此同时，中国制瓷技术，尤其是青花瓷器的烧造技术也相继外传。景德镇在明清时期始终居于全国制瓷手工业中心的地位，因而被誉为"瓷都"。

八、古代文化

72. 什么是彩陶

人类之所以能与其他动物区分开，在于人有精神的追求，而精神生活的一个主要内容是对美的追求。

从考古发现上看，距今 18000 多年的北京周口店先民，已把成串的贝壳装饰在自己身上，也会随葬在逝者的身上。在美的历程里，古人的审美对象，有的存在于自然万物中，有的则需要用智慧和劳动去创造。

早期的人类，尚未具备发现美、欣赏美、创造美的能力。在漫长的旧石器时代，要创造美还是非常难的事情。即使到了距今一万年前后的新石器时代早期，在人类的创造物中，美的元素也还是很少见的。

远古社会的新石器时代，人类从凝聚的智慧和文化积累中，创造出了陶器。这是那时的人类投入劳力、智慧和情感最多的一种创造物。

从世界范围来看，不同地方发明陶器的时间并不相同。中国是世界上最早发明陶器的地方之一，史前考古发现的最早的陶器，将中国制造陶器的历史追溯到了距今 10000 多年。那时的陶器制造技术和工艺还是粗朴、简陋的，很难看出有美的元素。

要探索史前人类的审美，需要理解他们的认知体系。也许，在陶器制作的历史上，人类最早的审美意识可能反映在对器物造型，特别是对"圆"的追求上，然后再逐渐地表现在对器物的表面色彩、图案装饰的关注上。

因此，从出现陶器到生产彩陶，这是一个长期摸索、反复试验、不断改进的过程。早期陶器上使用最多的装饰是绳纹，目的是加固器物，同时也增加了美感。随着技术进步和审美意识的增强，新石器时代的人们开始对陶器进行刻意的装饰，发展出了刻划、雕塑、绘画等技法。它们是中国工艺美术史上最早的艺术作品。

用颜料在陶器表面绘画，就产生了彩陶。这可以说是最古老的美术陶。从考古上发现和认识中国史前彩陶，是最近 100 年的事。1921 年，在举世闻名的河南渑池仰韶遗址的发掘中，就发现了中国考古史上的第一批彩陶。那时，由于彩陶太引人注目了，发现者将这一发现命名为"彩陶文化"。

后来随着更多彩陶的发现，在仰韶村的这一发现被更正为"仰韶文化"。彩陶的表面根据器型进行装饰，在红地上用黑彩描绘日常生活中的动物，如鱼、蛙、鹿、鸟、猪等，有的还画有人面、几何形图案。一些创作富于想象力，风格简洁而古朴，犹如儿童画，是"原始思维"才能创作出来的作品。

早年，考古学家以为仰韶文化的彩陶是中国最古老的，还产生了关于中国彩陶起源的讨论。不过，随着考古工作的开展，越来越多的彩陶被发现了，超出了仰韶文化的范围。

20 世纪 70 年代，在黄河流域的新石器时代文化中，发现了年代更古老的彩陶，展示了独特的文化成就。

仰韶文化彩陶的代表作——人面鱼纹陶盆

在陕西关中老官台，考古工作者发现了 8000 年前的彩陶。在发达的陶器群中，个别陶钵的口沿上被装饰了一条宽的彩带。此外，在少数红色陶钵的内表面，用红彩画有三四个均匀布置的圆点、圆圈、短直线、波浪线，以及不同的符号。

这时候的彩陶表现出两个主要特点：一是使用红彩作为装饰，因为红色是远古人类最关注的色彩；二是彩绘纹饰非常简单，主要是红宽带纹，而且都装饰在陶器口沿上。出于审美的需要，工匠们还创作出圆点、圆圈、线条等简单纹样，采取简单对称的布局，描绘在圜底陶钵的内表面。

继老官台文化彩陶之后，考古学家在甘肃秦安的大地湾遗址，也发现了距今 7800—7300 年的彩陶钵。它们的年代十分古老，既早于仰韶文化，也比西亚两河流域的彩陶早一个阶段，所以说中国彩陶在仰韶文化之前 1000 多年，就已出现在黄河中上游的甘肃、青海至关中地区了。

老官台文化产生彩陶的原因，是史前考古学和艺术史研究的重要问题。总之，人们认为彩陶的出现不是偶然的，当时发达的旱作农业积累了比较丰富的物质财富，为创造美提供了社会条件和需求；其次，制陶技术

仰韶文化的彩陶

大地湾文化的彩陶

和工艺的成熟，为彩陶的创作提供了必要的技术准备；再次，陶器刻划装饰艺术的发展，也为彩陶的创作提供了必要的艺术技巧。

仔细探究的话，彩陶产生的具体技术条件有三个：

第一，生产彩陶的首要技术条件，是人们对天然矿物颜料呈色机理的长期实践性、经验性认识。第二，陶坯表面必须达到一定的光洁度，颜料才能渗透到陶胎里面。第三，烧陶的温度越高，颜料的附着力就越强，纹饰就越牢固。

考古发现也显示，在数千年间，彩陶的制作经历了从萌芽到兴盛再到衰落的过程。在彩陶制作兴盛期的黄河中游的仰韶文化、半坡文化，主要类型的陶器都采取了彩绘装饰，而且数量巨大。

西安半坡遗址代表的半坡文化，可以归入黄河流域的仰韶时代，彩陶正是这个时代的标志性产品。它们呈现出高超的技艺，造型规整，胎壁均匀，装饰精巧，绘画线条流畅、匀称，极具艺术美感。

彩陶工艺的高超，是建立在当时的陶工技艺基础上的。仰韶时代的工匠们堪称陶艺大师，从陶土选择、处理，到器物制作、彩绘装饰、窑温控制，他们都有一套熟练、高超的技艺，展现出了劳动的智慧和很高的审美水平。

仰韶时代的彩陶技艺影响深远，在整个黄河流域和邻近地区，年代和风格相近的大量彩陶被发现于甘肃、青海、宁夏、河北、山西等地。在山东、江苏、四川、湖北等地的同期遗址中也有一些发现。

在关中地区，彩陶经历了仰韶时代的高度繁荣之后逐渐走向了衰落。大约距今 5000 至 4000 年，在甘肃黄河、洮河流域及河西走廊地区，青海湟水流域，宁夏南部地区，兴起了以甘肃临洮马家窑遗址命名的新石器时代晚期的考古学文化——马家窑文化。在这里，具有地域特色的、绚烂多

马家窑文化的彩陶

河姆渡文化的彩陶片

姿的彩陶艺术得到了发展，形成了中国史前彩陶发展史上的又一座高峰。这里的彩陶，有着"新石器时代彩陶之冠"的美誉。

马家窑文化的彩陶工艺继承了仰韶文化庙底沟类型的爽朗风格，但表现更为精细，形成了绚丽而又典雅的艺术特征，成就很高。马家窑文化早期彩陶以纯黑彩花纹为主，中期使用纯黑彩和黑、红二彩绘制花纹，晚期多黑、红二彩并用。彩陶的大量生产，说明这一时期制陶早已专业化。

在中国南方地区的史前考古中，过去很少发现彩陶，50年前从浙江余姚河姆渡遗址中出土过几片漆绘彩陶。出人意料的是，最近在浙江中北部的新石器时代早中期文化——上山文化、跨湖桥文化的考古发掘中，出土了一些风格迥异于黄河流域的彩陶。这些令人瞩目的新发现，算是中国南方史前文化中的一朵奇葩。

距今2600年左右，中国史前彩陶文化在大部分地区落下了帷幕。在长期的寂寞之后，由于考古发现，彩陶的光辉历史才得以显露在世人面前。

73. 甲骨文记载了哪些历史

清末的北京药铺里，常常售卖一种叫作"龙骨"的中药。它的产地是彰德府，即今天的河南安阳。光绪二十五年（1899），国子监祭酒王懿荣因患疟疾，在药铺买了一些龙骨。他打开药包，发现龙骨上隐约刻划了一些符号。

王懿荣本人是一位金石学家，精通金石文字，于是便对这些龙骨开始了研究。他发现龙骨其实是龟甲或牛等动物的骨骼，上面刻划的符号，竟然是三千年前商代的文字。后来，古文字学家就将这些文字称为"甲骨文"。

王懿荣发现甲骨文后，很多学者便从市面上收集甲骨，并释读和考证甲骨文的内容。经过研究，学者们发现甲骨文的内容绝大多数都是卜辞，即占卜的文字。并且，在甲骨的背面还钻有小孔，有灼烧的痕迹。研究者判断，这些甲骨主要是占卜用的。

从甲骨文发现至今，有明确记录的出土甲骨超过了十五万片，上面记录了占卜祭祀、婚姻、生育、战争、狩猎、出行、纳贡等各种事项的卜辞。由此可以看出，商王朝的占卜之风十分浓厚，统治者事事都要占卜。考古学家对出土甲骨进行了研究，基本复原了用甲骨占卜的全过程。

"甲"是指龟甲，而商王朝的统治中心安阳附近的产龟量是有限的，无法满足商王频繁的占卜活动，因此，商代占卜用龟主要依靠南方地区的进贡。如甲骨文中有"有来自南氏龟"的记载，"氏"就是进贡的意思。文献当中甚至有一次性贡龟上千只的记载。生物学家曾对殷墟出土的龟甲进行过鉴定，发现这些龟甲绝大多数来自中国胶龟。胶龟产在今福建、广东、广西、海南等南方地区。

"骨"是指动物肩胛骨，一般是牛骨，也有少量的猪骨、马骨、鹿骨、羊骨。这些动物肩胛骨基本来源于安阳本地的牲畜。考古学者在对殷墟墓葬和祭祀坑的发掘中，也发现了大量使用牛、马等动物祭祀的情况。商人可能在使用动物祭祀后，专门将肩胛骨保存下来用于占卜。

获得了甲骨之后，商人还要对它们进行削锯、刮磨，将其处理到合适的大小，并且打磨得较为光滑和平整。随后，商人还要在甲骨的背面钻凿出小孔。龟甲的钻孔错落有致，左右对称；肩胛骨因为骨骼厚薄不一，一般只在较厚的一边钻凿有一行或两行小孔。经过削锯、刮磨、钻凿等工序后，一块可以用于占卜的甲骨就制作完成了。

当国家有大政要实施，或商王有大事要决定，就要进行占卜。主持占卜的巫师将加工好的甲骨拿来，用火烧灼背面。甲骨上有钻孔的地方就会

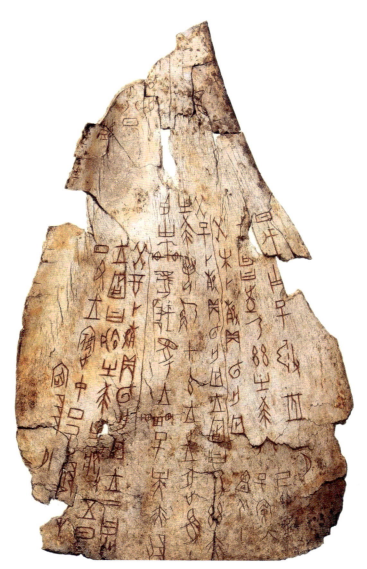

刻满文字的兽骨

甲骨上的钻孔及烧灼痕迹

爆裂，在甲骨表面出现裂纹，古人将这种裂纹称为"兆"。在烧灼甲骨的同时，巫师会一边祷告，一边述说占卜的事项。商人认为，甲骨上显示的"兆"，是上天对占卜内容的回应，他们通过"兆"来判断占卜之事的吉凶。

随后，会有专人将占卜的内容刻在甲骨上，如占卜的时间、占卜的人、占卜的事件等。还有一些甲骨记载了占卜结果与事情的最终答案。这些记录占卜的内容被称为卜辞。

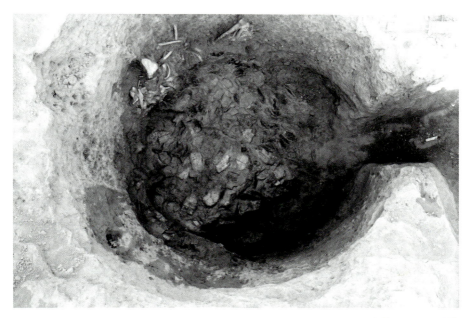

殷墟 YH127 甲骨坑

　　占卜结束后，甲骨作为与神灵沟通的器物并不会被随意丢弃，而是会被商人储存和掩埋。在殷墟的一座埋藏坑（YH127）中，出土了超过 17000 块甲骨。这种埋藏坑正是商人有计划地处理甲骨的一种证据。

　　历史学家和考古学家能从甲骨上刻划的文字中了解到事件的内容、发生的时间以及在位商王名字等信息，这些信息是研究商代历史非常重要的材料。甲骨文引起了学界极高的研究热情，一批甲骨学家应运而生，其中数罗振玉（号雪堂）、王国维（号观堂）、郭沫若（字鼎堂）和董作宾（字彦堂）最为著名。他们的号或字中都有个"堂"字，因而被称为"甲骨四堂"。他们通过对甲骨文的考证释读与细致研究，为我们还原了部分商代历史。

　　研究一个朝代的历史，首先要清楚这个朝代君王的世系。在甲骨出土前，我们只能根据《史记·殷本纪》的记载了解商王的在位顺序，但《史记》作者司马迁生活的年代距离商灭亡已经近一千年了，他记载的内容的真实性不得而知。甲骨的出土为我们提供了新的证据。

罗振玉、王国维、董作宾、陈梦家等甲骨学家的研究证实，甲骨文中出现的商代先公、先王的名称与顺序与《史记·殷本纪》的记载基本一致。同时还纠正了《史记》的几处错误，如"报丁""报乙""报丙"三位商王的顺序应当是"报乙""报丙""报丁"；商朝从成汤到帝辛（纣王）共有二十九位商王，并非《史记》中记载的三十一位商王。甲骨文订正了一些错误，也肯定了古代史书记载的大部分内容的可靠性。有了史书与甲骨文的双重证据，我们可以肯定地说，商代历史是可靠的信史。

除了复原商王世系外，甲骨卜辞记载的各种事件还为我们还原了一个十分立体的商代社会。比如通过甲骨文可以了解商代的统治秩序：最高统治者是商王，王室成员有妇、子、侯、伯等贵族，官吏有"卿事""大史""小臣"等数十种。当时有规模很大的军队，战事相当频繁，与周边方国的冲突接连不断。

甲骨文中还记录了数十个地名，以及不同级别的行政区划，如王都被称为"大邑商""天邑商"；由商王直接控制的区域被称为"四方"；"四方"之外还有诸侯领地、各个方国。可以说，甲骨文的内容包罗万象。

殷墟是目前甲骨出土最多的古代遗址，但甲骨和甲骨文并非商代独有。1954年，考古学家便在山西洪赵县发现了西周初年的有字甲骨，随后，在陕西西安丰镐张家坡遗址和陕西宝鸡周原遗址都发现了西周甲骨，其中带字甲骨有三百余块，数量虽然远不及殷墟甲骨，但充分证明了西周对商代风俗、文字的继承与发展。

迄今为止，甲骨文中的单字超过4500个，但能释读的只有约2500字。

也就是说，还有两千余字我们无法识别，其背后蕴藏的史实仍然是谜。相信在古文字学家和考古学家的共同努力下，会有更多的甲骨文字被我们认识，更多的商、周历史为我们所知。

74. 三星堆遗址究竟埋藏了什么秘密

在四川成都平原北部的广汉，原野中分布着三座土堆，土堆东北方是一道弧形城墙，形似弯月。清代方志将这一景观称为"三星伴月堆"，这也是三星堆名称的由来。1929 年，三星堆北部的真武村农民燕道诚在自己的宅院附近挖沟时，意外发现玉石器上百件。这一消息被时任华西大学博物馆馆长的美国考古学家葛维汉知晓，他意识到发现玉石器的地方可能是一处古文明遗址，于是便在 1934 年开启了三星堆遗址的首次科学发掘。

新中国成立之后，考古工作者多次对三星堆进行了考古调查和考古发掘，不断出现的遗迹遗物证实，这里曾是古蜀国最重要的中心区域。

1980 年，考古工作者开始对三星堆遗址进行系统性的连续发掘，三星堆的神秘面纱被慢慢揭开，虽然这几年的发现也相当重要，但出土遗物类型还是以之前发现的陶器和玉器为主。当时，三星堆遗址虽然已经被确定为文物保护单位，但遗址内仍然还有砖厂之类的生活生产设施。

1986 年 7 月，当地砖厂职工在取土时意外挖掘到 10 余件玉石器。上报文物部门后，考古工作者立即对此处进行了抢救性发掘，并且判断这里可能是一座较为重要的祭祀坑，这便是一号祭祀坑。

没想到的是，距离这座祭祀坑约 30 米的地方，考古工作者又发现了二号祭祀坑，这里的出土遗物数量达到了 1300 件，是一号坑的 3 倍多，并且大多数是非常精美的青铜器。这两座祭祀坑为我们打开了一个从未见过的青铜世界。造型奇异的纵目面具、双手环绕的巨型立人、光芒炫目的金杖、堆积如山的象牙，震惊了世人。

三星堆带给世人的惊叹远不止这些。2019 年，三星堆博物馆在修缮参观设施时，突然在两座祭祀坑之间又发现了青铜器，新的考古工作随之展开。令所有人没有想到的是，就在两坑之间短短 30 米的距离里，考古学家又发现了两大四小共六座祭祀坑，里面同样填满了远古的珍宝。直到今天，这几个祭祀坑的考古工作仍在进行中。

每一位看到三星堆的人都不禁会问，这些造型奇异的古代珍宝是做什么用的？又为什么会被如此集中地掩埋在这里？它们是什么时代的东西？要想知晓答案，就要从祭祀坑中的出土遗物说起。

三星堆出土遗物大体上可以分为两类，一类是三星堆独有，在其他地区完全没有见过的东西，比如各式各样的青铜人像和面具、青铜龙虎、巨大的神树以及各类奇异的金器等。从近现代一些少数民族保留的习俗来看，祭祀活动中，巫师会佩戴面具，他们相信祖先和神灵会附着在面具上，巫师可以和他们对话，并通过降神传达祖先和神的意愿。但三星堆的青铜面具或黄金面具尺寸都偏大，似乎不适合真人佩戴，更像是神像上的配件。三星堆的文物中，也发现了黄金面具附着在青铜人像上的实例。可以推测，面具应当有通神的功能，在祭祀仪式中安装在神像上。这些面具造型怪异，最典型的特征便是眼睛明显凸出。而古书中恰好有"蚕丛纵目"的记载，蚕丛便是古蜀神话中的始祖神。

有神灵，就会有祭祀者，祭祀坑中出土的立人和跪人可能就是这样的角色。他们形态各异，有手持铜尊的，有手持牙璋的，而更多的是双手环绕胸前的，结合坑中出土的大量玉璋，他们手中可能原本就插立着真实的玉器，只不过在掩埋时脱落了。

纵目青铜面具

贴附黄金的青铜面具

持尊青铜人像

持璋青铜人像

　　除了这类独有器物，三星堆中还出土了一些中原地区流行的器物，比如青铜尊、青铜盘、青铜罍以及玉琮、玉璧等等，这些器物都和河南安阳殷墟等地出土的商代晚期青铜器非常相似，这说明它们的年代可能也比较接近。考古工作者后来又对部分出土物进行了碳十四测年，结果显示，三星堆祭祀坑的年代在距今3200至3000年，相当于中原地区的商代晚期。

　　在殷墟出土的甲骨文中，常常出现"征蜀""王敦缶于蜀"的记载，这说明商王朝与蜀国之间曾爆发过军事冲突，那么蜀国是不是由于这些战争而灭亡，并将大量珍宝掩埋于此呢？答案是否定的。其原因，一是从甲骨文看，商与蜀的战争规模并不大，可能只是小规模的冲突，无法覆灭三星堆背后这样一个正在强盛阶段的政权，二是祭祀坑中的器物是遵循一定顺序埋入的，似乎是一种程序化的祭祀行为。

　　1995年，四川盆地腹地成都市的西部，金沙遗址被考古学家发现。它的年代要略晚于三星堆遗址，在这里同样出土了数量惊人的象牙、金器与青铜器，特征与三星堆别无二致。它的发现证实了一段历史，三星堆所代表的文明并没有终结，而是转移到了自然环境更加优渥的成都平原腹地。三星堆祭祀坑很可能与这次文明中心的迁移有关，或许是遇到天灾，或许是政权

青铜罍

金沙遗址出土黄金面具

内部出现了问题，三星堆先民将所有珍宝献给神明之后，离开了旧家园。

祭祀堆出土的遗物虽然绚烂，但并非三星堆遗址的全貌。经过数十年的考古工作，已经基本确认三星堆是一座包括宫殿区、祭祀区、手工业作坊区和居民生活区的"城市"，功能分区相当明确，甚至可能有多重城墙。

这里有城市，能够制作大型青铜器，能够用国家力量修筑宫殿并开展祭祀活动，这说明三星堆时期古蜀已经进入了高度发达的文明时代，甚至与北方的商文明相比都毫不逊色，这是中国远古文明灿如满天星斗的最好诠释。

古蜀文明虽然位于西南，但绝不封闭。三星堆出土的青铜器重量超过了一吨重，但目前四川地区没有发现开采年代和三星堆一样早的铜矿遗址，那么如此大量的铜是哪里来的呢？考古工作者对三星堆青铜进行了科技分析，发现它们的成分与湖北、江西发现的青铜器和铜矿成分非常接近。

2014 年，三星堆遗址古河道中发现了一处疑似码头的遗迹。这些证据似乎共同印证了一个猜想，三星堆所需的大量铜资源可能是通过水路，由长江中下游逆流而上来到这里的。

不仅仅是青铜原料，三星堆中发现的数量众多的海贝、象牙以及中原青铜器，都展示着这个古蜀王国与周边地区密切的交往。

三星堆的故事神秘而精彩，但远远未到终章，目前所发掘的面积还不及遗址总面积的十分之一。未来这里还会有更多的发现，让我们一同期待这片神奇的土地给我们更多的惊喜。

75. 青铜器上的金文记载了哪些内容

清代末年，陕西宝鸡发现了大盂鼎、毛公鼎、虢季子白盘和散氏盘四件珍贵西周青铜器。它们被誉为"晚清四大国宝"。这"四大国宝"器形较大，做工精致，内壁都铸有铭文。特别是毛公鼎，它的铭文多达 32 行 499 字，是现存铭文数量最多的古代青铜器。因为在古代，青铜被称为"金"或"吉金"，这些青铜器上的文字就被称为"金文"。

金文滥觞于辉煌的夏商青铜文明。夏王朝拉开了中国高度发达的青铜礼器文明的序章。考古学家在二里头遗址发现了如青铜爵、礼仪用青铜戈、嵌绿松石兽面牌饰等青铜器，证明了青铜器在社会政治生活和礼仪上的重要作用。但迄今为止，还没有发现夏代的文字遗存。

到了商代，青铜文明进入高峰，大量青铜礼器被用于祭祀、宴享和丧葬等活动。这些礼器往往器形较大，并在表面铸有精美的纹饰，它们既是贵族等级身份的象征，也是当时的人们与天、神沟通的媒介。主要的器形包括我们耳熟能详的鼎、簋、尊等。

毛公鼎

后母戊鼎

　　商代青铜器厚重古朴，装饰风格经历了从商代早期线条简单到商代晚期华丽繁缛的转变。特别是殷墟出土的青铜器，代表了商代晚期高超的青铜制作技法，不仅有高达 133 厘米、重约 832 公斤的最大青铜器后母戊鼎，也有风格极为神秘的饕餮纹等兽面纹饰。可以说，商代晚期的青铜器更多地展现了神秘色彩和宗教崇拜观念，这与当时盛行的占卜之风有密切关系。

　　正是在商代晚期，青铜器内壁开始流行铸刻文字。如后母戊鼎的得名，就是因为它的内壁铸刻有"后母戊"三字，说明这座鼎是商王为祭祀"母戊"而铸造的，"后"表示她生前的身份是商王的王后。

　　商代金文的内容整体而言比较简略，在目前有记录的 5000 余件带铭文的商代青铜器中，铭文字数超过 10 字的仅有 10 件左右，其余青铜器铭文字数多为 1 字或 2 字。

后母戊鼎内壁的铭文拓片

利簋

公元前 1046 年，周武王灭商，建立了周。说到武王灭商，就不得不提到一件西周青铜器——利簋。簋是一种古代盛食物的容器，在祭祀和宴享时与鼎配套使用，也被视作等级的象征，当时有"天子九鼎八簋，诸侯七鼎六簋"的规定。

利簋于 1976 年出土于陕西临潼，高 28 厘米，器形不大，表面铸造有饕餮纹饰，底部铸有 4 行 33 字铭文。铭文的内容极为重要，记录了周武王仅用一夜就战胜了商朝军队，在甲子日早晨占领朝歌，推翻商朝统治的史实。为了封赏有功之臣，周武王赐给他们青铜。获得赏赐的人当中就包括这件簋的主人"利"，利用这些青铜铸造了这件器物，用于祭祀祖先。

这是武王灭商当事人的记录，史料价值不言而喻。不长的铭文中，详细记录了灭商之战获胜的时间，是在某年甲子日的早晨，并且这天岁星（即木星，在夜晚亮度较高，古人用其记录时间）当空。考古学家和天文学家就是根据这一记载，计算出了武王灭商之战的准确日期，是公元前1046年1月20日。

西周推行分封制，也就是将全国土地分封给周天子的亲属、功臣。这就要求必须建立严密的等级制度才能保证分封的有效实行，于是"周礼"应运而生。因此，周人更强调对宗法等级制度的维护，贵族为保证自身统治合法性，对自己的出身极为看重。这种制度和文化也反映在了青铜器上。

西周贵族通过铸造青铜器，将家族的辉煌历史铸刻其上，以显示自身等级的尊贵。根据统计，西周青铜器中铭文字数超过十字的就有700余件，数十上百字的也数量不少。上面提到的"晚清四大国宝"，都是西周时期的青铜器。

虽然礼法制度对于维护周天子的统治有一定帮助，但随着时间的推移，分封国与周天子之间的关系日益疏远。加上王室衰落，诸侯间战乱频发，周天子已经很难完全掌控分封国了。

公元前771年，西北地区的少数民族犬戎攻克了西周都城镐京（今陕西西安），西周灭亡，周平王东迁洛邑（今河南洛阳）。至此，周天子沦为名义上的天子，中国开始了550年的战乱期，史称"春秋战国"。

这个时候，因为周天子权威的衰落，礼制崩坏，各国贵族已经不再依照周礼行事了。原来用于祭祀的"国之重器"失去了用武之地，各国贵族都不再花费时间与金钱在青铜器上铸刻大量文字。这个时期竹简、丝帛成为书写的主要载体，金文便逐渐衰落了。

根据统计，目前我国发现的青铜器铭文超过1万篇，字数超过13万字，单字有5000余字。相较于甲骨文，金文是一种更加成熟的文字，笔画更加线条化和平直化，象形的比例降低，并且字形开始定型，异体字较少，书写十分工整，已经形成"由上而下，由右至左"的书写顺序。

根据金石学家和古文字学家的研究，金文记载的内容十分丰富，包括祭祀的人与对象、分封的贵族和地点、任免官职、战争的结果、联姻情况等。到了战国时期，又开始流行"物勒工名"的铭文，也就是将制作某件器物的部门和工匠名字铸在器物之上，这可以说是最早的"责任制"了。

值得一提的是，最早的"中国"二字也出现于青铜器上，即20世纪60年代发现于陕西宝鸡的何尊。它因尊的铸造者名叫"何"而得名，底部铸刻有12行共122字铭文。铭文记录了周成王营建东都洛邑的历史事件，其中有一句"余其宅兹中国，自之乂民"，意思是我（周王）住在天下的中心，在这里统治万民。这是最早出现的"中国"一词，当时的原意是天下的中心区域，后来逐渐引申为政治地理概念，成为我们祖国的名字。

何尊及铭文（中间红色二字为"中国"）

76. 中国统一的文字始于何时

公元前 221 年，秦王嬴政统一了中国，成为中国历史上第一位皇帝，号称秦始皇。他在政治上做出了许多举措，其中最重要的措施就是"书同文"，也就是使用统一的文字。

出于统治的需要，秦始皇命令丞相李斯等人对文字进行规范。李斯以战国以来的秦国文字为基础，参照六国文字，整理出一种形体匀圆齐整、笔画简略的新文字，称为"秦篆"，又称"小篆"，作为官方的规范文字，同时废除了其他异体字。

在秦始皇统一文字之前的春秋战国时代，各个诸侯国都有各自的文字和书写体系。这些文字都是从西周文字的基础上发展出来的，原本属于同一个体系。

"书同文"，最早是由孔子提出的。这是基于文化交流的需要。孔子的孙子叫子思，他在编撰《中庸》的时候，引述了孔子的话："今天下车同轨，书同文，行同伦。"但是在孔子时代，"书同文"只是一种空想。直到秦始皇统一天下，在文化方面推行"书同文"，文字才得以统一。

能够证明秦朝"书同文"的，是考古学家陆续发现的秦朝文字遗迹和遗物。秦朝的官方文字是小篆，主要运用在石刻、诏文等正式领域。秦始皇统一六国后巡游天下，在许多地方留下了石刻，但多已不存。尚存的秦朝石刻只有"琅琊刻石"残块，有摹本存世的是"泰山刻石"和"峄山刻石"。

诏文即诏版文字。秦始皇统一全国后颁布了许多诏书，一部分秦代诏书已经被考古工作者发掘出来，例如 1963 年在咸阳发现的秦始皇统一全国度量衡的诏书铜版残件及完整器。

秦代琅琊刻石拓片

　　考古发现更多的，是南北方地区的秦代简牍，被称作"秦简"，例如云梦秦简、里耶秦简、沙市周家台秦简、天水放马滩秦简、龙岗秦简、王家台秦简、江陵杨家山秦简、青川郝家坪秦简等。其中最为知名的当属里耶秦简，这批简牍于 2002 年发现于湖南龙山的里耶，共有 37000 余枚，简文共计 10 万余字，内容丰富，涉及政治、军事、医药、户籍等方面。

　　此外，秦代的文字资料还有虎符文字、玺印与封泥文字、铜器铭文、陶文、漆器文字和刑徒墓中的瓦文等。

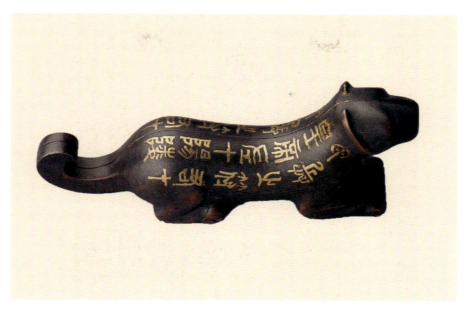

秦代阳陵虎符

战国时代，其他诸侯国也有自己的文字。唐兰先生把战国时代的秦国文字跟东方各国的文字区分开来，前者跟春秋时代的秦国文字和秦代的小篆合称为秦系文字，后者称为六国文字。所谓六国文字，实际上把东方各国的文字全都包括在内了。

战国时代遗留下来的实物上的六国文字资料，种类主要是金文、玺印文字、货币文字、陶文、简帛文字，此外还有少量见于器物上的文字和石刻文。东汉许慎编写的字书《说文解字》中，也收录了部分六国古文和籀文（即"大篆"）。

考古发现的战国时期的六国文字遗物反映出了六国文字的一些书法特征。在铜器铭文中，湖北随县（今湖北随州）发现的战国初年的曾侯乙墓里，出土了几套有铭文的编钟，铭文总字数近 2800 字，内容几乎全是讲音

里耶秦简

律的。另一个例子是河北平山县发现的战国晚期的中山王墓出土的铁足铜鼎，上有长达 469 字的铭文。另一件文物铜方壶上有长达 450 字的铭文。

春秋以前，铜器铭文绝大部分是铸在器物上的，战国中期以后，则往往是在器物制成后用刀刻出来的，上述中山王铜器上的长篇铭文就是用刀刻的。

战国时代各国的官、私玺印，遗留下来的很多，大多数是铜印，此外比较常见的还有银印、玉印等，上面都有铭文。另外，各国发行的刀币、布币和圜钱上，也铸有铭文，如山东省发现的齐国刀币上有铭文"齐法化""安阳之法化""即墨之法化"等，陕西出土的秦圜钱铸有"半两"铭文。

考古还发现了春秋战国时期的简帛文字。简是指用竹、木制作的书写材料简牍，帛是丝绸。考古发现的简帛文献出现于战国，大量出自湖南、湖北、河南等地的一些楚墓。这里面最著名的，是湖北荆门包山出土的"包山简"和郭店出土的"郭店简"。著名的楚国帛书子弹库帛书早年出自长沙的子弹库，带有插图，讲述了洪水和伏羲女娲的故事。

已发现的楚简都是用毛笔蘸墨书写的，多数与随葬器物或送葬车马的记录相关。此外，还有的楚简内容是司法文书和古代的占书。

中国的文字经历了长期的发展过程，从史前

时期的刻划符号，到夏商周时期的甲骨文和金文，再到春秋战国时期的成熟和分化，最后到秦朝的统一，其书体、书法逐渐完善。秦始皇统一文字之后，各朝代都遵循"书同文"这一做法，这对于国家的统一具有深远的意义。

77. 中国最早的乐器是什么形态的

"蒹葭苍苍，白露为霜。所谓伊人，在水一方。"这首表达爱情的惆怅的诗篇，出自《诗经》的"国风"，千百年来被人传诵，脍炙人口。但你可知道，《诗经》中的每一篇诗原本都是一首歌的歌词。那么这些古老的歌曲是用什么乐器演奏的呢？中国最早的乐器又是何时诞生的？考古发现会告诉你答案。

让我们从史前时代的乐器说起。

河南舞阳贾湖遗址出土的骨笛

《诗经》收录的三百余首诗歌，是从周武王灭商到春秋时期的乐歌，不过，中国人创作音乐的历史却要更悠久。目前考古发现的最古老的乐器，是出自河南舞阳贾湖遗址的骨笛，共有 30 余支，它们的制作年代可以追溯到距今 9000 年左右。这些骨笛是用丹顶鹤的尺骨加工制成的，十分精致，每支骨笛有 2 到 8 个数量不等的音孔。

令人震惊的是，这些骨笛在今天仍能吹奏，音色依然清亮悦耳。根据音乐学家的研究，贾湖骨笛与今天常见的横吹笛不同，它们是竖着吹奏的，并且当时已经能够演奏五声音阶（即 do、re、mi、sol、la）甚至七声音阶（do、re、mi、fa、sol、la、si）的乐曲。贾湖骨笛不仅是我国最早的乐器实物，更是世界上最早的吹奏乐器实物。

到了年代稍晚的仰韶时代（距今约 7000 至 5000 年）和龙山时代（距今约 5000 年至 4000 年），中华大地上的乐器更多了，出现了埙、鼓、哨、铃、响球、磬、钟等。其中的埙，是一种内部中空的圆形或橄榄形吹奏乐器。在陕西半坡、浙江河姆渡、甘肃火烧沟等大江南北的众多遗址中都发现了这种乐器，大多是陶质，器形各式各样，富于变化。秦汉以后，埙还成为宫廷雅乐的演奏乐器之一。

鼓也是常见的乐器。鼓的结构包括筒状的鼓身和鼓面两部分。考古学家发现，新石器时代的鼓身一般是用陶土烧制的，或者是将树干中部掏空来制作，鼓面一般是动物皮或较薄的骨骼制作。山东大汶口遗址和山西陶寺遗址中，就出土了可能是用扬子鳄骨板作鼓面的鼓。因为古代将鳄鱼称为"鼍"，因此考古学家推测，这种鼓便是《诗经·大雅·灵台》中记载的鼍鼓。

夏商周时期的墓葬中，出土了数不胜数的乐器。位于河南偃师的夏朝都城二里头遗址，它的周边分布的贵族墓葬中，出土了种类繁多的各种材质的乐器，包括铜铃、陶铃、石磬、陶埙、陶鼓、漆鼓等。其中，铜铃制作十分精美，带有玉铃舌，摇动时金、玉碰撞发出悦耳的声音，这是我国最早的青铜乐器之一。

至于商代，因为有了甲骨文、金文，我们对商代音乐有了更多了解。根据甲骨文的记载，商代贵族在祭祀、宴会、占卜、赏赐时，都要奏乐起舞。甲骨文中还记录了当时一些乐曲、舞蹈的名称。

河南出土的龙山文化陶埙

山西陶寺遗址出土彩绘鼍鼓

河南偃师二里头遗址出土铜铃

河南安阳殷墟、河南郑州商城遗址等的商代贵族墓葬中，也出土过一批乐器，如鼓、磬、铃、钟、铙、埙等。其中磬和铙最为常见。前者多为石质，演奏时敲击发声，单用的称为"特磬"，成组使用的称为"编磬"，一般三件一组；后者是青铜质，也是击打发声，单用或三件一组编组使用。编组的磬、铙要悬挂在木架子上演奏，属于编悬乐器，它们是商周时期宫廷乐器的主流。

这些并不是商代乐器的全部。甲骨文中记载的乐器，还有言（吹奏乐器）、竽（吹奏乐器）、鞀（打击乐器）等，但是目前尚无实物发现。可能是因为这些乐器主要是竹、木制作的，不易保存。

西周用非常严格的礼法规范不同等级政治生活、日常活动的方方面面，这套礼法制度被称为"周礼"。周礼对当时的祭祀、丧葬、婚姻、饮食等礼仪都有严格规定，其中也包括在不同场合奏乐的规定和乐器使用的要求。

《周礼·春官》记载，天子在宫殿中奏乐时，四面都可以摆放编钟、编磬等编悬乐器，诸侯可以三面摆放这些乐器，卿大夫和士则只能在两面和一面摆放乐器。实际的考古发现是什么情形呢？

著名的湖北随县曾侯乙墓，为后人展示了战国时期诸侯的礼乐制度。墓中出土了126件乐器，其中最令人震撼的编钟，出土时仍然悬挂在钟架上，一如两千多年前演奏时的模样。钟架为铜木结构，木横梁上用颜彩描绘，末端有透雕铜套，并由铜人托起，设计巧夺天工。

钟架分长短两组垂直摆放，各有三层。钟共有65件，用青铜钟钩悬挂于钟架之上，一些钟表面还铸有铭文。钟大小不一，最小的长20.4厘米，最大的则长达153.4厘米。这套编钟还配有演奏用的撞钟棒（撞击下层大钟）和钟槌（敲击上、中层钟）。

曾侯乙编钟

在编钟的一侧，是一组编磬，共有 32 块石磬，悬挂在青铜磬架上，并配有 2 把敲击的磬槌。编钟与编磬占据了墓葬中室的三面，与《周礼》中记载的诸侯可以三面放置编悬乐器的规定相符。

除了编钟与编磬外，曾侯乙墓中室还发现了鼓、瑟、琴、笙、箫、篪等乐器，推测要演奏这些乐器需要 20 位乐师。这种以钟、鼓为主要乐器演奏的音乐被称为雅乐，是在正式场合演奏的音乐。《诗经》"风""雅""颂"中的后两种，就是这类雅乐的歌词。

曾侯乙墓出土乐器不仅反映了先秦高度发达的礼乐文明和青铜铸造工艺，编钟、编磬等铭文中还写明了各件乐器的发音乐声、乐律等，为我们复原商周音乐提供了重要资料。根据对曾侯乙墓出土乐器的研究，湖北省博物馆专门成立了编钟乐团。通过他们的演奏，我们可以真实地听到那遥远的乐声。

78. 汉乐府是怎样演奏的呢

西汉时，朝廷掌管音乐的机构主要有二家。一个是隶属于太常的太乐，负责掌管宗庙、朝会的音乐。这是从秦朝沿袭下来的制度。太乐表演的乐舞被称为"雅乐""雅舞"。雅乐使用的乐器以钟、磬为主，属于金石之乐。雅舞包括文、武二舞，有固定曲目。

根据《大乐律》的规定，雅舞的舞者需要经过严格的筛选。他们的父亲的官位要在中上层，要么爵位在关内侯到五大夫之间。同时对长相也有要求，他们的身高要在五尺以上，年龄在十二岁至三十岁之间，面容姣好，身材匀称。

另一个机构是隶属于少府的乐府。过去认为乐府创设于汉武帝时期，但在秦咸阳宫西边的手工业作坊遗址中，曾出土带"北宫乐府"铭文的石磬，秦始皇陵附近也出过带"乐府"二字的秦代错金甬钟，汉帝陵陪葬墓中也发现带"乐府"字样的铜构件，广州南越文王墓中也随葬有刻有"文帝九年乐府工造"铭文的铜勾鑃，汉景帝时也有"乐府令"一职。不过这些带"乐府"字样的乐器所属的"乐府"，不知道与汉武帝时的乐府是否存在差别。

汉武帝时的乐府，最初的职能是搜集赵、代、秦、楚等地的诗歌，配合武帝新定的太一、后土祀典进行演奏和诵唱。后来著名的乐师李延年任协律都尉，创作音乐，由司马相如等名士创作歌赋。武帝在甘泉宫的圜丘祭祀太一时，七十名童男童女齐声合唱，所奏之乐、所歌之诗，令群臣"肃然动心"。

此后乐府负责搜集包括西域在内的各地歌舞百戏，并进行改编、配器。乐府表演的音乐被称为"郑声""杂舞"。"郑声"是东周时对俗乐的称

广州南越文王墓出土的"文帝九年乐府工造"铜勾鑃铭文

呼，由于郑、卫两地的音乐不同于中正庄严的金石之乐，常常被儒家正统的拥护者批判。到了汉代，仍然沿用"郑声"这一名称来代指那些富于变化、充满生趣和表现力的各地俗乐，尤其是丝弦之乐。

"杂舞"则是配合俗乐表演的舞蹈，极富艺术性和创造力，包括执鼓而舞的鞞舞、长袖蹁跹的拂舞、踏盘而作的槃舞等。乐府的机构一度十分庞大，将近千人，单是负责表演的人员就细分为"郊祭乐员""骑吹鼓员""竽员""琴员""瑟员""讴员""倡员""诸族乐人"等。

汉哀帝时，为了纠正奢靡之风，裁撤了乐府，只保留了小部分负责祭祀之乐的人员。到了东汉，负责为天子宴乐群臣提供歌诗的是黄门鼓吹署，实际起到了西汉乐府的作用。

通过汉乐府诗的流传，那个掌握着五音六律的乐府留给后世无限想象。乐府曾经演奏的乐曲早已烟消云散，汉墓中保存的乐器、乐舞图和乐舞俑，却可以让我们可以领略当年乐府风流之万一。

竽是一种音域较广的低簧管乐器，在乐府演奏时常常充当"引子"的角色，所谓"竽先则钟瑟皆随，竽唱则诸乐皆和"。"竽瑟之乐"是汉代盛行的乐器演奏形式，在很多场合，竽常常与瑟合奏。

马王堆三号墓随葬的竽有 23 个簧片和 4 组折叠管，个别竽管上还能看到气眼和按孔，但整体残破严重。马王堆一号墓中的竽倒是保存较为完好，可惜上端无气孔，竽斗内无气槽，根本无法演奏，应当是专为丧葬制作，并非实用的乐器。不过它虽然是冥器，却也制作考究，它共有 22 根长短不一的竹质竽管，分两排插在带有吹口的木竽斗上，有十余个簧片，上端粘有极似金属的银白色小珠，应该是起到调整簧片振动频率以控制音高的作用。同出的 12 支竹律管，可吹出 12 个音高，同墓出土的遣策称之为竽律，当是一种定律器具。

马王堆三号墓出土的七弦琴，通体刷有很薄的黑色靠木漆，面板似为桐木，底板似为梓木。面板浮搁着，可以移动。底部刻有"T"形槽，可能即后世琴上两个共鸣窗"龙池""凤沼"和轸池的前身。

在"T"形槽相当于轸池的部位，安置有 7 个旋弦的轸子，但可惜琴弦已朽，仅余 7 条弦痕，岳山内侧磨损较重，意味着这是久经使用的旧琴。琴足缠绕有残留的琴弦，弦下面还裹有丝织物垫底，可能是为防止琴弦从颈上滑脱之用。此琴有龙龈、雁足等部件，却无琴徽，这种"半箱式"琴或许是战国楚琴的遗型。但它张弦的方法与后世的琴一样，也是一端经过

马王堆三号墓出土竹律管

马王堆三号墓出土七弦琴

琴尾的"龙龈"系于琴足,另一端经过"岳山"缚于七个轸上。

　　马王堆三号墓出土的木瑟保存十分完好,瑟体下面嵌有底板,底板两端有两个共鸣窗,专名叫首岳和尾岳。瑟面头端,横亘一条首岳,尾端有

425

外、中、内 3 条尾岳，用以绷弦。每根瑟弦皆以 4 股素丝搓成。25 根弦由外岳、中岳、内岳分成 3 组。中间一组七弦，径较粗；内、外两组各九弦，径较细。内外两组弦的尾部，各有一条绛色的罗绮带穿插于弦间，将弦隔开，可能是为了保持弦距和柱的稳定，并消除弹奏时共鸣所产生的干扰。它极可能是按"宫、商、角、徵、羽"五声音阶来调弦的。

洛庄汉墓、盱眙大云山 1 号墓等出土的瑟枘、瑟柱，有鎏金为之，有白玉、青玉为之，十分精美。瑟常常用于相和调的演奏，这是一类以丝竹相和、执节而歌的乐曲，通常合奏的乐器有笙、笛、节、琴、瑟、琵琶、筝七种。汉乐府《江南》一诗就是相和曲的歌辞。

马王堆三号墓所出的竹笛，一端有竹节封口，一端开口。封口一端其侧有长方形吹口。开口一端起有六个洞眼，周围削成平面。

筑是战国时期在中原地区新出现的击弦乐器，适合演奏悲壮慷慨的音乐，在燕、赵、卫、齐等地颇为流行。刘邦就曾经击筑而唱《大风歌》。当时的筑应有五弦和十三弦两种。马王堆三号墓和长沙王后渔阳墓所出的皆

马王堆一号墓随葬的二十五弦瑟

湖南长沙出土的汉代木筑

山东洛庄汉墓出土铜铃镫

是五弦筑。演奏方法是左手执筑，右手以竹尺击弦。五弦筑一弦一音，也可通过按压筑码后的弦来使音升高，产生变音。

山东洛庄汉墓陪葬的乐器坑发现了一组9件铜铃。这些铜铃呈圆球状，与常见的马铃相似。出土时，用一根红色带子穿成一串，学者名之为"串铃"。铜铃通体绿锈，一侧开缝，内含铜珠。串铃在墓葬中与编钟、编磬、瑟等能演奏旋律的乐音乐器共出，应该是音乐演奏中使用的乐器。

古代乐队中使用串铃这一事实，未见于文献记载。串铃在考古发掘中也是第一次发现，为研究汉代宫廷乐队的编制提供了新的资料。另外，洛庄汉墓乐器坑中还出土了战争中常用的军乐器錞于和钲，与一件铜铃放置在一起，并被悬挂于一架。錞于和钲这两件乐器发音和谐，可以奏出协和的小三度音程，它丰富了人们在古代军乐器的编配及使用方法上的认识。

79. 西北汉简记载了哪些内容

公元 105 年，东汉王朝的宦官蔡伦改良了造纸术，使得纸张得到普及。在此之前，人们主要使用竹或木片制作的书版书写，这些被称作简牍的书写材料从春秋时期就开始使用，影响深远。

汉朝从汉武帝时开始经营西域，在河西走廊设置了著名的河西四郡（武威、张掖、酒泉、敦煌），并把疆界拓展到了玉门关、阳关以西的西域地区（今新疆等地）。

汉朝在西北边郡和西域，构筑了边防和交通体系，修建了长城、关城、烽燧、粮仓，还设置了接待、邮政等设施，在庞大的边防系统当中，汉朝官吏使用简牍来管理和传递信息。漫长的几个世纪当中，大量的简牍被弃置在了设施里，最后被掩埋在废墟中。

二千年过去了。

光绪末年，英国探险家斯坦因在塔克拉玛干沙漠的尼雅遗址和敦煌至酒泉一带的汉长城烽燧，发现了一批汉简。这个发现吸引了罗振玉和王国

维的注意，他们根据法国汉学家沙畹提供的手校本，撰写了《流沙坠简》。

西北汉简的发现在持续，1930 年到 1931 年间，有几次大发现著称于世：

由中国和瑞典合组的中—瑞西北科学考察团，在额济纳河下游的汉烽燧遗址，发现了 1 万余枚简牍。因为额济纳湖就是汉代的居延泽，这批简牍被称作居延汉简。

考察团进入新疆后，考古学家、北京大学教授黄文弼在著名的楼兰故城北方，发现了土垠遗址。遗址中保存了一座烽燧和粮窖，一批隶书书写的木简上写有"居庐訾仓"字样。这是汉朝设在楼兰一带的边防、交通设施，包含了亭障、仓和邮驿传舍在内。这批汉简称作土垠汉简。

1931 年，年近古稀的斯坦因最后一次进入尼雅遗址。这一次，他发现了意义重大的"汉精绝王"简。

新中国成立之后，西北汉简的发现层出不穷。在甘肃武威磨嘴子、旱滩坡等地的汉墓，出土了几批汉简。这些被称作武威汉简。

1972—1976年，甘肃居延考古队沿着金塔县至额济纳旗的弱水流域，发掘、采集了2万枚汉简。这些木简主要出自甲渠候官遗址、肩水金关遗址。它们被称作居延新简。

在敦煌西北的汉玉门关遗址（俗称小方盘城）及附近长城烽燧遗址，一批汉简陆续被发掘出来。它们被称作玉门关汉简。

1990—1992年间，在河西走廊西部三危山下，瓜州和敦煌的中途，一个汉代的驿站——悬泉置的遗址被发掘。悬泉置是汉代设置在玉门关内的邮驿设施之一，相当于后来的驿站，兼负接待、邮政等职能。汉代用马传递的叫置（骑置），步行传递的叫邮，合称邮置，实际上，置和邮也不能截然分开。从废墟中出土了各种遗物，包括35000余枚木简。这批简牍被称作悬泉汉简。其中，有字者23000余枚，按内容分为15类近百种，包括诏书，郡、县、乡、置等各级官府文件，各种律令条文，司法文书，名籍（户籍）和各种账簿，各种邮政文书和信札，另外还有占卜书、《历谱》、《医方》、《相马经》，以及蒙书《急就章》、《仓颉篇》等，可谓应有尽有。

1993年，从尼雅遗址中意外发现了两支木简，用相同的汉隶墨书，经过释读后被确认是《仓颉篇》的残简。这是汉代流传的习字蒙书。在西域的这一发现，无疑具有特别重要的意义。

新发现还在持续。西北地区这座汉简宝库，看上去还没有枯竭的时候。

为什么在西北地区会保存有这么多汉简呢？当年汉朝在西北全力投入边防建设，尤其致力于经营西域和维护丝绸之路的交通、商贸，长时期的巨大投入自然会留下这些文化遗产。

汉简的内容丰富多彩。居延汉简中，绝大部分是汉代边塞的屯戍档

中—瑞西北科学考察团发现的居延汉简

"汉精绝王"木简

案，一小部分是书籍、历谱和私人信件。一些简牍上有年号，最早的年份是西汉武帝征和三年（前90）。这些简牍涉及了汉代政治、经济、军事、科学、文化等方方面面。

一些编连成册的简牍，是十分宝贵的。汉字"册"的本来意思，就是将简编连在一起，成为一个简册。

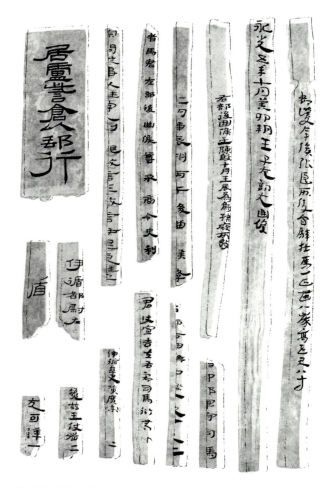

土垠遗址出土汉简

　　由 17 枚简编连的简册《塞上烽火品约》，是关于汉代烽燧制度和边塞
防御系统的重要资料。这个册子是关于居延都尉辖下的甲渠、卅井、珍北
三个塞临敌时如何报警、举烽火、相互支援的条例。条例规定了在边塞的
不同部位，根据来敌人数、时间、意图、动向以及天气变化等各种情况，
各塞的烽燧举烽火的类别、数量、方式，以及如何传递消息，发生失误又

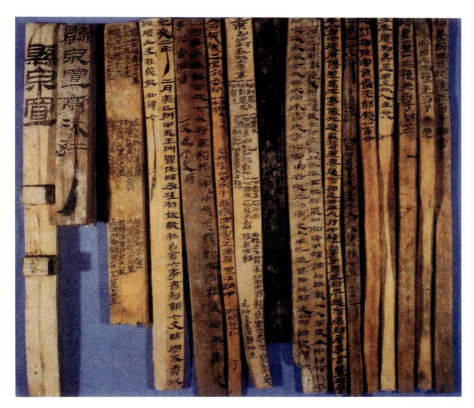

悬泉置汉简

如何纠正等内容。

居延汉简中，还有传抄的诏书和律令，以及诉讼文件、户籍等。这些类别的文献，在敦煌至酒泉的汉烽燧遗址也有出土。敦煌汉简中还保存了一些书籍，像古佚书《力牧》和当时传抄的蒙书《急就章》《仓颉篇》，是当时驻守的官兵用来习字和阅读用的。当时社会上流行的九九术、历谱、医药方、占卜书等，也保存在残篇断简中。

与边塞的简牍不同，武威汉简则是墓葬中的随葬品，包括书籍《仪礼》《王杖诏书令》和一批医药方。这令人想起长沙马王堆汉墓随葬书籍、

敦煌汉烽燧遗址出土的《仓颉篇》《急就章》

地图的情形。大约从春秋时起，贵族的墓葬中就开始随葬图书了。

汉朝有着一套复杂、完备的简牍制作、使用体系，那么它是如何行使到阳关、玉门关外的西域的呢？实际上，我们通过尼雅遗址和土垠遗址发现的汉简，就可以了解汉简体系在西域的推广情形。

土垠汉简都是关于邮驿和屯戍事务的公文，从简牍的形制到书写上，都能看出汉朝在边地的行政文书的规范。不过，尼雅遗址发现的汉简有所不同。

最初，斯坦因从尼雅遗址北部编号 N14 的一栋大型屋宅废墟中，发现了一组用汉隶书写的木简，内容是赠送琅玕、玫瑰（古代的玉石类珠宝）的致辞。赠礼的人有王母、大（太）子和名叫承德、君华、苏且、休乌宋耶的人，受礼者是王、大王、夫人、春君、且末夫人。

这些简牍书写的汉隶都比较地道，在文体上也很典雅。在遗址附近还发现了《仓颉篇》。我们可以猜想，当年这些木简的书写者可能就是精绝王室，他们曾经用《仓颉篇》等蒙书学习汉字。这些都反映出当年汉朝在西北边郡和西域地区的文化推广情况。

80. 汉墓里发现了哪些书籍

战国时期，各国都有习用的古文字，但相当一部分文字书写复杂，笔画和变体都较多，不利于知识的普及。经过秦朝的文字改革，文字的形体简化，部首和笔画逐渐固定下来。再经过汉朝的改造，新文字的书写更为简便，更多的人能够参与到知识和文化的传播中来。

汉文帝以后，官学渐兴。到东汉时期，边远地区如西北边塞、岭南沿海、湘西山地的中下层民众，都能接受到算术、识字等基础教育。越来越多的人能读懂书籍，理解以书籍为载体的知识体系。

在"事死如事生"的汉代丧葬观念中，死者生前所拥有的，以及亲人盼望其死后所能拥有的一切，都会葬入墓内。书籍，就成了当时流行的随葬品，后世也能通过墓内出土的这些书籍，管窥汉代文化教育事业之一斑。

汉代的书写载体仍以简牍为主。时人常用大约长 23 厘米、宽 1 厘米、厚 0.2—0.3 厘米的竹、木简编连成册。有的木简被削成多面体的形状，称为"觚"。比较宽的木板则称为"方"。书者根据所写内容的不同，会选用不同的字体。高级的官府文书和仪典使用篆书，中级的官方文书和一般经籍使用隶书，草书则用于低级的官府文书和奏牍草稿等。

汉墓内随葬的大部分书籍，都是采用隶书抄写。有极少数墓葬随葬了珍贵的帛书，由于丝帛昂贵，又不易保存，留存下来的并不多，目前所见多是马王堆三号墓内所出。

随葬书籍的墓葬，分布于西北、华北、华东、华中等地。墓主人既有中山王、轪侯、海昏侯、汝阴侯、沅陵侯等王侯，也有葬在山东临沂银雀山、甘肃武威旱滩坡、甘肃武威磨嘴子、青海大通孙家寨、四川成都老官山、湖北江陵张家山等地的中下层官吏。

汉墓随葬的书籍中，一部分是我们通过传世文献早已了解的，包括字书类《仓颉篇》，儒家经典类《仪礼》《论语》《诗经》《周易》，兵法类《孙子兵法》《孙膑兵法》《六韬》《尉缭子》，医书类《黄帝内经》，数术类《阴阳五行》，还有《老子》《管子》《晏子春秋》《墨子》《文子》《黄帝四经》等。

其中有些书籍与传世文献的版本并不属于同一系统。这是由于汉代还没有发明印刷术，知识在传授时大都靠口授，久而久之，就形成了不同的学派。

儒家经典中的《论语》，在汉代曾经有古论语、鲁论语和齐论语三个派别。但在东汉以后，古论语和齐论语已接近失传。直到前些年，海昏侯刘贺的墓内出土了《论语》，经过整理和厘定，学者们普遍认为这应该就是罕见的齐论语。刘贺本人十分敬重的中尉王吉就是谙习齐论语的名家大儒，海昏侯或许就曾受教于他。

根据《史记》《汉书》记载，春秋时的军事家孙武及其后代战国时的孙膑都有兵法传世，一为《吴孙子》，一为《齐孙子》（《孙膑兵法》）。但

《史记》之前的文献中并没有关于孙武的记载。在著录了大量古籍的《隋书·经籍志》中，仅有战国时的《孙子》一部，是以后人多怀疑孙武其人及其兵法的存在，或认为"孙子"与孙膑为同一人。而银雀山汉墓之内，《孙子兵法》与《孙膑兵法》同时存在，内容迥异，从而确认了孙武和孙膑实为两人。

汉墓中还有一些亡佚已久的书籍，书名为整理者根据内容拟定，内容既有医书、史书，也有食谱、词典、赋等等。

马王堆三号墓中，有《足臂十一脉灸经》《阴阳十一脉灸经》《脉经》《阴阳脉死候》等涉及经脉理论的书籍，有《养生方》《杂疗方》《胎产书》等有关养生保健、育儿养胎的书籍，有《导引图》《却谷食气》等关于导引术、气功的书籍，还有《五十二病方》，囊括内科、外科、儿科、妇产科、五官科等各专科知识。

江陵张家山汉墓中，既有记录中医经脉理论的《脉书》，亦有记录导引术的《引书》。成都老官山三号墓出土了9部医书，其中除《五色脉诊》之外都没有书名，经初步整理暂定名为《敝昔医论》《脉死候》《六十病方》《尺简》《病源》《经脉书》《诸病症候》《脉数》，可能是扁鹊医派的医书，另外还有一部兽医书。武威旱滩坡汉墓则随葬了包含内科、外科、妇科、五官科、针灸等内容的医书。

马王堆三号墓所出的《春秋事语》，记录了鲁隐公被杀到三家灭智氏这段时间的历史人物的言行，可能是从《左传》摘录的作品。《战国纵横家书》中有11章与《战国策》《史记》的部分内容相似，而另外的16章则不见于现存古籍，主要是苏秦周游列国时的说辞。

沅陵虎溪山汉墓所出的《食方》，分门别类地详细记录了各类饭食和荤食的烹调方法。如中黄饭、下粲饭等，它们的制作工序复杂而考究，要

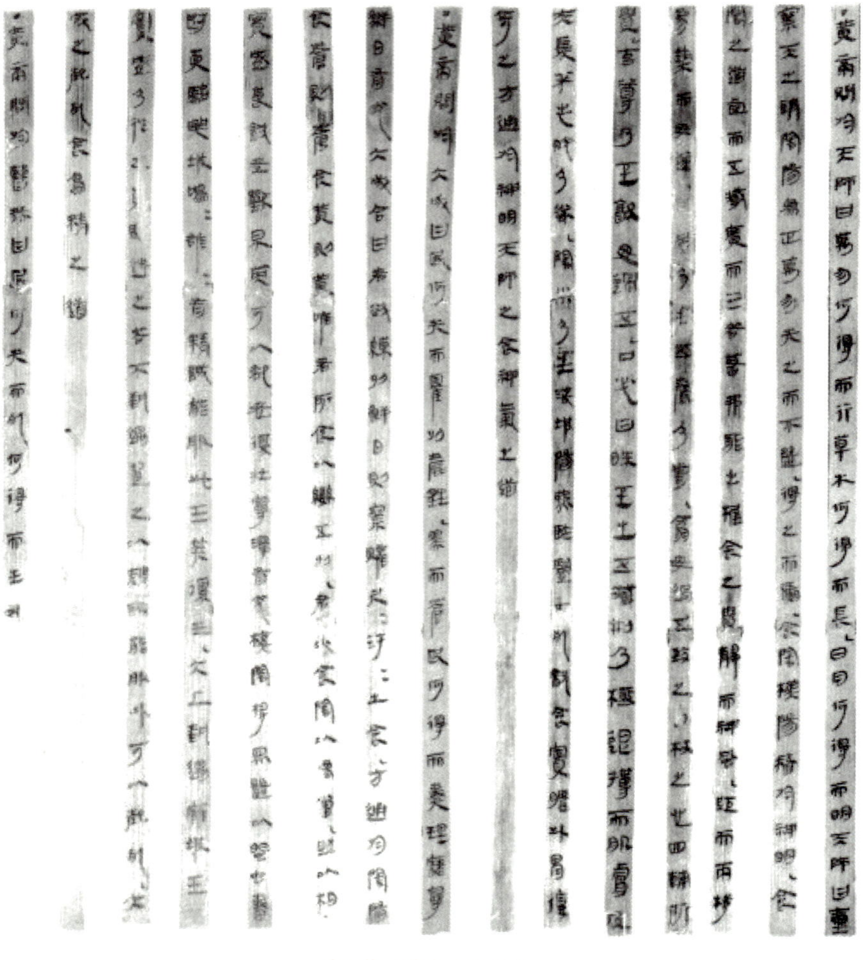

马王堆汉墓出土的医书

湖北江陵张家山汉墓出土汉简

反复蒸煮，加入佐料、香辛料后方可装盘。当时作为菜肴材料的动物就有马、牛、羊、鹿、猪、犬、鱼、鹄、鸡、雁等，厨师还会将动物各部位的肉和内脏分开加工，制作出牛肩掌、牛背脊、鹿胃、鱼肠等。植物性的食材则多为配料，有葵、糯米、黍等。调味品有盐、酒、白酒、肉酱汁、菽酱汁、姜、木兰、茱萸等。

　　阜阳双古堆汉墓所出的《万物》，则是类似于现代专业词典的百科全书式著作，涉及医药、卫生、物理、物性等内容。整理者认为此书可能成书于东周，是与本草或方术有关的书籍。

汉墓中也随葬有一些赋体类的文学作品。尹湾汉墓所出的《神乌赋》，描述了雌雄二乌营造巢穴时被"盗鸟"侵扰，最终雌乌被害的故事，似乎是地方民众讽喻世情的作品。海昏侯墓所出的《悼亡赋》，以艺术夸张的手法记述了筑墓的过程。

经由考古发掘重新面世的佚书还有很多，令人大开眼界。例如马王堆三号墓的《刑德》《五星占》《天文气象杂占》《出行占》《木人占》《相马经》等，定县八角廊 40 号汉墓所出的《太公书》《儒家者言》《哀公问五义》《保傅传》《六安王朝五凤二年正月起居记》，阜阳双古堆汉墓出土的《大事记》《相狗经》《刑德》《行气》，江陵张家山汉墓出土的《盖庐》《算数书》，沅陵虎溪山汉墓所出的《阎昭》，海昏侯墓内随葬的《六博棋谱》等，书籍内容庞杂，涉及军事、占卜、天文、棋艺、算术、历史等诸领域。

汉墓除了随葬书籍外，还往往大量随葬律令、簿籍、日书、名刺、历谱、遣策、衣物疏、告地策、先令券书等各类法律、行政、历法、丧葬文书。这些名称也都是当时行用的。

墓内所存之书，只是两汉之世流传书籍中微不足道的一部分。当年长安城中的天禄阁与石渠阁，洛阳城中的东观，都曾经藏书无数。但通过冰山一角，也足以展现汉代人丰富的精神文化生活和庞大的知识体系。

81. 汉代的时令季节与今天一样吗

汉代人和我们一样，也将一年分为十二个月。敦煌悬泉置遗址所出的《月令诏条》，是汉平帝元始五年（5）用太皇太后的名义颁布的，按照节令顺序列出十二月应行之事项，为我们展示了西汉末年的人们对于时令季节的认识。

　　悬泉置是汉代设在河西走廊西端的一处邮置，负责传递官方文书、军情急报，接待往来的各级官员和各方使者。它的遗址位于今天从瓜州县前往敦煌市区的柳格高速路南，南傍三危山之余脉火焰山，北临北沙窝盐碱滩，东南通悬泉谷。据《元和郡县图志》《西凉异物志》等史书记载，在敦煌郡效谷县东边的龙勒山中，有一道泉水从峭壁间飞悬而下，故有悬泉之名。这座邮置的名称就由此而来。

　　悬泉置由坞院、马厩及附属建筑组成，在坞院北侧一处房屋内倒塌的墙体上，考古工作者发现了抄写在墙面上的文字。带有墨书的墙面残块共有 203 块，经过拼合和修补，大致可还原其面貌。墨书带有标题"使者和中所督察诏书四时月令五十条"，通常简称为"月令诏条"。

　　五十条诏条分十二个月列出了禁行和应行的事项：

　　孟春之月，禁止砍伐树木、猎杀孕畜、伤害幼鸟和幼鹿、破坏鸟巢、

悬泉置遗址

取用禽卵，要让万物孳息；不得征集民众参与大型工程，让百姓安心农事；埋葬曝尸田野的禽畜，避免滋生疾疫、发出恶臭。

仲春之月，草木繁茂、万物群生，这时要去关怀慰问鳏寡孤独。春分前三日，要摇铃振铎告知民众。春分到来，雷电始作，蛰虫翕动，不可兴兵，不可捕鱼，不可焚烧山林。

季春之月，修筑堤坝、疏通水道、维护道路，不能猎杀飞鸟。

孟夏之月，可以修补城墙；不发动民众参与大型工程，以免影响桑蚕之事；不可伐木，不可大规模狩猎，要留意驱赶妨害粮食生长的野兽。

仲夏之月，蓝草尚未长成，要劝阻百姓采蓝染布；不要火耕；不要关闭城门，不要征收关市税，让百姓孳息。

季夏之月，不可兴土功。

孟秋之月，督察民间征缴公粮的情况；修补堤坝、疏通壅塞，以备水涝；修补宫室、垣墙、城郭。

仲秋之月，筑造城郭、都邑；修建窖穴、粮仓；督促民众收粮食，囤粮蓄菜；劝民种麦。

季秋之月，禁止采矿。

孟冬之月，不可修筑水渠、决行水泉；边境、津关、要塞、城门各处需要严加守卫。

仲冬之月，修筑监狱，不得掘土，不得打开收纳好的物件，不得劳动大众。

季冬之月，送寒气，岁终。

从《月令诏条》来看，中央政府指导地方政府一年十二个月进行的这些活动，主要都围绕着农事进行，遵循自然界的变化节奏，有非常浓厚的农业文明色彩。这种岁时节令观在战国末年成书的《吕氏春秋》中就已经

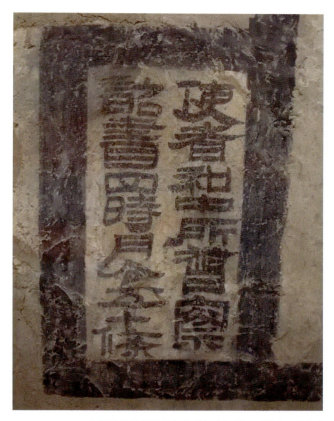

悬泉置遗址《使者和中所督察诏书四时月令五十条》

有所体现。

　　在东汉末年崔寔撰写的《四民月令》中，除了记录农事外，还记录了当时的一些节令习俗：正月正日，向长辈敬椒柏酒；二月社日，在祖庙中敬献"韭卵"（韭菜配鸡蛋）；七月七日，制作蓝丸和蜀漆丸，晾晒藏书和衣裳，作干糗，采菱耳，准备酒、肉脯、时鲜水果，在筵上散香粉，向河鼓、织女许愿；冬至日，祭天地、祖宗，敬拜长辈。这些都是汉代生活的生动体现。

82. 汉墓中的画像石上都画了什么

西汉中期，人们的生死观念发生了重大变化。汉代之前，人们对死后的世界并没有明确的想象。进入汉代以后，死后世界的想象渐渐明晰起来。有人相信，亲人们死后将会前往西王母所在的仙界，或是蓬莱、瀛洲、方丈三仙山所在的天界。也有人相信，死者会聚集在一个没有阶层划分的地下世界，那里叫作"幽都"或"蒿里"。

汉代人在更大范围内达成另一种共识，便是他们所熟识的生者，死后将会生活在一个与曾生活过的世界并无二致的地方，衣食住行莫不如俗世烟火，只是那里没有病痛，没有悲伤。

汉乐府诗中，有不少悲叹人生短促的诗句。那个时代的人平均寿命不长，想必人们的一生中，常常要面临生死之别。

汉代人建构的这些死后世界的观念，今天看来虽然并无科学的依据，但在当时，却在很大程度上帮助人们克服了对死亡的恐惧以及对亲友逝去

四川彭县出土羊尊酒肆画像砖

的悲痛。死者生活在那个想象的世界里，这使生者获得了心灵上最大的慰藉。

以图像装饰墓室的风俗，便是在这种背景下兴起的。正是从西汉中期开始，部分地区的人们开始以生前世界为模板，加上光怪陆离的想象，在壁画、画像石和画像砖中描绘他们为亡者精心营建的另一个世界。

汉画像中万象杂陈。复制生前世界的场景，乃是最流行的一类题材。

围绕着农耕场景的有牛耕图、锄草图、捡粪图、收割图等。在山东滕州宏道院的画像石上，一孩童在前引牛，一农夫扶犁执鞭在后。陕西绥德延家岔画像石墓中，一位农夫手举镰刀正欲收割身旁的谷穗。两千年前的春耕秋收，宛在眼前。

汉人虽大多以农作为生，但在一些地区，渔猎仍是不可缺少的生计补充方式。在陕西米脂的一块墓室门楣画像石中，18位猎人驱马纵驰，将手中的弓箭、戟等武器对准了正在逃跑的熊、虎、鹿、狐等动物。而在捕鱼图中，渔人们执竿而钓，撒网而渔，持矛持叉而刺，下罩而笼，驱鱼鹰而

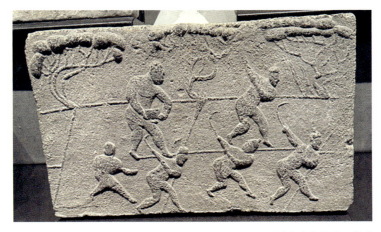

四川成都出土播种画像砖

四川彭县出土桑园画像砖

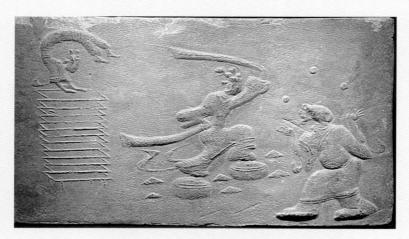

四川彭县出土七盘舞画像砖

逐，展现了多样化的作业方式。

制铁和纺织乃是汉朝的两大支柱产业。在山东滕州宏道院的冶铁图中，我们能清楚地看到冶炼、锻刀、磨砺成形的全过程。而滕州龙阳店的画像石中，则有络线、摇纬、织布的场景。

对汉朝人来说，车马是出行的必备工具。车辆制造技术精密而复杂，涉及木工、金工、漆工、皮革工等多个工种。山东洪山画像石的制车图中，匠人正执斧握凿，安装着车轮上的轮牙，一个背负婴孩的妇人在旁协助。

山东诸城前凉台的庖厨图中，保留下了烹饪的场景。顶上挂着各色肉食，人们忙碌地酿酒、杀牛羊、宰猪狗，或烧烤，或炊煮，如有人声喧沸，炊烟袅袅，食物生香。

画像中有重楼高阁、深杳庭院、水榭连廊，也有祭祀的祠堂、储粮的仓囷、架河的桥梁。汉代的建筑因多为土木之作而不复存在，看这些生动的图像，却如入汉人居处，顺着那曲廊纤道，可以看见当时人家。

车骑出行画像，常常用于展现墓主身份地位，生前官爵较高者墓中常有这类画像。山东苍山兰陵画像石中，就有一幅车骑过桥图，画面上长长的车马行列正从桥上经过。

画像复制的生世场景，还有讲经听学、宴集六博、乐舞百戏、吊唁送终、仕宦经历等，凡生前所有或期望亡者在另一世界所有，莫不以图像的方式展现在砖石之上。让人恐惧的亡者世界变为绘声绘色的凡尘俗世，丧亲的悲痛也在此处得到了慰藉。

除了表现当世生活外，汉画像中还常描绘有所寄托的历史故事。西汉时，在画像中描绘历史故事的风气尚不盛行，涉及的人物很有限，有老子、孙武、秦王等。到东汉时，历史故事成为画像的重要题材之一。

山东苍山兰陵画像石上的车骑过桥图拓本

在山东沂南北寨村的画像石上，就有齐桓公释卫、晋灵公杀赵盾等历史故事，以及管叔、苏武等历史人物。从上古的三皇五帝故事到距汉甚近的荆轲刺秦王等，汉墓画像石中的故事几乎无所不包，主人公既有忠臣良将、贤人异士，亦有孝子烈女。

《后汉书·赵岐传》中，记述了赵岐生前绘制先贤人物像和自画像作为寿藏（墓室）图像，且"皆为赞颂"。这些画像表达了墓主崇敬先贤的心情，也有彰显墓主个人品德的用意。

在汉代人的心目中，仙界和天界乃是死后的另一去处。因此在画像中，人们想象中的神仙世界也是流行的题材。他们创造的世界中，有伏羲、女娲、西王母、东王公等仙人，有青鸟、九尾狐、蟾蜍、羽人、玉兔等各种瑞兽，也有日月星辰、奇草异木。

除了这些或模拟现实、或创造想象的生动场景，为了增强艺术表现力，在画面的周围还常常缀以卷云、蔓草、垂帐、瓦当、穿璧等纹饰。

从秦都咸阳宫殿中发现的壁画残块以及王延寿的《鲁灵光殿赋》来看，汉代的阳宅中也往往装饰有各种图像，其中内容多与墓内的装饰重合。从这个角度来看，汉画像石墓、画像砖墓、壁画墓中无论描绘俗世还是仙界，纯粹都是对阳宅的复刻。

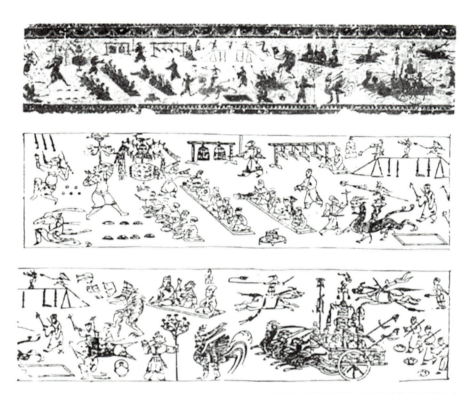

山东沂南北寨村画像石墓的乐舞百戏图拓本

83. 为什么南朝墓葬里有"竹林七贤"图

"竹林七贤"是魏晋时期七位名士的合称，他们是嵇康、阮籍、山涛、
向秀、刘伶、阮咸、王戎。七人志趣相投，当时人称"竹林七贤"。

传世故事中，嵇康性情狂放不羁，是"高洁而热情的诗人"（冈村繁
语）。他在山中采药，得意忘返，被打柴人当作神仙。山涛去官，推荐嵇
康，嵇康写了传颂千古的《与山巨源绝交书》（山涛字巨源），表达他的志
趣。他因为得罪了司马昭而被处死。行刑当日，嵇康在刑场上弹了一曲

《广陵散》，叹息："《广陵散》于今绝矣！"。

阮籍有《咏怀诗》八十余篇传世。他的侄子就是阮咸，《晋书·阮咸传》说他"妙解音律，善弹琵琶。虽处世不交人事，惟共亲知弦歌酣宴而已"。阮咸还发明了一种用他名字命名的乐器阮咸，简称阮。刘伶喜欢饮酒，写有《酒德颂》。

这些用文化影响时代的人，是中国历史上的奇观。他们在世时就被传颂，身后更是得到赞美，成为中国文学和绘画的传统题材。

七人的性情、品格、才艺实际上是不同的。大体上，嵇康因为他的遭遇而最受文人的同情，排名也在首位。不过，南朝颜延之作《五君咏》诗，将山涛、王戎排斥出去，认为他们贪图富贵、庸俗。

传世的"竹林七贤图"画作中，唐末画家孙位的《高逸图》（又名《竹林七贤图》）是最早的。这幅画是个残卷，只存有山涛、王戎、刘伶、阮籍四人的画面，上面有宋徽宗题名。唐以后，"竹林七贤"这个题材继续得到演绎，直至今天。

在唐代之前，有没有过"竹林七贤图"流传呢？唐张彦远《历代名画记》里说，东晋顾恺之画过《阮咸像》和《（竹林）七贤图》。但这些画作

（唐）孙位《高逸图》

江苏南京西善桥南朝大墓画像砖中的"竹林七贤"与荣启期图

没有流传下来。

1960 年 4 月，在南京西善桥发现了一座南朝大墓，大墓坐西朝东，墓室的南壁、北壁，分别用模印画像砖拼砌出"竹林七贤"和荣启期像，每幅画面长 2.4 米、宽 0.8 米。1965 年 11 月和 1968 年 8 月，在南京附近的丹阳胡桥、建山，先后又发现了三座南朝大墓，墓室的墙壁上也用模印画像砖拼砌了"竹林七贤"和荣启期像。

西善桥大墓中的图像，排列的次序和构图体现出了模式化特征，每人都有榜题，从外（东）向内（西）依次是：

南壁四人。嵇康，身左为一株银杏树，嵇康作抚琴状。其次阮籍，旁边是松树，阮籍撮指作呼啸状，身旁是酒器。其次山涛，身旁是槐树，山涛手执耳杯，旁为酒瓢。其次王戎，手执如意，身旁置酒瓢、耳杯。

北壁四人。向秀，身旁为银杏树，人物作闭目沉思状。其次刘伶，身旁垂柳，人物手执耳杯，凝视杯中。其次阮咸，身旁银杏树，人物作抚琴状。再向内是一棵竹子，旁边为荣启期，披发长须，腰系绳索，抚五弦琴。

这是当时社会上流传的"竹林七贤"形象。在排名上，嵇康显然是七人的领袖。荣启期是孔子时代的高人，《列子·天瑞》说孔子游泰山，见到荣启期行走在郕的原野中，穿鹿皮衣服，用绳索当腰带，一边弹琴一边歌唱。孔子惊为异人。南朝墓中将这位隐士添加在七贤之后，是为了画像砖的对称。

不过，丹阳胡桥和建山发现的南朝大墓中的"竹林七贤"与荣启期图，被发现拼错了人像和身边的榜题。另外，人像的画法也有了不同。不管怎样，这是我们现在见到的最古老的"竹林七贤图"了。

为什么南朝墓里会有"竹林七贤图"呢?

从汉代开始，墓葬里充斥大量的图像。除了在墙壁上绘画（壁画），更流行的是用模印的画像砖、花纹砖，在墓室中构建出"地下画廊"。

汉代流行神仙境界的图像，表现的是人对死后世界的想象。汉代以后的魏晋南北朝时期，玄学与道教、佛教思想融合，影响着社会精英们的丧葬习俗，人们在墓葬的画像中表达着自己对传奇人物的仰慕。"竹林七贤"的画像出现在墓葬中，大约也是这种社会思潮的折射。

84. 唐朝人的衣装是什么样子的

唐代号称盛世，唐代的服饰文化，在华夏传统的基础上，吸收、融合

陕西三原县李寿墓壁画中的步行仪仗

了境内各族文化及域外文明而推陈出新。多元文化的交流与融合，使得唐代服饰呈现出雍容大度、异彩竞呈的景象。

在古代，冠服是身份、等级的体现，主要包括仪式用装祭服（礼服）和上朝穿的朝服，此外还有一般的公务用装。官方活动之外，宫廷人士和官僚贵族日常生活中的服装称为常服。普通的百姓的衣着则通常比较简陋。

唐代的祭服和朝服，形式上富丽华贵，制作精良。平时燕居生活的常服，则吸收了南北朝以来中原地区已经流行的某些胡服样式，创制了具有唐代特色的服装新形式，堪称那个时代的时装，譬如缺胯袍、半臂、大口裤等。

缺胯袍是一种直裾、左右开衩的长袍，它和幞头、革带、长靿靴搭配，成为唐代男子流行的衣着。宽袖大裾的款式便于活动，显得风度潇洒。

（唐）阎立本绘唐太宗立像

而圆领衫袍则上自帝皇、下至厮役都可以穿着。幞头、圆领、革带、长勒靴配套的服式，一直流传到明代。

唐以前，对衣服的颜色没有严格规定，例如隋朝士卒的军装就可以用黄色。唐代认为赤黄色接近日头的颜色，而日是皇帝尊位的象征，故只有皇帝可以穿赤黄（赭黄）色衣服。故宫收藏的《历代帝后像》中的唐太宗立像，唐太宗身穿的就是赭黄色龙袍，束红鞓玉銙带，蹬乌皮六缝靴，为常服式样。

初唐著名画家阎立本的名画《步辇图》，描绘了贞观十四年（640）吐蕃丞相禄东赞来到长安，迎文成公主入藏，受到唐太宗接见的历史场景。画面右侧坐在步辇上的唐太宗身着公服，左侧站立三人，中间头戴小帽、身穿锦袍者即为禄东赞。另外两人为唐朝官吏，与皇帝一样着幞头袍衫。

画面中的宫女服饰也引人注目。头上平齐作云皱，着小袖衣，朱绿裥裙，裙腰上至胸部以上，加帔帛，穿小口条纹裤，镂空软锦靴，带金条脱。1971年陕西乾县懿德太子墓中的壁画，则描绘了唐时男侍仆的衣装，幞头和窄袖束腰长袍是标准的款式。

唐代的男侍、乐舞伎、商人等，均可戴幞头，穿圆领袡衣、长裤，也有穿窄袖、翻领胡服的。幞头有不同样式，有长脚幞头、平头小样幞头或圆头幞头。唐代不同阶层的男女长幼服饰，在唐墓出土的壁画、绢画，以

（唐）阎立本绘《步辇图》

懿德太子墓壁画《内侍图》

吐鲁番阿斯塔那—哈拉和卓 188 号墓出土唐绢画
《侍马图》

莫高窟 85 窟晚唐壁画中穿白底黑花袧衣
的掌称商人

榆林窟 25 窟北壁壁画耕稼图中的男子服饰

及莫高窟、榆林窟中的佛窟壁画中，得到了生动翔实的展示。

值得一提的是唐代的童装。吐鲁番唐墓出土的绢画、莫高窟壁画，都展现了当时童装的款式。翻领衫或翻领半袖衫、双层短裙、长裤及背带裤、背带肚兜，大体上是当时常见的儿童服。

在唐代，更惹人注目的是女性的服饰。唐代近三百年的女性日常服饰风尚，大致经历了三个时期：初期短衣长裙，继承了汉魏北朝以来女性最常见的襦裙式样；中期盛行胡服，女性喜欢男装、胡服戎装；晚期袒胸，博衣阔裙，大袖长带，簪钗耀眼，奢华艳丽。频繁变化、反映着时尚风气的唐代女装，被当时的诗人称为"时世妆"。

襦裙装，是唐代女性主要的服装样式。短襦长裙，搭配帔帛半臂，足穿云头履或线鞋，构成了唐代女子的时尚风貌。唐代女子所穿的襦和袄的领型受到了外来服装的影响，除交领、圆领、方领外，还有各种形式的翻领。唐代初期女子所着的襦一般为窄袖。中唐之后，襦或衫的袖不断加宽。盛唐时，还出现了袒领短襦，是当时的一大特色。

袒胸装的流行，与当时女性崇尚身材丰腴健美、皮肤白皙粉嫩的社会审美风气息息相关。"漆点双眸鬓绕蝉，长流白雪占胸前""两脸酒醺红杏妒，半胸酥嫩白云饶"等，都是唐诗中对袒胸装这一风尚的描写。

最初，袒胸装多在歌舞伎中流行，后来宫中佳丽和社会上层妇女也引以为尚，争相效仿，逐渐也流传至民间。周濆《逢邻女》诗云："日高邻女笑相逢，慢束罗裙半露胸。莫向秋池照绿水，参差羞杀白芙蓉。"正是对邻家女子身着袒胸装的倩丽身姿的描绘。

半臂和帔帛是襦裙服的重要组成部分。半臂是一种短袖上衣，一般是对襟样式，长及腰间，两袖比较宽阔，长不掩肘，前面用丝带系扎，往往加罩一件帔帛，这是初唐时期非常流行的装束。后来女装的样式逐渐走向

吐鲁番阿斯塔那—哈拉和卓唐墓出土绢画上的双童图

莫高窟 153 窟壁画中穿花肚兜的唐朝孩童

陕西礼泉县段简璧墓壁画《三仕女图》

宽松，半臂不再经常使用。

唐代女子还会在肩背上披搭一条帛巾，称为帔帛。通常为轻薄的纱罗，上面印画着各种花纹，帔帛两端垂在手臂旁边或捧在胸前，下面垂至膝下；或一头系在裙子系带上，另一头绕过肩背自然下垂。

唐朝画家周昉的名画绢本《簪花仕女图》，描绘的就是当时仕女的装束：画中女子梳宝髻，穿大袖纱衣，红地团花高胸拂地长裙，披帔帛，戴臂钏，打扮艳丽，体态丰腴富贵。这正是公元 8 世纪贵族妇女宽松式衣裙的流行样式。

唐代的女裙颜色绚丽，尤以红裙为尚。红裙又称"石榴裙"。石榴原产于波斯，公元前 2 世纪传入中国，石榴花可作颜料，是中国古代服饰染色的重要染料。

关于唐代石榴裙，还有一个典故。据传天宝年间，唐明皇下令文武众臣见到杨贵妃须行跪拜之礼，而杨贵妃素日又喜穿石榴裙，于是便有了"拜倒在石榴裙下"的俗语，常用来形容男子对女子的崇拜敬慕。除了石榴裙，绿色的裙里也深受女性青睐，时有"碧纱裙""翠裙""翡翠裙"多种名称。

唐三彩梳妆女坐俑

吐鲁番唐墓出土《树下人物图》

（唐）周昉绘《簪花仕女图》

除单色长裙外，唐代还流行两种以上颜色的布帛间隔相拼的多褶裙，称作"裥裙"或"间色裙"。此种裙，在礼泉县李震墓壁画、乾县章怀太子墓壁画中都有表现。

唐代女子骑马之风盛行，适宜骑马的羃䍠、帷帽成为女子骑马时的特定装束。日本美秀美术馆收藏的一幅出自吐鲁番唐墓的纸本设色《树下人物图》，其左侧女子即头戴帷帽，穿男子穿的大红团领横襕衫，腰系革带，插笏，脚穿乌皮靴。

这种戴帷帽和笠帽的女骑士形象，在相传为唐代李昭道所作的《明皇幸蜀图》及吐鲁番、关中等地唐墓随葬的俑中，都有表现。

唐代开元、天宝年间，女着男装、胡服甚是流行。在唐墓壁画可见着

新疆吐鲁番阿斯塔那—哈拉和卓墓地 187 号
墓出土的戴风帽骑马仕女俑

陕西礼泉郑仁泰墓出土的戴笠帽骑马仕女俑

男装、胡服侍女的形象。永泰公主墓壁画《宫女图》中，六位持烛台、盒子、包裹、团扇等物的侍女中，即有着胡服男装者。富平县房陵大长公主墓壁画中，则描绘了持花和托盘执壶的侍女，身着男子的胡服。

最后，我们要说说唐代的女子都喜欢穿什么样式的鞋。吐鲁番阿斯塔那—哈拉和卓墓地和礼泉县阿史那忠墓，出土了保存下来的唐代的鞋子。另外，阿斯塔那—哈拉和卓唐墓绢画以及莫高窟壁画中，都描绘有唐朝女鞋的样式。阿斯塔那—哈拉和卓墓地出土的鞋有多种样式，有鞋尖上耸一片的高墙履，还有上部再加重叠山状的重台履和鞋尖相对平缓的云头履。当时，线鞋和蒲履由于其轻便的特点，也很受女性的喜爱。

陕西富平房陵大长公主墓持花、托盘男装侍女图

吐鲁番阿斯塔那—哈拉和卓27号墓出土的翘头蓝绢鞋

85. 唐墓壁画中画的是什么内容

唐代关中等地的贵族墓葬，流行在墓道、甬道、墓室墙壁上绘画，这被称作壁画墓。在关中地区，已经发现并公布的唐代壁画墓约有120座。墓葬的主人或是皇室成员，或是王公大臣、高官。这些贵族墓葬继承了北朝传统，并形成了新的时代特征。

由于大多数唐代墓葬都保存了墓志，记录了墓主人的生平，让我们在窥见唐代墓室壁画的总体面貌之外，还得以了解墓主人与墓葬壁画之间的隐秘故事。

唐代壁画墓中壁画的内容、题材十分丰富，像一座座建在地下的画廊。一些壁画丝毫不逊于传世画作，内容不仅包含了人物、山水、花鸟，还利用特定的墓葬空间布局，展现出特有的风格，从不同角度反映了唐代社会生活的面相。

让我们走进唐墓，来看看这些地下画廊。

在墓道、墓室中，常见的题材是表现虚拟世界的四神、瑞兽与星象。四神即青龙、白虎、朱雀、玄武，他们拱卫引导着墓主的灵魂，驱邪厌胜。唐墓中的青龙、白虎多绘于墓道东、西两壁，朱雀、玄武则绘于墓室内南、北两壁。甬道拱顶或墓室上部、墓室四壁上方，多绘祥瑞的鸟兽。如飞翔的凤凰，是引导、伴随、运载墓主人灵魂飞升的神鸟。墓室顶部则绘有日月星辰，是对宇宙的模拟，表达了与日月共生的美好愿想。

表现皇家礼仪，也是壁画墓中流行的题材。这些壁画描绘的主要有出行乘坐的交通工具，表现墓主人身份和地位的仪仗出行场景，以及象征权力和荣誉的列戟等等。

陕西乾县懿德太子墓中的仪仗图十分壮观，仪仗队伍由步行卫队、骑

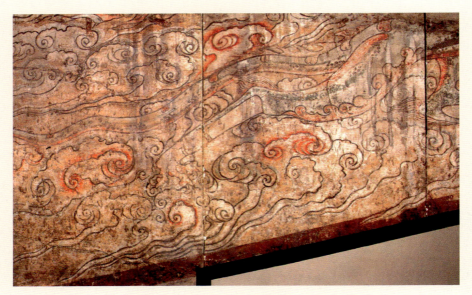

陕西乾县懿德太子墓壁画青龙图

陕西乾县懿德太子墓壁画白虎图

陕西西安南里王村韦氏家族墓壁画朱雀图　　　　　陕西西安苏思勗墓壁画玄武图

马卫队、车队三部分组成，共计 92 人。

　　这幅画面上描绘的"辂车"画在墓道西壁，辂车有 3 架，驾士 16 人，车夫 3 人。辂车以红色为主色，由辕、舆、华盖、轮四部分组成。车厢左插九斿旗，右插紫戟。辂车残留有描金粉，圆形华盖也画成金黄色，画的是金辂。车前有两伞、两圆扇、两长扇，圆扇与长扇饰有羽毛和贴金。圆扇应为雉尾扇，长扇为雉尾障扇，均为天子仪仗用具。

　　除了这些气势恢宏的场景图，唐墓壁画还有表现世俗生活人物的题材。在"事死如事生"观念的影响下，墓葬犹如现世的居所，采用壁画的形式真实而生动地反映了唐代社会生活。壁画的内容有人物也有场景，人物包括仪卫、男女侍、官吏、歌舞伎、杂役，场景包括宴饮、农耕、庖厨……应有尽有。

懿德太子墓壁画中的仪仗图

懿德太子墓壁画中的辂车图

在懿德太子墓第三过洞的西壁，绘有一幅《内侍图》：画面上七名身着圆领袍服的内侍，头裹幞头，腰系带，足蹬黑靴，手执笏板作奉迎状。从他们衣着的颜色上可以判别他们的官阶，其中紫色二人为三品官，红袍二人为四五品官，绿袍三人为六七品官。他们排列的位置，显示出他们将由此向内进入内宫。与之对应的过洞东壁，与《内侍图》对应，绘有手持团扇的《执扇宫女图》。

唐高宗和武则天乾陵的陪葬墓永泰公主墓中的壁画，是唐墓壁画中的上乘之作。这位公主是唐高宗和武则天的孙女，身世悲惨，被武则天冤杀，后来被按照帝陵礼制安葬。在她的墓葬的墓道、过洞、天井、甬道、前后墓室四壁及顶部，都绘满了壁画，似乎出自宫廷画工之手。

壁画极力表现皇家生活的奢华，其中，墓室壁面上描绘了大量侍奉公主生活的侍女画，譬如被称作《持物侍女图》的画面，为首的侍女似为掌事，其余侍女分别执盘、盒、烛台、团扇、高脚杯、拂尘、如意等物紧随其后，准备侍奉公主安寝。

屏风式壁画是唐墓壁画的一种表现形式。它仿照屏风式样，既使图像构图少一些呆板之气，又巧妙营建出墓主人私密的个人空间。内容或描绘忠臣贤士、孝子列女，起鉴诫教化之用；或描绘墓主人生前恬淡惬意的生活，是唐代社会生活的真实写照。

懿德太子墓壁画《内侍图》

懿德太子墓壁画《执扇宫女图》

永泰公主墓壁画《持物侍女图》

　　陕西礼泉县昭陵陪葬墓的燕妃墓，绘有十二扇列女故事屏风式壁画，画中人物的造型与东晋画家顾恺之的《列女传仁智图》中的人物十分相似。

　　比较常见的是六扇屏风式壁画。例如陕西西安韩休墓西壁所绘的《树下高士图》，颇有魏晋时"竹林七贤"壁画的遗风。此外，陕西西安南里王村韦氏家族墓墓室西壁绘有六扇屏风，描绘墓主人漫步、抚琴、郊游、赏花、观舞等日常生活场景。

　　韦氏家族墓中，值得称道的还有《宴饮图》。画面中描绘了摆放各种食物、食具的长方形低案，低案的三面，围坐着九名男子，一面三人，坐于红色连榻上，姿态各异，或鼓掌，或饮食，或闲谈，气氛轻松和谐。周围有多位随侍，有梳羊角辫捧杯的侍童、嬉闹的童子、执鞭车夫、抱婴妇人……生动描绘了当时盛行的游玩宴飨之风。

　　表现盛世乐舞场景也是唐代壁画墓的题材之一。在陕西西安东郊苏思

陕西礼泉县燕妃墓十二扇列女故事屏风式壁画

陕西西安韩休墓壁画《树下高士图》

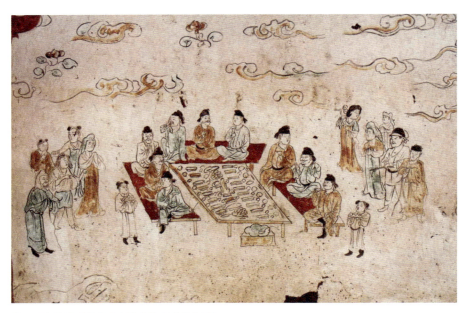

陕西西安南里王村韦氏家族墓壁画《宴饮图》

勖墓墓室东壁，绘有一整幅《乐舞图》。图由三部分组成：中间为一跳胡腾舞的舞者；左侧为六人乐队，前排三人跪坐，手中乐器分别为琵琶、笙、钹，后排立三人，为吹横笛者、击排板者、唱和者；右侧为五人乐队，前排跪坐三人，操箜篌、七弦琴与箫，后排立二人，一人唱和，一人吹排箫。近年发现的韩休墓中，亦有类似的乐舞图。

初唐时，从波斯传入的马球开始在贵族间盛行。在唐墓壁画中也多绘有打马球的图像。章怀太子墓墓道西壁即绘有在郊外山谷进行的马球竞赛

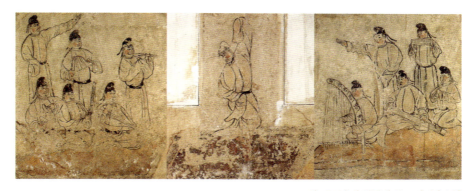

陕西西安苏思勖墓壁画《乐舞图》

陕西富平李邕墓壁画《马球图》

懿德太子墓壁画中的阙楼图

场景。另外，陕西富平县李邕墓前甬道西壁也绘有一幅《马球图》，史书记载李邕酷爱马球活动，这幅图生动记录了当时马球竞技的场面。

唐墓壁画中也有建筑图像，再现了唐代建筑的形态。懿德太子墓中便绘有一座形制雄伟的阙楼：这是一种三出式子母阙，每阙由方形墩台、平座、屋身、庑殿顶四部分组成，斗栱及贴金的装饰应是仿实物绘制。三出阙属帝王礼仪，是懿德太子墓"号墓为陵"的重要标志。阙楼内是即将出行的仪仗队伍。

最后，我们来看看墓室里妙趣横生的山水花鸟画。这是中国画的传统题材之一，在唐代被运用到墓葬壁画中。

始于六朝时期的山水画在唐代初年发展缓慢，画家们仍然困扰于如何处理空间和景深等问题，因此到了唐代初期，山水画在技法上还很不成熟，

陕西西安韩休墓山水画

表现出"或水不容泛，或人大于山"的状况。关中地区发现的懿德太子墓、章怀太子墓、节愍太子墓、富平朱家道村唐墓中的壁画，较为客观地反映了唐代京畿地区山水画的发展情况。

这时也出现了六屏式屏风画，可能是模仿了六曲屏风上的山水画。陕西富平县吕村乡朱家道村李道坚墓的墓室西壁，就出现了六扇式屏风山水画，这是目前已知唐墓壁画中唯一独立画幅的山水画。前述韩休墓墓室的北壁，也画有一幅山石嶙峋、溪流潺潺的山水画。

以花鸟画为题材的墓室屏风式壁画，是较晚出现的题材。考古发现的有陕西西安唐安公主墓的"金盆鹁鸽"屏风式壁画，北京海淀区八里庄王公淑墓的《牡丹芦雁图》，新疆吐鲁番阿斯塔那——哈拉和卓 217 号墓的六屏式花鸟图。墓中壁画屏风花鸟画的增多，是当时社会风尚和花鸟画艺术发

陕西西安唐安公主墓壁画花鸟图

展的直观反映。

86. "昭陵六骏"分别是唐太宗的哪六匹战马

唐贞观十年（636），唐太宗李世民开始营建昭陵。为纪念战功，太宗下诏将陪伴他驰骋沙场、南征北战的六匹战马的形象雕刻在青石上，陈列于昭陵北门。

相传，六骏由唐代名画家阎立本绘制画稿，再由他的哥哥、精通雕刻工艺的阎立德依形复制刻于石上。唐太宗为他的爱马写了《六骏图赞》，由当时的大书法家欧阳询抄写，刻在六骏图的上角。

这些石雕刻成后，放置在昭陵北麓北司马门两侧的祭坛上。石雕为石屏式高浮雕，一屏一马。

六匹骏马是太宗李世民在建立唐王朝和统一全国的过程中所骑过的战马，六骏分别名为飒露紫、拳毛䯄、白蹄乌、特勒骠、青骓、什伐赤。它们的雕像造型优美，雕工精良，历经千年而风采依旧。然而"六骏"在近现代却命途多舛，其中飒露紫、拳毛䯄二骏原石于1914年被盗运至美国，现藏于美国费城宾夕法尼亚大学考古学与人类学博物馆。其余四骏原石在外送途中被追回，先存于陕西省图书馆库房，1949年移至陕西省历史博物馆，即今西安碑林博物馆收藏。

"六骏"石雕每块高2.5米，宽3米，其中三匹做立状，三匹为驰骋状，姿态英俊，神韵飒爽，可谓"秦王铁骑取天下，六骏功高画亦优"。

特勒骠，原立在东面祭坛第一位。这是李世民平军阀刘武周时的坐骑。特勒骠石刻断裂为数块，四腿皆有残缺。据说此马毛色黄中带白，嘴角微黑。浮雕中马作扬蹄行走状，步履稳健，透出机警神情。特勒骠形体健壮，腹小腿长，属突厥名马。唐太宗称赞其"应策腾空，承声半汉，天险摧敌，乘危济难"。

昭陵六骏石雕之一特勒骠

昭陵六骏石雕之一青骓

昭陵六骏石雕之一什伐赤

昭陵六骏石雕之一飒露紫

昭陵六骏石雕之一拳毛䯄

青骓，原立在东面祭坛第二位，是原石保存较好的一件。雕像上的青骓四蹄腾空，带箭飞奔，再现了当时矢飞如蝗的激战场面。此马是李世民与王世充交战时所骑。唐太宗称赞其"足轻电影，神发天机，策兹飞练，定我戎衣"。可知此骏以善驰著称。

什伐赤，雕像有残损，原为东面第三骏。雕像中此骏呈疾驰之状，后蹄朝天，腾跃如飞，身中五箭，前一后四。此马是李世民大破窦建德的虎牢关之战中所乘骏马。唐太宗称赞其"瀍涧未静，斧钺申威，朱汗骋足，青旌凯归"。暗示此骏是汉代就闻名的西域汗血马。

飒露紫，原为西面祭坛第一骏，摹李世民在虎牢关战役中所骑战马。由于此马毛色偏紫，所以取名"飒露紫"。这块浮雕表现了一名战将为胸部中箭的战马拔除箭头的场景。此人名叫丘行恭，史载以勇武见称，在与王世充的战役中救出秦王李世民。唐太宗称赞此骏"紫燕超跃，骨腾神骏，气詟三川，威凌八阵"。

拳毛騧，原为西面第二骏，摹李世民平定刘黑闼时所骑战马。这是一匹卷毛黑嘴黄马，身中九箭，战死在疆场。石刻上的拳毛騧身中九箭，再现了战争的激烈。唐太宗赞誉其"月精按辔，天驷横行，孤矢载戢，氛埃廓清"。

昭陵六骏石雕之一白蹄乌

白蹄乌，为西面第三骏，摹李世民与薛仁杲作战时所乘战马。此马周身毛色乌黑，四蹄俱白。石刻中的白蹄乌筋骨强健，昂首怒目，四蹄腾空，鬣鬃迎风，呈奔驰状。唐太宗给它题的赞语是"倚天长剑，追风骏足，耸辔平陇，回鞍定蜀"。

唐代之后，昭陵六骏的形象逐渐出现在绘画中。金代画家赵霖存世孤本绢本设色《昭陵六骏图》卷，宽 27.4 厘米，长 444.9 厘米。图卷依据昭陵六骏石刻而绘，全卷分六段，每段绘有一马，马旁有金代著名书法家赵秉文题赞。画家在创作中，既忠于原作之形态，又发挥绘画艺术之特长，运用遒劲有力的笔法，以及精细入微的设色技巧，将马匹的毛色表现得更加真实自然，生动展现战骑驰骋疆场的雄壮姿态。骏马奔驰如风的英姿，腾跃而起的矫健，徐行间的从容，伫立时的稳重，被刻画得淋漓尽致，堪称历代战马图像中的上乘之作。

现藏于南京大学博物馆的昭陵六骏拓本，是民国年间西安著名拓匠李月溪先生精心拓制而成，全套共 6 幅，每幅纵 130 厘米，横则在 185—201 厘米之间，均钤有李月溪印。作为高浮雕石刻，"昭陵六骏"原不适合制作拓片，李月溪先按照六骏石刻做出一套平面的六骏模板，再借鉴青铜器椎拓技法制作拓片，虽非拓自原石，但所摹拓的六骏形象，依然达到了形与

李月溪"昭陵六骏"拓本

神的高度统一，展现出了原作的神韵与风采。

87. 今天还能看到唐代的佛寺吗

　　唐代是佛教在中国发展的高峰期，宗系林立，伽蓝众多。唐武宗"会昌法难"之前，佛寺的营建都未停止过。但由于"安史之乱""会昌灭佛"

加上唐末五代的战争，唐长安、洛阳两京城市、宫殿、佛寺、道观遭到毁灭性破坏，唐代寺院保留下来的建筑实例遗存甚少。

唐代寺院的主要特点是基址规模大，寺内庭院多。史载，位于长安郭城东南隅的大慈恩寺规模宏大，有半坊之地，拥有院落十余座，房屋总计一千八百九十七间，有僧人三万余。

从白居易诗《南龙兴寺残雪》"南龙兴寺春晴后，缓步徐吟绕四廊"一句，可以看出唐代寺院建筑的基本格局，是四廊环抱的院落与殿堂的组合。寺院各个院落大小各异，在大的庭院外，还有一些小规模廊院。因此，唐代寺院的整体布局，可视为若干个前后层叠的"口"字或"曰"字形中央核心庭院，与两个"目"字形两侧庭院的组合。

唐代佛教寺院在保持严谨规整的庭院布局外，还巧妙地融入了池苑、山林等自然景观元素。《续高僧传》中提及的南朝南涧寺，便是一座典型的园林式寺院。寺内殿堂楼阁错落有致，绿树成荫，碧水荡漾，更有竹林果木相映成趣。寺中还置有木禽石兽，为庄严肃静的宗教空间增添了生动和活泼的气息。唐代长安寺院中的"山池院"也秉承了庄严与自然相融合的理念，将宗教之韵和自然之美完美融合。

唐高僧道宣撰写的《中天竺舍卫国祇洹寺图经》和《关中创立戒坛图经》，描绘了唐代的理想寺院形态。典型的唐代寺院由乌头门、水渠石桥、三门、方池、左右戒坛、佛塔，以及左右对峙的钟楼、经楼、佛殿、法堂、后殿（第二复殿或三重楼）、三重阁等建筑组成，前后共六进院落。整体布局中，中轴线之上殿阁层叠，中轴线两侧钟楼与经楼对称而立，东西两侧楼阁交相辉映，既体现了严谨的规整之美，又呈现出起伏跌宕的韵律之感。

我们可以从敦煌壁画中一窥唐代伽蓝的盛景。莫高窟 148 窟东壁南壁壁画《观无量寿经变》中的大型寺院，主体建筑呈"凹"字形，前有大小

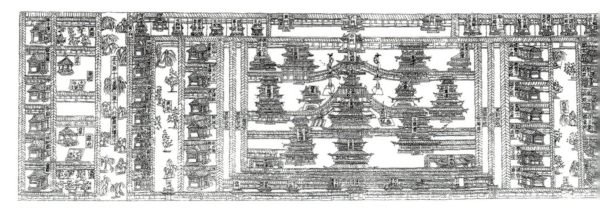

（唐）道宣《关中创立戒坛图经》附图

八座露台，通过多种不同形式的蹬道和阶梯巧妙地与主体建筑相连。隋唐时期的宫廷与寺院普遍采用封闭式的廊院设计，盛唐经变画中，画师们省略了寺院正面的三门及两廊，更加强调了开阔的寺院内部空间。

青龙寺是唐代著名的佛教寺院，坐落在长安城延兴门内大街以北紧邻东城墙的新昌坊内。新昌坊位于乐游原上，是当时长安人登高游乐的胜地。这座有名的伽蓝建于隋文帝开皇二年（582），原名感灵寺，唐景云二年（711）改名为青龙寺。它是唐代的皇家护国寺庙，也是中国佛教密宗祖寺。1983年该寺的遗址得到了考古发掘。

道宣《关中创立戒坛图经》推出的佛寺标准模式中，佛殿的左右配置有三层高的阁楼或偏殿（配殿），分别称作东、西阁或东、西偏殿。有的配殿或阁楼还与东、西廊相连接。青龙寺西部三号佛殿的东西两边，均发现侧门配房遗址以及两房与佛殿相连接的慢道，可以看作是佛殿左右配殿的格局。

在敦煌莫高窟唐代洞窟壁画中，也有反映佛殿左右两侧设配殿或阁楼的图像。其中，以佛寺建筑为主体的，其殿堂多呈凹字形，即主佛殿在中

敦煌莫高窟 148 窟东壁壁画中的唐代大型寺院建筑

间，两旁有高阁或配殿夹峙，有的在三者之间还以廊庑相连。

按照《中天竺舍卫国祇洹寺图经》的构想，在寺院三门内应设置方池，方池以北、大佛殿以南布置佛塔。三门以内，中轴线上第一座建筑，应是大殿前的佛塔，且是位于中轴线上的单座塔，构成"殿前设塔"的寺院格局。

佛塔是伽蓝重要的组成部分。唐代最负盛名的佛塔数长安外郭城中的大雁塔，建于晋昌坊的大慈恩寺内，又名"慈恩寺塔"，高 65 米左右。唐

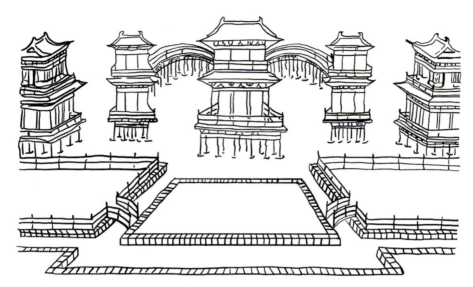

敦煌莫高窟第 205 窟壁画上的佛寺临摹图

敦煌莫高窟第 217 窟壁画上的佛寺

永徽三年（652），玄奘法师为保存从天竺带回长安的经卷、佛像，主持修建了大雁塔。慈恩寺也成了玄奘译经的道场。大雁塔是现存最早、规模最大的四方楼阁式砖塔，是印度式佛塔与中国塔融合的产物。

唐长安城安仁坊荐福寺内也有一座佛塔小雁塔，又称"荐福寺塔"，高45米左右。塔建于唐景龙年间，由信众为祈福集资修建。它见证了高僧义净翻译佛经的岁月。小雁塔是密檐式塔，与大雁塔同为唐长安城保留至今的重要遗迹。小雁塔和荐福寺钟楼内的古钟组成了"关中八景"之一"雁塔晨钟"。

位于吉林省白山市长白朝鲜族自治县长白镇北郊苍龙岭的长白灵光塔，塔为方形五层楼阁式空心砖塔，通高12.8米，共5层，由地宫、塔身和塔刹构成。塔身光洁朴素，底层檐下四面皆有纹饰花砖，第二层至第五层正中均有方形直棂窗。灵光塔的形制与陕西西安兴教寺塔、浙江宁波天宁寺塔（咸通塔）相似，具有明显的唐塔风格。

唐代佛寺建筑对周边国家产生了深

吉林白山长白灵光塔

浙江宁波天宁寺塔

远的影响。唐代渤海国都城上京城如同长安城一样，也是佛寺林立、僧徒众多。上京城遗址中存有多处佛殿基址，今天南大庙遗址中还保留有渤海的石灯塔和石佛像。此外，朝鲜半岛上的新罗王京城佛寺，及日本藤原京、平京城、平安京的佛寺，在寺院的形制布局上也深受唐朝寺院的影响。

88. 咸阳元氏家族墓志是颜真卿的真迹吗

2020 年，陕西省考古研究院秦都咸阳城考古队在咸阳西咸新区秦汉新城龚东村发掘了 151 座古墓，古墓的时代涵盖了汉、西晋、十六国、北朝、隋、唐、宋、明、清等各个时期。其中，有 3 座同属于唐代元氏家族的墓葬，出土有墓志四合，墓主分别为元大谦、罗婉顺夫妇，元大谦之子元不器及元大谦侄元自觉。出土的《罗婉顺墓志》引起了学术界的广泛关注。

《罗婉顺墓志》，全称《大唐朝议郎行绛州龙门县令上护军元府君夫人罗氏墓志铭》，墓志由唐睿宗嫡孙汝阳郡王李琎撰，长安县尉颜真卿书。墓志记载，罗婉顺卒于天宝五载（746）四月，天宝六载（747）三月与丈夫合葬。文献记载，天宝五载，颜真卿经关内道黜陟使王鉷荐举，授通直郎，由醴泉县尉升任长安县尉。墓志记载和文献记载完全吻合。

这方墓志是目前国内唯一经由科学考古发掘出土、确证的颜真卿早年书迹，填补了颜真卿早期阶段（三十三到四十一岁）传世作品的空白。这对研究颜真卿早期楷书风格及其演变过程具有重大意义。

颜真卿，字清臣，小名羡门子，别号应方，京兆万年（今陕西西安）人，祖籍琅玡临沂（今山东临沂），唐代名臣，杰出书法家。颜真卿书法技艺精湛，尤擅行、楷二体，他的楷书端庄雄伟，行书气势遒劲。

颜真卿初学褚遂良，后承师张旭，汲初唐四家特点，兼收篆隶和北魏

《罗婉顺墓志》拓本

笔意的精髓，创作出雄健、宽博的"颜体"楷书，树立了唐代的楷书典范。他与欧阳询、柳公权、赵孟頫并称为"楷书四大家"。

颜真卿存世书迹以传世碑刻为主，据统计达一百五十品之多。可查据的颜真卿楷书作品的创作时间，跨度有四十年之久，从开元二十九年（741）到建中元年（780），这一时期正值颜真卿三十三岁至七十二岁的创作高峰期。

《王琳墓志》拓本

　　已知的颜真卿楷书，以 2003 年河南洛阳发现的《王琳墓志》时代最早，书写时间为开元二十九年（741），是年颜真卿三十三岁。元氏家族墓所出《罗婉顺墓志》为天宝五载（746）书，颜真卿时年三十八岁。另外，1997 年河南偃师发现的《郭虚己墓志》，系天宝八载（749）书，颜真卿时年四十一岁。这三件作品均为墓志铭，为近年陆续出土，是颜真卿早年楷书的代表。颜真卿四十岁之后的作品，多以碑版见长，知名者如《多宝塔碑》《东方朔画赞》《麻姑仙坛记》《李玄靖碑》《颜勤礼碑》《颜氏家庙碑》等。

唐代书法家孙过庭在《书谱》中，把学书过程分为三个阶段：平正，险绝，再回归平正。颜真卿的楷书也大体遵循了这一路径，早期以《王琳墓志》《罗婉顺墓志》《郭虚己墓志》为代表，受初唐书家，特别是褚遂良的影响，作品更多追求点画线条的精到和字形结构的方俊。而晚年所书的《麻姑仙坛记》《李玄靖碑》《颜勤礼碑》《颜氏家庙碑》等，笔法已臻化境，字里行间透露出浑厚而遒劲的功力，堪称其书法的登峰造极之作。将颜真卿楷书碑刻中的"颜真卿"三字提取出来比较，亦能窥探颜真卿整个楷书风格的嬗变过程。

《王琳墓志》	《罗婉顺墓志》	《郭虚己墓志》	《多宝塔碑》	《东方朔画赞》	《麻姑仙坛记》	《李玄靖碑》	《颜勤礼碑》	《颜氏家庙碑》
33 岁	38 岁	41 岁	44 岁	46 岁	63 岁	69 岁	71 岁	72 岁

颜真卿楷书碑刻中"颜真卿"三字的嬗变

颜真卿书丹的《多宝塔感应碑》，立于唐天宝十一载（752）四月。北宋崇宁二年（1103）移存西安碑林。此碑乃颜真卿应西京千福寺楚金禅师之邀而书丹。书法点画圆整，端庄劲秀，充分展现了颜真卿独特的艺术风格。明代学者孙镤在《书画跋》中评价说："此是鲁公最匀稳书，亦尽秀媚多姿，第微带俗，正是近世掾史家鼻祖。"

《颜勤礼碑》，立于唐大历十四年（779），是颜真卿为其曾祖父颜勤礼撰书刻立的神道碑。此碑原立于唐万年县宁安乡凤栖原上，五代后梁时，刘鄩

《多宝塔感应碑》拓本

镇守长安，将它及唐《开成石经》等大批碑石迁于故唐尚书省西隅。这批碑石宋代以后被深埋地下，直至 1922 年始得重见天光，1948 年移归西安碑林。此碑书法雄浑刚健，气势磅礴，堪称颜真卿晚年书法艺术的巅峰之作。由于宋代已深埋地下，近代方得出土，使颜书原貌得以保存，弥足珍贵。

《颜氏家庙碑》立于唐建中元年（780），是颜真卿为父亲颜惟贞刻立。据载此碑早已仆倒于郊野，北宋太平兴国七年（982）移入并重立于当时文庙。此碑是颜真卿 72 岁时所作。颜真卿晚年笔力愈显雄浑，碑文通篇刚劲严整，雄伟挺拔，是颜书中最庄重的作品，也是他传世碑刻中最后的巨作。

颜真卿的楷书一改初唐书风，以篆籀笔法，将原本瘦硬之形化为丰腴雄浑之态，结体宽博，气势恢宏，骨力刚劲，气概凛然。这样的书风，尽显大唐帝国盛世风采，亦与颜鲁公刚烈正直的气节相得益彰，是书法之美与人格之美相互辉映的典范。颜真卿的书体，世称"颜体"，与柳公权并称"颜柳"，有"颜筋柳骨"之美誉。

宋代书坛领袖苏轼曾说："颜鲁公雄秀独出，一变古法，如杜子美诗。格力天纵，奄有汉、魏、晋、宋以来风流。"颜真卿的书法丰壮醇厚，含蓄内敛又充满力量，与两千多年来儒家最推崇的精神境界完美契合。

89. 黑水城发现的西夏文字典是怎样编排的

1908 至 1909 年，俄国探险家科兹洛夫率领的探险队在黑水城遗址（今属内蒙古额济纳旗）进行了两次挖宝式的发掘，发现的大批文物被运回俄国。其中，文书整理后共有八千多个编号，大部分是西夏文文献，其余的是汉文、回鹘文、藏文、波斯文文献等，这些文书都被收藏在圣彼得堡亚洲博物馆（今为俄罗斯科学院东方研究所圣彼得堡分所）。

科兹洛夫的发现震动了国际学术界。受其影响，后来陆续有中外学者来黑水城遗址考察，其中以英国人斯坦因所获较多，但他的发现远不如科兹洛夫的发现重要。20 世纪 90 年代开始，在中俄两国学者的共同努力下，藏于俄罗斯的这些文献被整理并编辑为《俄罗斯科学院东方研究所圣彼得堡分所藏黑水城文献》，由上海古籍出版社陆续出版。

《番汉合时掌中珠》就是这批西夏文文献中的一种。由于它十分特殊，是一部汉文和西夏文对照的字典，因此十分引人注目，很早就被学者们刊布出来用于解读西夏文字。《番汉合时掌中珠》出土四年以后，也就是 1913 年，罗振玉就从俄国学者那里借到九页影印，从而使学术界开始了解其重要价值。有学者甚至认为《番汉合时掌中珠》的发现对于解读西夏文字"具有划时代的意义"。

西夏文创制于西夏正式立国前夕，在后来的西夏皇帝李元昊的倡导下，由野利仁荣经过长时间努力才创制成功。《宋史》记载："元昊自制蕃书，命野利仁荣演绎之，成十二卷，字形体方整类八分，而画颇重复。"西夏文字十分方整，粗看和汉字有些许相似，但细看却很不一样。

《番汉合时掌中珠》为西夏人和汉人学习对方的语言文字提供了方便。

黑水城遗址

作者骨勒茂才在序言中便说："不学番言，则岂和番人之众；不会汉语，则岂入汉人之数。番有智者，汉人不敬；汉有贤士，番人不崇。若此者，由语言不通故也。"可见作者深知党项人和汉人互相学习语言文字对于相互沟通、了解和深入交流的重要性。《番汉合时掌中珠》无疑为西夏和中原的交流做出了贡献。

这部《番汉合时掌中珠》为刻本，蝴蝶装，书中收录的词语按照三才天、地、人分部，每部又分为上、中、下三篇，即包括天形（体）上、天相中、天变下，地形（体）上、地相中、地用下，人形（体）上、人相中、人事下，一共九篇。前八篇为单纯的词语汇集，相当于词汇学习表，没有句子。最后一篇则收录人出生、长成、婚娶直至去世的有关语句，大多四字一句。

《番汉合时掌中珠》的每条词语都由四行组成，第一行汉字为第二行西夏字的注音，第四行西夏字则为第三行汉字的注音，第二行和第三行的西夏字与汉字则为番汉词义对照。这样的编排，既便于懂西夏文的人学习汉文，也便于懂汉文的人学习西夏文。

除了《番汉合时掌中珠》以外，考古工作者也发现了其他西夏文字典，如《文海》《音同》《五音切韵》等，为学者们研究西夏文构造、构拟西夏语音，以至利用西夏文史料来研究西夏历史奠定了基础。而《番汉合时掌中珠》在这些字典中因为相当于"双语词典"，尤其关键，起到了破解和研究西夏文的入门钥匙的作用。

西夏宝义元年（1226），蒙古军队攻破了黑水城，元世祖至元二十三年（1286）在这里设置了亦集乃路总管府。"亦集乃"是西夏语，"亦集"是"水"的意思，"乃"则是"黑"的意思，西夏时期称"黑水城"为亦集乃，元代沿用了西夏旧称的音译。

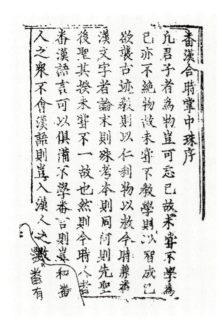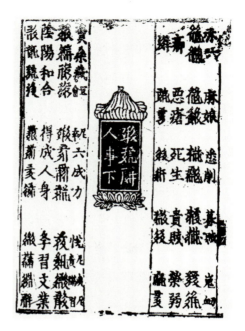

《番汉合时掌中珠》书影

　　1983 年至 1984 年间，内蒙古自治区的考古学者曾在黑水城遗址做过两次考古发掘，证明了它是元代的亦集乃路总管府城，而西夏时期的威福军城则位于此城的西北隅。考古学者发掘了亦集乃路总管府遗址，以及寺庙、民居、店铺等遗迹，发现了建筑构件、生活用具等文物，特别是还发现了三千件纸文书，不过它们主要是元代的文书。

90. 雷峰塔下究竟埋藏了多少秘密

　　中国人常说，"上有天堂，下有苏杭"。按这个说法，杭州的美，在中国是顶尖的。如果问杭州风景最盛在何处，想必答案多半是西湖。2011年，"杭州西湖文化景观"被列入《世界遗产名录》，似乎更加确证了西湖的人文之盛、山水之佳。若再追问一句西湖边上哪个景观最有名，估计除了第五套人民币一元纸币背面的"三潭映月"，就是"雷峰夕照"了。

雷峰塔矗立在西湖南岸，与北岸的保俶塔遥遥相对，成为西湖之滨标志性的景观。1921年鑫记书局印行的《最新西湖风景图》中西湖左下角（东南隅），就画出了雷峰塔的形态。

但是，雷峰塔从列入西湖十景时便似乎有一丝凄凉，毕竟是"夕照"。而雷峰塔的有名，更可能是因为它的境遇。

1924年9月25日，雷峰塔轰然倒下，古塔坍塌后形成的废墟如同一座荒冢，看上去触目惊心。当时，从塔的藏经砖中发现了长2米、版心高6厘米的《一切如来心秘密全身舍利宝箧印陀罗尼经》，开宝八年（975）

清代木刻版画《雷峰夕照》

鑫记书局印行的《最新西湖风景图》

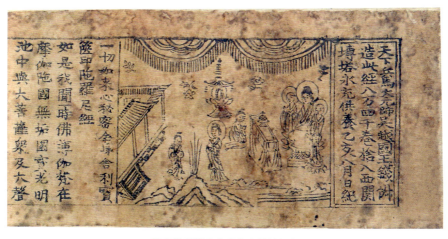

雷峰塔倒塌时发现的陀罗尼经卷

吴越国刻印。

鲁迅先生随后写了一篇杂文《论雷峰塔的倒掉》，发表于同年 11 月 17 日的《语丝》周刊上。在鲁迅先生的笔下，雷峰塔成了一种落后与封建的象征。次年 2 月 23 日，鲁迅先生发表《再论雷峰塔的倒掉》，论及的对象更加扩展。雷峰塔因而成为现代文学中的经典意象而为大家所熟知。

快一个世纪之后出版的张爱玲自传体小说，也采用了"雷峰塔"的名字，英文书名叫作"The Fall of the Pogoda"（中文可直译为"宝塔的倒掉"）。小说在张爱玲去世多年后出版，在"张迷"以及喜欢中国现代文学的朋友中重新掀起一股热潮，使得雷峰塔重归文学大众的视野。

雷峰塔这个意象，很多人有不同的解读。有的研究者就将雷峰塔解读为对女性的囚禁的隐喻，而这源于中国古典文学中雷峰塔的典故。不少现代作家都曾借用这个意象，像徐志摩的诗《雷峰塔》中就有这样的诗句："那是白娘娘的墓。""可怜她被镇压在雷峰塔底……，一座残败的古塔，凄凉地，庄严地，独自立在南屏的晚钟里！"

更多的人熟悉雷峰塔和《白蛇传》的故事，则可能是通过 1992 年在香港首播，1993 年引进内地，由中央电视台播放的《新白娘子传奇》。这部电视剧由赵雅芝、叶童、陈美琪等一众明星出演，风靡一时。

《白蛇传》的故事，其实在很多戏曲中也都有。京剧四大名旦都曾出演过京剧《白蛇传》，当代程派名家张火丁的演绎更使得这个剧目广受欢迎。在《白蛇传》的故事中，白蛇被镇于塔底，要想出塔，只能等到"雷峰塔倒、西湖水干"，却不想雷峰塔竟真的倒了。

从 20 世纪开始，就有关于雷峰塔是否重建的讨论，梁思成就曾主张重建雷峰塔，恢复西湖边这一著名景观。

2000 年，重建新塔的设想得以实现。重建雷峰塔，首先需要对遗址进行科学的考古发掘。这一工作由浙江省文物考古研究所承担，黎毓馨担任领队，浙江考古的精锐云集雷峰塔遗址。发掘工作从 2000 年 4 月一直持续到次年 7 月，历时一年多。

经过对塔基的发掘，工作人员了解到，雷峰塔建立在高大的塔基上，塔基对径达到 43 米，塔身为八边形双套筒式的结构。

遗址出土了 1100 多件石经和大量的佛教遗物，这些石经原本都应该是镶嵌在塔身墙面上的，信众绕塔礼拜，便可以诵读经文。特别是发现了吴越国王钱俶所作《华严经跋》残碑和南宋《庆元创修记》残碑，和历史文

雷峰塔地宫开启后的情形，李永加摄

献以及出土砖铭相对照，使我们确认雷峰塔始建于宋太祖开宝年间至宋太宗太平兴国年间，初名"皇妃塔"。

雷峰塔发掘的一年多时间里，最激动人心的日子无疑是打开地宫的那两天。当时，浙江电视台全程进行现场直播，海内外媒体高度关注。发掘工作从 2001 年 3 月 11 日上午 9 时开始，一直持续到次日凌晨 3 时，用了18 个小时。

雷峰塔的地宫与此前发现的前后三室横穴式的法门寺地宫不同，是平面方形的竖穴式砖砌地宫。地宫上盖石板，正中放置一件铁函。铁函占据了地宫将近三分之二的空间，铁函周围有佛像、观音像、铜钱、铜镜、丝织品、经卷等珍贵文物。当时一共出土了文物 51 件（组）。

为了文物安全，铁函并未在现场打开，而是从考古发掘现场转移到了浙江博物馆的山洞库房。铁函的清理工作，是在三天后，也就是 3 月 14 日晚间 7 时开始的。

打开铁函之后，一座阿育王塔赫然出现在人们眼前。在铁函内还发现了鎏金银盒、铜镜、铜钱、玻璃瓶、丝织品等珍贵文物。在这座地宫中，并没有镇压着白娘子，这些珍贵文物已经在里面静静地沉睡了千余年。

九、丝绸之路：在中国发现世界

91. 汉代"海上丝绸之路"是怎样运行的

公元前 139 年张骞出使西域之前，丝绸之路还处在它的"史前"阶段。那时，东西方交通、贸易、文化交流主要发生在亚欧大陆上，贸易的主要货物是宝玉石。张骞凿空西域后，中原与西域世界正式接触，进一步相互往来，丝绸是这条贸易路线上的主要商品。19 世纪德国学者提出的"丝绸之路"，指的就是这条大陆途径。

后来，根据考古发现，学者们又提出了"海上丝绸之路"的概念。考古学家们认为，海上丝绸之路是从中国沿海出发，途经东南亚、南亚、红海，最后进入地中海的东西方海上道路。它兴起于秦汉时期，兴盛于宋元时期。

最早记载中国对外海上交通、贸易的，是东汉班固编撰的《汉书·地理志》，其中记载了徐闻、合浦与印度半岛东南部黄支国之间的航线和海上贸易情形。当时，汉朝的使臣携带黄金、丝绸，搭乘各地的船舶，一站站抵达黄支国。他们交换的是明珠、璧流离（玻璃）等珍奇物品。不过，海上航线经行的地方，大多不能确定。

大约与《汉书·地理志》的编撰同时，在遥远的埃及亚历山大港，流传着一本记录罗马帝国与印度、东南亚海上贸易的奇书《厄立特里亚海航行记》。书中详细记载了印度和东南亚的海港、集市，以及布匹、宝石、玻璃、染料、中国丝绸等商货。汉朝与罗马帝国之间的海上贸易，对接在了印度半岛。

这条连接着汉代中国与世界的海上交通、贸易、文化交流之路是怎样运行的呢？史书记载，西汉时期，徐闻、合浦已经有了海港。史书还记载，当时的番禺（今广东广州）已经是一座都市了。

因为史书记载得太简略，我们需要从考古发现中来考察。

海上交通依赖沿线的港口，这就指引着考古学家去探察古港的遗址和遗迹。情况不容乐观，古代港埠的遗迹难以留存，或者可能早就淹没在港口的泥沙之下了。

在汉代港口遗址的考古探索中，广西合浦港遗址的考古是十分引人瞩目的。虽然两千年来发生了沧海桑田之变，考古学家仍然设法探察到了与古港有关的汉代遗迹和遗物。

在西门江流域，距广西合浦县城东北11公里的石湾镇，发掘出了一座汉代的古城——大浪古城。古城平面呈正方形，边长约218米，北、东、南三面有护城河环绕，西面为古代河道。它的东墙和北墙保存较好，宽5—20米，残存高度还有1—3米。

城内发现了大型建筑、柱洞、灰坑等遗迹，在西门外发现了码头遗迹。码头的平台为弧形，伸向水中的台阶清晰可见。根据碳十四测年，这个城址的年代为公元前111年至公元前30年之间，应该是西汉政府在汉武

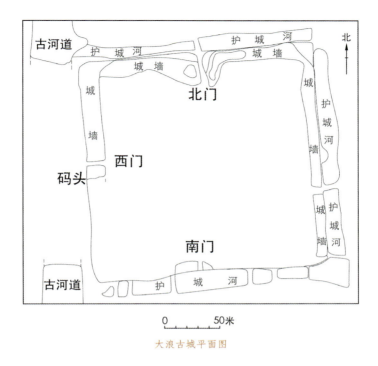

古河道 护城河 城墙

护城河 城墙

北

城

护城河 墙

北门

城

墙

西门

码头

护城河

城墙

南门

古河道 护 城 河

0   50米

大浪古城平面图

帝元鼎六年（前 111）平定南越以后设置的合浦县的县治。

　　虽然大浪古城中尚未发现反映当时海上丝绸之路商贸的遗物，但在合浦县的汉墓群中却可以见到大量的海外舶来品。其中，最引人瞩目的是用各种宝石、半宝石、玻璃制作的珠饰，还有金珠、绿松石饰件、香料、波斯绿釉陶、铜钹等。

　　在众多舶来品之中，玻璃器的种类最多。玻璃早在 4000 年前就出现在西亚地中海东部地区，以后逐渐流传到了印度、中国、东南亚等地。合浦汉墓中出土的大量玻璃器，种类有玻璃珠、玻璃盘、玻璃耳珰、玻璃狮、玻璃杯等。科技考古专家检测了一部分玻璃珠的成分，发现它们有的是中国自产的铅钡玻璃、钾玻璃和高铅玻璃，还有一部分是流行于地中海地区的钠钙玻璃。

在广州汉墓中也出土了大批的玻璃珠和各种宝石、半宝石珠饰，其品种和数量甚至超过了合浦等地的发现。看来，《汉书·地理志》说的汉朝使节与东南亚交易的璧流离，就是指这种玻璃器，尤其是玻璃珠。

在东南亚海上丝绸之路沿线，一些遗址中也发现了类似的玻璃、宝石、金珠等珠饰，另外，还有来自汉朝的铜镜、印章、五铢钱、陶器等，它们往往与罗马陶器和钱币、印度印章等共存。重要的遗址有位于越南南部湄公河三角洲的俄厄遗址、泰国三乔山遗址、印度半岛东南部的阿里卡美都遗址。

广西合浦、广东广州汉墓出土的玻璃器

泰国三乔山遗址出土的珠饰

泰国三乔山遗址出土的汉印

汉代海上贸易中最惹人注目的商货玻璃珠，被学者们称作印度洋—太平洋贸易珠。

随着南海沿岸地区考古发现的进展，有越来越多的遗物受到了关注。史书记载的一些种类的海上舶来品也有发现，例如在广州南越王墓出土的安息（古伊朗）银盒，以及产自非洲的象牙、乳香等。这些物品都是汉代中国所匮乏的，被视作奢侈品。这些可能是印度的舶来品，或者是经由印度、东南亚输入汉朝的贸易品。

广东广州南越文王墓出土的安息凸瓣纹银盒

92. 何处探寻古诗里的阳关、玉门关

说起玉门关、阳关，我们心头自然会涌出"春风不度玉门关""梦魂犹在玉门关""西出阳关无故人"等诗句。

玉门关、阳关是中国历史上的两道美景。它们不仅出现在古诗词里，还保存在古遗址中。

古代沿丝绸之路旅行，都需要经过河西走廊西端的敦煌。于是便有了两关的设置，也催生了唐诗、宋词里的离情别绪。

玉门关是一座边塞关城，它的设置与"玉门"有关，"玉门"的意思即是玉石之门。

中国自距今约一万年的新石器时代便发现了玉，玉在国家礼仪和社会生活中扮演了日益重要的角色。那时，玉石的来源还受到限制，上古时代后期的商周时期，西北地区的高品质玉石被发现和开采，并被输入到黄河中游的中原地区。

传世的《穆天子传》《山海经》中，都有昆仑山、西王母和玉石的传说。这是上古记忆的痕迹。

由于在安阳殷墟的妇好墓中鉴别出了一批昆仑玉，使得上古中原玉石来源的问题昭然若揭。有人以为妇好墓的玉石产自和田以南的昆仑山，就是所谓的"和田玉"。这有考古依据吗？

近年，在河西走廊西端的甘肃酒泉肃北马鬃山区和甘肃酒泉敦煌旱峡，发现了两处大规模的玉石矿区与开采遗址。遗址的使用期从河西走廊青铜时代的四坝文化时期，一直延续到了东汉或魏晋时期。它们的玉料主要是呈青白色的软玉。这里可能是昆仑山玉矿带的余续，可以称作河西玉。看起来，河西玉的开采与其成为贸易商品，要早于昆仑玉（和田玉）。那

么，殷墟的玉料会不会来自这里呢？

在邻近马鬃山和旱峡玉矿遗址的黑山岭和天湖东等地，近年又发现了大规模的绿松石矿遗址。这些考古新发现，进一步揭示了河西走廊西端至新疆东部这一区域的上古宝玉石开采和贸易的情况，那时敦煌一带已成为玉石贸易的枢纽。

这些考古发现解答了"玉门"的来历。同时也可以证明，汉武帝时在河西走廊西端的敦煌一带设置关城，正是为了保护这一带的玉石开采和贸易。随着丝绸之路的兴盛，两关的地位逐渐加强，逐渐演变为中原与西域的交通枢纽了。

汉代之后，两关的城址发生变迁。唐贞观初年，玄奘冒险偷渡、前往天竺时，玉门关城已经移到了敦煌以东的瓜州境内。

探察两关遗址的考古工作，始自光绪末年探险家们的探险。1907年，英国考古探险家斯坦因探察了敦煌北部的汉长城烽燧，他相信编号为T.XIV 的城堡和附近的遗迹，即是汉代的玉门关。在敦煌西南方的南湖绿洲，他声称找到了阳关遗址的痕迹。

1942—1943 年间，西北科学考察团的向达考察了阳关、玉门关遗址。他写下了名篇《两关杂考》，文中有这样的感慨："驰驱于大漠之间，游心于千载以上，摩挲残垒，我思古人。"翌年，夏鼐、阎文儒发掘玉门关城北侧的遗迹，获得了"酒泉玉门都尉"等木简。

以后的多次调查，考古人员确认了汉玉门关遗址。它位于敦煌市西北的疏勒河南岸，阳关镇二墩村北，已经沦为荒漠。通常所说的小方盘城即是关城的遗址，此外，在它的北侧还保存有一座大土墩，是一栋房屋的遗迹，曾经出土了一些汉简、纸文书、丝绸和麻布片。这是当年关城旁的附属建筑。

1907 年的玉门关及其北侧遗址，斯坦因摄

　　关城大约呈矩形，南北长 16.4 米，东西宽 24 米。在西墙和北墙各开有门道。现存的夯筑的城墙还有 9.7 米高，墙基宽达 5 米。

　　这座坚固的城堡，当年是怎样使用的呢？

　　汉代的边关与长城烽燧体系、邮驿体系连接在一起，关是出入障塞的门户，设有都尉率兵驻守。守关官兵的日常工作，就是检查往来的行旅。在出土的汉简中，保留了当时出入关人员的信息。《后汉书·西域传》里说的"驰命走驿，不绝于时月；商胡贩客，日款于塞下"，描述的就是当年玉门关的繁忙情景。

　　小方盘城以南大约 50 公里的南湖绿洲，保存有汉代敦煌郡龙勒县城遗址。唐代时，龙勒县改为寿昌县。唐代的地理书和敦煌当地编纂的《沙州图经》等，说寿昌县城西十里有汉阳关故城，但已经残毁得只剩下基址了。

汉玉门关遗址

　　如今已经寻觅不到阳关的遗迹了。《沙州图经》说，因为关城在玉门关南，因此叫阳关。唐代时在这两座关城的遗址之间，还保存有城墙和烽燧的遗迹，似乎是当年在两关之间构筑的障塞体系的一部分。

　　汉代的玉门关和阳关，分别是沟通西域北道和南道的门户。出玉门关，循疏勒河谷、罗布泊北岸，可分别通达楼兰城、焉耆、龟兹，以及吐鲁番盆地的高昌、交河。在汉代到唐代的漫长岁月里，这条通道经历了几次变迁。西出阳关的通道是一条辅道。

　　唐代初年征服西突厥之前，由玉门关和五烽燧构成的边防线，还设在瓜州至哈密的星星峡一带。贞观初年玄奘法师偷渡的唐玉门关，其遗址至今未能确证。有人认为在瓜州县的锁阳古城，或者是破城子古城。

　　盛唐诗人岑参在《玉门关盖将军歌》中，曾这样描述玉门关城：

> 玉门关城迥且孤，黄沙万里白草枯。
>
> 南邻犬戎北接胡，将军到来备不虞。
>
> 五千甲兵胆力粗，军中无事但欢娱。

从驻扎有五千官兵的规模来看，当年的玉门关城是座不小的城镇。锁阳古城周长 2103 米，破城子古城周长约 790 米，到底谁才是唐玉门关，等待将来的考古发现吧。

93. 草原公主，魂归何处

河北省磁县县城南郊的大冢营村北，分布着数座土冢，其中有一座被当地人称作小冢。1976 年春天，村民们在平整小冢时挖出了墓室，这个消息惊动了磁县文化馆。两年之后，墓葬得到了发掘。

墓葬规格很高。一方随葬的墓志昭示了墓主人的身份，墓志盖篆书"魏开府仪同长广郡开国高公妻茹茹公主闾氏铭"。

谁是茹茹公主呢？

公元 6 世纪中叶，北方中国与亚欧草原上风云激荡，统一中国北方的北魏王朝解体，分裂为东魏、西魏。这两个王朝，不久又被汉族高氏的北齐和鲜卑族宇文氏的北周取代。在它们北边的草原上，雄踞着柔然汗国和即将崛起的突厥汗国。

史书中把柔然又称作蠕蠕、茹茹，它是在蒙古高原上兴起的游牧帝国。柔然虽然似昙花一现，但在这个浓缩了征服、和亲、联盟的时代，它是一个强大势力，影响着北魏以及后来的东魏、西魏的政治。

墓主人茹茹公主，柔然语名叫叱地连，是茹茹可汗阿那瓌之子菴罗辰

（又译写作谙罗臣）之女，号称邻和公主。武定八年（550）四月七日薨于晋阳（今山西太原），时年十三。一个月后，东魏孝静帝被废，强臣高洋（齐文宣帝）即位，改魏为齐。

这位草原公主，为何长眠在华北平原上的磁县呢？

北朝晚期，柔然汗国先后与西魏和东魏建立了和亲关系，在公元537至545年，有三位柔然公主分别嫁给了西魏皇帝文帝元宝炬、东魏强臣高

高欢妻茹茹公主墓志

欢和高欢的第九个儿子高湛。嫁给魏文帝的是阿那瓌的长女（悼皇后），她的妹妹嫁给了高欢。嫁给高湛的就是这位邻和公主，她是阿那瓌的孙女，那两位茹茹公主是她的姑姑。

和亲公主叱地连，于兴和四年（542）被迎送到了东魏。此前一年，东魏曾将乐安公主嫁给菴罗辰。这种联姻是政治的需要。不过，邻和公主出嫁时年仅五岁，她的丈夫高湛年仅八岁。他们还是儿童，身不由己地被卷入国家间的事务中。高湛在二十八岁时继位（北齐武成帝），三十二岁死去，在历史上留下了昏庸无能的骂名。

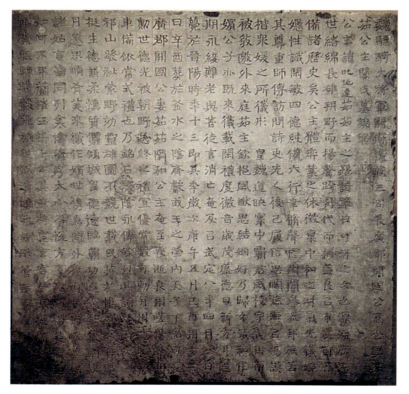

茹茹公主叱地连墓志

我们不知道，还是个女童的叱地连，在异国他乡是如何生活的。虽然东魏朝廷给了她高规格的待遇，以维持和亲的成果，但从她的早逝可以猜测，她的日子或许充满了抑郁吧。

《北齐书》和《北史》对她的身世都是一提而过。墓志则夸赞她"光仪婉嬺，性识闲敏；四德纯备，六行聿修；声穆闱闱，誉流邦族"。她保持着一位好公主的风范。墓志对她出嫁到东魏后的德行，也是称赞有加，但对她的死因只字不提。这是很奇怪的。

邻和公主的墓葬遵循了北朝贵族墓的规制，坐北朝南，在地面上建造高大的封堆，通过斜坡式墓道进入地下的墓室。为显示尊贵，在墓道、甬道和墓室的墙壁上都描绘了精细的壁画，并且随葬了大批的珍贵物品。

《茹茹公主墓志》记载，邻和公主于武定八年四月七日在晋阳（今山西太原）去世，一个月后的五月十三日，安葬在釜水（滏阳河）之阴、齐献武王（高欢）的墓园。当时天子曾有诏令"送终之礼，宜优常数"。

墓道的入口处，东壁绘青龙，西壁绘白虎。这是汉代流传下来的"四神"题材。在龙图、虎图后，是长列的仪仗队和卫士图，表现皇家的排场。靠近墓门的壁面上画着镇墓的方相氏、羽人、凤鸟等，点缀着莲花。

连接墓门和墓室的甬道长 5.76 米，用砖砌筑，设置了三道封门墙和石门，两壁各设了一个壁龛，其中一个龛里放置了一把铁锸。壁面上描画了朱雀、神祇、侍卫、火焰、宝珠等。

深入地下的墓室是一间平面方形的砖室，四壁上方按着方位分别描画了青龙、白虎、朱雀、玄武；下方描画墓主人生前起居的图景，其中，对着墓门的北壁上画了一位戴冠的贵族女子，似乎是茹茹公主的肖像，两侧站立着侍女。

当年盛殓公主尸骸的木棺已朽烂了，墓室中还保留有她的头骨及肢

茹茹公主墓随葬的胡人俑

茹茹公主墓随葬的拜占庭金币

骨、肋骨等残骸。可怜的公主，香消玉殒后，还遭到了盗墓者的侵扰。

公主随葬的物品，除了大量的陶俑和雕塑，还有青瓷器、金首饰、玛瑙珠、玻璃串珠以及拜占庭金币等。陶俑形象各异，其中有胡人、萨满、伎乐、女官等。最引人注目的是二枚拜占庭金币，上面带有小钻孔，看上去像仿制品，被当作挂件使用。

盗墓贼从坟丘的东北部挖掘下去，打穿了砖砌的墓顶，在那里留下了一个盗洞。墓室的墙壁上留下了烟熏的痕迹，这是当年盗墓贼在墓室中使用火把留下的。为了翻找珍宝，他们把公主的尸骨弃置在棺外。

三位茹茹公主的命运都很不幸。阿那瓌的长女悼皇后嫁给西魏文帝时只有十四岁，两年后生孩子时去世。她的妹妹在十六岁时嫁与高欢，三年后就死在了晋阳的齐王宫里。

作为高欢妃子的茹茹公主，她在世的时候，她的侄女邻和公主也已经嫁到了东魏。两年之间，姑侄二人先后逝去，令人扼腕。

近年从磁县出土了齐王妃茹茹公主的墓志，她被称作闾夫人。姑姪二人死后都葬在了磁县的高氏陵园。

在磁县城南的大冢营村一带，在被称作"小冢"的茹茹公主叱地连墓旁，还保存着可能是高欢义平陵的"大冢"，以及可能是高欢长子高澄峻成陵的"二冢"。叱地连的丈夫高湛的永平陵，可能也在这个皇家陵园之内。这些古老的墓葬，静静地守护着这段遥远的历史。

94. 这些胡人为什么在中国长眠

安伽，字大伽，北魏孝明帝熙平二年（517）生于姑臧昌松（今甘肃武威）。北周孝静帝大象元年（579）五月，因病在北周京师长安的家中逝世，当年十月安葬在长安城东七里的但陵谷（今陕西西安北郊龙首原）。

很可能，安伽的家族是从他父亲安突建时迁居到姑臧的。《安伽墓志》里回避了他的祖父，只说他的祖先是"黄帝之苗裔"，令人啼笑皆非。安伽出身于仕宦家庭，他的父亲在北魏时曾任冠军将军和眉州刺史，母亲杜氏被册封为昌松县君。杜氏可能是当地的汉人望族。

这个有着胡人背景的安伽，据说从小就"履仁蹈义，忠君信友"。他的一生经历了北魏、西魏和北周三个王朝，主要的仕宦生涯是在北周度过的，生前任同州（今陕西华阴）萨保、大都督。前一个官职能看出他的胡人头领身份。

2000 年 5 月，在西安市北郊的工程施工中，意外发现了安伽墓，揭开了北朝时期入华粟特人生活的一幕。

此前一年，在太原市晋源区王郭村，工人在修整道路时发现了一座隋朝墓葬。墓主人虞弘，字莫潘，祖籍西域鱼国尉纥驎城，后来来到中国。

山西太原虞弘墓石椁

他的祖父叫奴栖，是鱼国酋长；他的父亲名君陀，是茹茹（柔然）国的莫
贺。虞弘本人生前也是北周、隋朝的高官，担任过左丞相、检校萨保，仪
同三司。

这是当年轰动国际的两个考古大发现。它们的墓主人都是入华"胡
人"的头领，而且，从墓葬的一些图像等看，他们可能还与祆教（琐罗亚
斯德教、拜火教）有关。

好戏还在后面。安伽墓发现之后不久，2003 年，在东距安伽墓 2.5 公
里的大明宫乡井上村发现了史君墓。翌年，在安伽墓北侧约 150 米，发现
了康业墓。

史君的身份是北周凉州萨保，与安伽同年同月去世，享年八十六岁。康
业的身份是"大天主"，北周天和六年（571）去世，被追赠甘州刺史的官职。

安、史、康这几个姓氏，都是出自中亚粟特地区的"九姓胡"族群，其他几姓还有石、米、何、曹等。这些胡族，借着丝绸之路上的贸易和传教活动，逐渐迁居到中国。他们按照中国人姓名的习惯，取故国汉译名中的一个字作为族群的姓氏。天宝十四载（755）制造了安史之乱的魁首安禄山、史思明，祖上就源自"九姓胡"族。

除了上述几座有名的墓葬，还有一些粟特人和其他西域胡族的墓葬陆续被发掘。其实，中亚胡人墓，早在清光绪时就被挖出过，只是当时还不知是中古时入华的胡人侨民。

虞弘墓、安伽墓等一连串的发现，唤醒了中古史上沉睡的一页，一时间粟特考古、祆教美术，以及胡人文化研究，成为显学。这为唐诗里的胡风，加了一个考古的注脚。

虞弘、安伽、史君、康业等人的墓中，都使用了高等级的石椁。这些石椁上都雕刻了与中原风格完全不同的图像，出现了与祆教有关的题材。如果结合他们身份中的"萨宝"职衔，答案便显得十分清晰了。

这些入华胡人后裔已经深度汉化，他们采用当时汉族士大夫的墓葬形制，墓葬有石椁、随葬品、墓志等等，他们也有汉姓和字号，甚至还追认自己的祖先是华夏族。不过，一些图像、铭文，也反映了他们的胡族生活情趣。

安伽墓的墓门门额上，浮雕了一幅祆教的祭祀场面：画面中央是骆驼座的圣火坛，两侧是人首鹰身的祭司。围屏石榻的葬具上，雕刻了一组组墓主人的胡人生活情景。

史君墓的庑殿式石椁上，也雕刻了祆教的祭祀场面。此外，在石椁门额位置，铭刻了汉文和粟特文的双语铭文，取代了墓志。两种铭文内容大体相同，因此解决了粟特语翻译和语言学的一些问题。

虞弘墓汉白玉雕制的庑殿式石椁

　　铭文里记载了史君的生平。他的祖父是史国的萨保，父亲世袭了这个
职务。他的妻子康氏，粟特文铭文里记载她生于西平（今青海西宁），粟特
语名维耶薇丝，他们于猪年（579）六月七日在西平结为连理。

　　史君去世后，也许是出于伉俪情深，一个月后，维耶薇丝也去世了。
粟特文铭文哀悼说：凡生于此世间之人，无一能避免死亡。人们也难以完
满地度过今生今世。然而，更难的是在人间，一位丈夫和一位妻子相互守
望，走过这年年岁岁、日日夜夜，甚至他们还将在天堂里携手共度。

安伽墓墓门额和围屏石榻上的雕刻

史君墓石椁门额汉文—粟特文铭刻

史君墓石椁

　　多么情深意切!

　　北朝是个大熔炉时代,也是丝绸之路兴盛的时代,是唐朝盛世的序幕。我们从上述的考古发现中,可以深刻地体会到这一点。

95. 今天还能看到古代的高昌城吗

世界文化遗产"丝绸之路：长安—天山廊道的路网"中，高昌故城是其中的重要组成部分。这座古西域名城，是为什么被选中的呢？

高昌城建在吐鲁番盆地的火焰山下。发源于天山的黑河，流经火焰山的木头沟，在山南冲积出一片沃土。元代之前，高昌城长期作为吐鲁番盆地的中心城市而存在，它与盆地西北部的交河故城可谓丝绸之路上的两颗明珠。

班固的《汉书》中记载了"高昌壁"这个地名，这是汉军建在车师前部（吐鲁番盆地）的一座堡垒。据说驻屯士兵都来自敦煌高昌里，他们家乡的名字也成为他们驻守的堡垒的名字。

高昌壁应该是一座小型的要塞，它的位置也许就在后来的高昌故城。不过，高昌城的发展是从前凉王朝时期开始的，此前它一直是座军事城镇。前凉建兴十五年（327），前凉王张骏在吐鲁番设置了高昌郡，这是历史上第一次将郡县制推行到西域地区。高昌郡和高昌县的治所就在高昌城中。

在以后的历史进程中，这座城市的命运几经跌宕，发生了数不清的兴衰故事。历史记载，公元442年，北凉王朝的河西王、出身匈奴的沮渠无讳袭击高昌，最后屠城。尽管遭受重大打击，但得益于丝绸之路上贸易的繁荣，高昌城的发展势不可挡。

公元460至640年，高昌城作为高昌王国的都城而存在。这个时期对城市做了一些改建。贞观十四年（640），高昌国被唐朝灭亡，这座古老城市又成为唐朝设在吐鲁番地区的西州州城和高昌县城。

公元840年"回鹘西迁"事件之后，一支回鹘人投奔安西，越过天山进入吐鲁番盆地和龟兹（今新疆库车）等地，建立了高昌回鹘汗国，把高

火焰山下的高昌故城

昌城作为首都，天山北部的北庭城则成为夏都。这个汗国维持到元朝建立后。历史学家认为，高昌城是在元世祖时期发生的蒙古西北宗王都哇的叛乱中被毁灭的。一同被毁灭的还有交河城。

历经千年沧桑的高昌城，即使沦为废墟后也始终矗立在火焰山下的平原。但是，由于清代以来当地人的毁坏和探险家的盗掘，当年毁弃后保存下来的大量遗迹也逐渐灰飞烟灭了。

如今的古城保存着宫城、内城、外城三重格局，城市的北郊有回鹘时期的巨型佛寺台藏塔，东郊有景教（东方叙利亚教会）教堂遗址，北郊、西北郊则有大型墓地（阿斯塔那—哈拉和卓墓地）。

这是座被设计成坐北朝南的方形城市，规模庞大，气度不凡。高达十余米的城墙还屹立着，城内有众多的佛寺、摩尼寺、宫殿、宅院等遗迹，远远望去，给人特别强烈的视觉印象。

　　一个保存在地上、结构复杂、遗迹丰富多样的巨型古城遗址，它的考古工作对于考古工作者来说是一个科学挑战。问题的重点是，如何出于保护和研究的目的，利用现有的条件和考古学技术、方法、手段等，对城址开展有效的调查、勘探和发掘工作。

　　高昌故城的考古经历了清末民国时期的探险考察、一般性调查和科学发掘几个阶段。1902 至 1907 年间德国吐鲁番考察队通过盗掘，获得了大量文物，但因为不是科学发掘，对故城造成的破坏成为高昌故城考古史上永远的伤痛。

　　历次的考古调查中，由于条件限制，都未能获取完整而有效的资料，例如精确的测绘和记录、地层学数据等。但最近二十年间，由于大遗址保护和申遗等工作的需要，考古工作者对城址的城门、城墙、大佛寺、宫城建筑等，做了多次发掘和测绘。

高昌故城出土的摩尼教画幡

柏孜克里克石窟壁画中的佛说法图和回鹘供养人

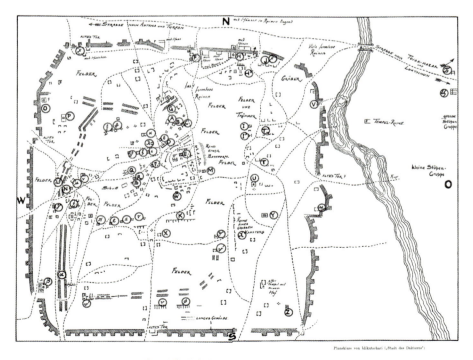

德国吐鲁番考察队测绘的高昌故城平面图

　　最新的勘测技术和设备，都可以在高昌故城的考古上找到用武之地。考古工作者需要从不断的发掘中总结出适宜的地上城址的发掘、记录方法。这些工作的前提，是制定总体考古目标、步骤与工作方案。像庞贝古城的考古一样，高昌故城的考古也是一项长期的项目。

　　通过各种考古调查、发掘，考古工作者对城址的形制布局和演变阶段以及一些郊外遗存，有了比较清晰的理解。

　　外城可能是回鹘人到来后才建造的。它的城墙保存最好，四面居中位置各设置一座带瓮城的城门。城墙上设有马面、女墙，城外被护城壕围绕。西南部保存有大片的建筑遗迹，其中最有名的是大佛寺，它当年的寺

高昌故城外城南墙和瓮城

高昌故城内城的 α 寺遗迹

名已湮没无闻。东南部保存了一座藏传密宗的寺庙。外城北部是大批的建筑废墟。

内城和宫城是高昌国时期建造的，唐代继续沿用，并且做了些改造。内城保存了比较完整的西墙以及南墙和北墙的局部，城内建筑遗迹中最有名的是两座摩尼教寺院的遗址，即被德国考察队编为 α 和 K 的寺院。α 寺是利用西墙改造成的寺院，被称作"小摩尼寺"。K 寺建在内城南部偏东，是一座规模庞大的寺院，被称作"大摩尼寺"，从发现的摩尼教文书来看，这座寺院可能是帕米尔高原以东地区摩尼教的总部。这令人联想到《倚天屠龙记》里的明教总舵光明顶。

处于内城中央偏北的宫城，俗称"可汗堡"。它保存了西墙、北墙，

"可汗堡"的遗迹

以及佛塔和几组大型建筑，其中几栋是半地下式的地宫。当年高昌的君主曾居住在这里，在"火洲"的盛夏，一边欣赏着乐舞，一边吃着葡萄和瓜果。

在吐鲁番这个干旱而炎热的地方，聪明的古人因地制宜，利用盆地深厚的黏土沉积，将黏土和土坯的建筑技艺发挥到了极致。在大佛寺遗址，我们可以看到让人惊叹的穹顶、楼房建筑。可以说，高昌故城也是建筑史和建筑考古史上的宝库。

最后，还要说说高昌城郊的台藏塔遗迹和阿斯塔那—哈拉和卓墓地。台藏塔是回鹘可汗建造的塔寺，很可能是火焰山下、高昌城内外的地标建筑。阿斯塔那—哈拉和卓墓地的发掘，是新中国重大的考古发现之一，出

大佛寺的大穹顶和楼房

夕阳下的台藏塔遗址

土的大量文书构成了吐鲁番学的基础。它与高昌故城一道，构成了吐鲁番地上和地下文物的宝库。

96. 谁是何家村宝藏的主人

如果有人问，什么样的考古发现能代表大唐的盛世繁华与海纳百川的气象？西安的何家村宝藏肯定是其中之一。

何家村原是西安南郊的一个寂寂无闻的村庄。1970 年 10 月，因为一个意外的发现使它变得赫赫有名。

1970 年 10 月 5 日，陕西省公安厅设在何家村的收容所进行扩建。工人下挖地基挖到近一米深时，发现了一个陶瓮。古都西安在基建时发现文物并不奇怪，这个陶瓮除了体量较大外，也并无特别之处。但打开盖子一看，却发现里面装满了金银器和珠宝，耀眼的珍宝惊呆了在场的人。

就在人们查看陶瓮里的宝物时，工人们在陶瓮的旁边又挖出了一个银罐，里面也装满了金银珠宝。收容所的负责人立即把这个情况报告了陕西省文物管理委员会，文管会派考古人员赶到现场，对周围进行了探查。

10 月 11 日，在陶瓮北侧约一米处又发现一个陶瓮。考古工作者在铲探时，这件陶瓮恰好被打中，发出清脆的声响。在清理后，被探铲击破了一个洞的陶瓮显露出来，里面的文物并没有受损。

两件陶瓮大小相当，看上去毫不起眼，它们高 65 厘米、口径 37.5 厘米、腹径 60 厘米。经过清点、登记，里面的文物共计有金银器皿 271 件，金饰件 13 件，玛瑙器 3 件，玉带 10 副，玉臂钏 2 副，玻璃器 1 件，水晶器 1 件，银铤 60 件，银饼 22 件，银条 8 件，唐之前各朝代钱币 466 枚（其中包括日本钱币"和同开宝"），另外还有宝石及朱砂、石英、琥珀、石乳等。金器总重量 298 两，银器总重量 3900 多两。

自 20 世纪 50 年代以来，西安地区发现的唐代窖藏约 20 处，可是没有一处在数量、种类、品级上能与何家村宝藏相比。何家村宝藏中的金银器代表了唐代金银器制作工艺的最高水平。晶莹剔透的玉石，显示了唐代高超的制玉技术。品类众多的钱币也是空前的发现。带文字的银饼印证了唐代的租庸调制。出土的一些药材是中国医药史上的一次重大发现。文物中还有不少是舶来品。

当人们欣赏这些巧夺天工的精妙文物时，像是看到了唐人精致的生活，也激起了探索这批遗宝背后奥秘的热情。那么何家村遗宝的主人是谁？这些精美的器物来自何方？何时因何故被埋入地下？

当时参加发掘和整理的学者认为，何家村宝藏的时代下限在盛唐晚期，宝藏埋藏的地点位于唐长安城兴化坊中部偏西南。据唐人韦述《两京新记》记载，当时兴化坊西门之北有邠王李守礼的府第。李守礼的父亲是赫赫有名的章怀太子李贤。学者因而推测，宝藏就埋藏在当年的邠王府内。

在宝藏发现两年之后，郭沫若发表了《出土文物二三事》一文，称何家村的宝藏是唐玄宗天宝十五载（756）六月，长安官民因安禄山之乱逃离长安时，邠王李守礼的后人埋藏的。后来的研究者都沿用了此说。

安禄山的叛军从北方直趋长安，皇室、贵族仓皇外逃。在此情况下，邠王府人将众多珍宝埋藏地下。因此有的学者认为这是邠王李守礼的物品，这种推论似乎顺理成章。

1980 年，有研究者对旧说提出质疑，认为遗宝出土位置不在邠王府，埋葬年代也应在唐德宗时期。研究者通过对何家村金银器的装饰花纹进行比较，同时参照有纪年的石刻纹样等资

用来藏宝的陶瓮和银罐

531

陕西西安何家村窖藏中的鎏金鸳鸯纹提梁银罐（左）、鎏金双狐纹双桃形银盘（右）

料，将何家村金银器制作的时代分成四期，认为最晚的第四期约在唐德宗时期。

沉默了数十年后，何家村宝藏重新进入了人们的视野。新的观点被提了出来。一种说法是，唐德宗建中四年（783）泾原兵变爆发之时，租庸使刘震将国库中的珍宝埋藏在他的宅第。这一看法的提出，既考虑到文物中最晚的器物，也与历史事件直接联系，又分析了不同时代、各种材质的遗物集中在一起的可能原因，还引用了一些新的文献史料。

2021 年，由陕西历史博物馆策划的《大唐遗宝——何家村窖藏》，尽可能全面地展示了宝藏的"谜团"和"前世今生"。关于宝藏的主人究竟是谁，书中提出了一种全新的观点：这批珍宝极有可能属于一位隐藏于浩瀚史料中，长期不被人了解的唐代"皇帝"——李承宏（章怀太子李贤之孙，邠王李守礼之子）。

唐广德元年（763），吐蕃王朝的军队趁唐朝内乱短暂攻占了长安，唐代宗李豫出逃，吐蕃立唐宗室广武王李承宏为皇帝。不久，代宗命郭子仪为帅，率军平叛，收复了京师长安。代宗没有怪罪李承宏，将他安置在虢州。李承宏极有可能就是这批大唐遗宝的主人。

由于何家村遗宝器类丰富、来源多样，对他的主人，学术界还有另外诸多说法，有贵族家藏说、钱币收藏家说、道家遗物说、作坊产品说等等，可谓众说纷纭。

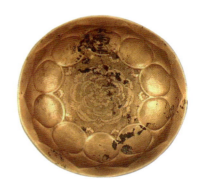

何家村宝藏中的众多器具，显示出了不同文化交流的迹象，像出名的镶金兽首玛瑙杯、鎏金舞马衔杯纹银壶、人物纹八棱金杯、鎏金伎乐纹银杯、于阗玉九环蹀躞带、伎乐纹白玉带、各种宝石等，它们不仅非常华美，也将古代世界种种精妙的艺术呈现于世，真实呈现了一个开放、进取、兼容并蓄、博大精深的大唐。

陕西西安何家村窖藏鸳鸯莲瓣纹金碗

陕西西安何家村窖藏人物纹金杯

陕西西安何家村窖藏鎏金舞马衔杯纹
皮囊式银壶

97.《井真成墓志》背后有什么秘密

　　陕西西安市东郊，也即唐长安城东郊的原野，当年曾经做过墓地。
2004 年春，从这里发现了一方唐代墓志，志主名叫井真成，是开元年间的
日本遣唐使。墓志由西北大学博物馆收藏，它是目前中国发现的最重要的
遣唐使碑刻。

　　墓志带有覆斗形的盖，用青石雕刻，上面篆书"赠尚衣奉御井府君墓
志之铭"十二字。盖下的志石用白石雕刻，楷书碑文共 171 字，因部分有
缺损，现存 163 字，简要讲述了井真成的生平事迹。

　　墓志里说：这是朝廷赠给尚衣奉御井公的墓志，他姓井，字真成，他
的国家名号为"日本"。由于他很有才华，因此被选派到遥远的大唐学习礼
仪。井公孜孜不倦地学习，可惜尚未完成学业，就在开元二十二年（734）

正月逝世于官邸，享年三十六岁。天子为他的早逝而哀伤，下令按尚衣奉御官的待遇安葬。当年二月，他被葬在京师万年县的浐水畔。人生无常，愿他的灵魂回归故乡吧。

《井真成墓志》公布后，在中日学界引起了巨大轰动。由于从历史文献中找不到与井真成有关的记载，所以这方墓志起到了补史的作用。又因为志文中出现了"国号日本"四字，这被认为是最早记录日本国号的实物资料之一。在此之前的中国史书都将日本称作"倭"。

中日学者广泛关注的问题，是井真成的家族出身、入唐时间和身份等问题。这些问题仍存在着争议。

井真成的姓氏包含了他的家族出身。学者们提出的观点主要有六种，即葛井说、井上说、唐名说、九州王朝说、和姓说、情真诚说，以前三种比较令人信服。

葛井说，认为他可能来自日本南河内藤井寺的葛井氏，葛井氏原本叫作白猪氏，这一家族中有不少人都曾出使唐朝（如白猪史阿麻留、白猪史骨）和新罗。葛井氏常有以"某成"为名的，均为与对外关系紧密联系的渡来人，井真成应该是其中之一。

另一种井上说，推测井真成可能出自井上氏，取其首字作为唐姓，而"真成"二字可能是日本名读音的音译，两字的开头读音分别为シ（shi）和セ（se）。以上两种说法都是日本学者主张的。

唐名说是中国学者主张的，认为遣唐使中似乎流行给自己起中国名字的风潮，阿倍仲麻吕给自己起名晁衡便是一个典型例子。

关于井真成的入唐时间、身份及追赠，是学界的又一争论焦点。一些学者认为井真成是随开元五年（717）出发的日本第九批遣唐使团来华的留学生，与阿倍仲麻吕和吉备真备是同一批。更有学者认为，井真成得以追

《井真成墓志》志盖和志石拓本

赠尚衣奉御，其中还有阿倍仲麻吕、吉备真备和日本僧人弁正奔走与游说的功劳。

还有学者推测，井真成的入唐时间是开元二十一年（733），他是随当年的遣唐使来唐朝的请益生。请益生通常是身怀某种专长的人员，死后受到唐朝礼遇也是情理之中，尚衣奉御的官名可能就和井真成本人的专长有所关联。结合当时天皇始着冕服的背景，井真成可能是被派往唐朝学习皇帝的冕服制度。由于公元733年的遣唐使在途中遭遇到风浪，进入长安后又面临饥馑，井真成可能就是在风餐露宿和一路颠簸中病倒，不久客死长安。

《井真成墓志》的发现，真实反映了一千多年前中日友好交往的历史。公元645年，日本实行大化改新，派出大批遣唐使来唐学习唐朝文化。公元630年（唐贞观四年，日本舒明天皇二年），日本第一次向中国派遣以犬上御田锹为首的遣唐使，至公元894年（唐乾宁元年，日本宽平六年）派遣最后一批以菅原道真为首的遣唐使，两百多年间共派出遣唐使十九次。其中有一次是迎接日本遣唐使回国的"迎入唐使"，有三次是为送还唐朝出使日本使臣的"送唐客使"，有三次因各种原因未能成行。

遣唐使的成员组成大致有：（1）行政官员：包括大使、副使、判官、录事。通常选用在学问上有较深造诣或有入唐经历、具有一定汉语水平而且熟悉情况的人担任。（2）职员：包括负责制造、维修、驾驶船只的知乘船事、造师都匠、船师、船匠、舵师、水手长、水手。负责保健和警卫安全的医师、射手。担任翻译和记录工作的译语、新罗译语、奄美译语、史生等。学习唐代文化的画师、玉生、锻生、铸生、细工生、音乐长、主神、阴阳师。

日本派出的遣唐使团，初期规模不大，以后逐步扩大，第一次约为

240—250 人，第三次增至 500 人左右，第九次为 557 人，第十次为 594 人，第十八次增至 651 人。遣唐使团每次分乘四艘船来中国，后来"四只船"便成为当时文学作品中遣唐使的同义语。宇多天皇宽平六年（894），日本菅原道真给天皇上了一道废止遣唐的奏折，悠久的遣唐使历史就此落下帷幕。

日本派至唐朝的使节，主要走三条航路。一条是北路，从难波的三津浦（今大阪三津寺町）出发，沿濑户内海西进，走大津浦（博多，今福冈县福冈市的小部分）、壹岐、对马、朝鲜一线，顺着朝鲜半岛的海岸北上，或从辽东半岛的西端航行，至山东半岛的登州登陆。之后，陆路经莱州、青州、兖州、汴州、洛阳，到达长安。早期的遣唐使几乎走的全是北路，归路也是北路。这条航路最长，所费时日最多，但是最安全。

南路是后期的遣唐使多走的路线：从博多出发至平户或五岛列岛暂泊，等待顺风，然后横渡东海，在长江口或杭州湾附近登陆，经明州或杭州，然后经苏州、扬州、楚州、汴州、洛阳，抵达长安。南路由于是直线横越大洋，陆路部分也比北路好走，因此所费时日最短，但也最危险。

南岛路从博多出发，沿九州西岸南下行经萨摩、种子岛、屋久岛、奄美大岛后横越东海，后面的路线基本上与南路相同。这条路也有很大的危险性，而且从九州南下至众多小岛的时间也很长。

遣唐使作为古代中日两国友好交往的使者，不畏艰险，完成了其特殊的历史使命。唐代先进的文化及科技被引入日本，对日本科技和文化的发展起到了巨大作用。现存于日本奈良正仓院的数千件珍贵文物，就是当年遣唐使携回的输入品或日本工匠的仿制品。除此以外，日本藤原京、平城京、平安京都仿照隋唐长安城的形制和布局进行营建。

日本遣唐使为促进中国文化东渐做出了突出贡献。日本留学生吉备真

日本奈良正仓院藏银平脱漆胡瓶

日本奈良正仓院藏螺钿紫檀五弦琵琶

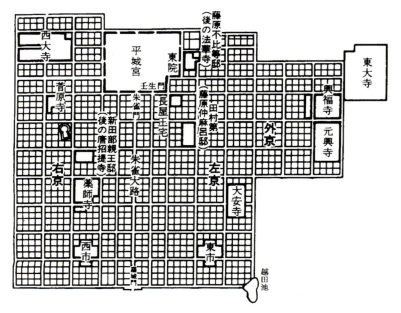

日本平城京平面图

备、阿倍仲麻吕、良岑长松、藤原贞敏，学问僧空海，东渡入日本的僧人鉴真等，将唐代的语言文字、书法、音乐、佛教等传入日本。随着佛教各宗传入日本，日本的佛教建筑和佛教艺术得到了进一步发展。六世纪末的法隆寺，八世纪在奈良建造的东大寺、大安寺、唐招提寺等，在建筑、雕刻、绘画、工艺等方面都有着很高的水平。

在《全唐诗》中，保存了许多咏吟中日友好往来的诗篇。著名的阿倍仲麻吕在长安留学期间，取名晁衡，与李白、王维等结下了深厚友谊。他在归国时写了《衔命还国作》一诗：

衔命将辞国，非才忝侍臣。

天中恋明主，海外忆慈亲。

伏奏违金阙，骖骖去玉津。

蓬莱乡路远，若木故园林。

西望怀恩日，东归感义辰。

平生一宝剑，留赠结交人。

晁衡从明州（今浙江宁波）出发回国，海上遇风浪漂至越南。李白误以为其沉船遇难，写下《哭晁卿衡》：

日本晁卿辞帝都，

征帆一片绕蓬壶。

明月不归沉碧海，

白云愁色满苍梧。

字里行间满含深情厚谊，成为传颂千年的记录中日友谊的名作。

98. 为什么唐俑里会有胡人

唐代胡风盛行，白居易的好友诗人元稹的《法曲》里，有过描述：

自从胡骑起烟尘，毛毳腥膻满咸洛。

女为胡妇学胡妆，伎进胡音务胡乐。

《火凤》声沉多咽绝，《春莺啭》罢长萧索。

胡音胡骑与胡妆，五十年来竞纷泊。

　　《火凤》是贞观年间名扬京师的疏勒（今新疆喀什）琵琶名家裴神符（疏勒王族，汉姓裴）创作的琵琶名曲《火凤》曲（又名《舞鹤盐》）。《春莺啭》是唐高宗时出身龟兹王族的白明达创作的琵琶曲。唐代诗人张祜《春莺啭》中写道："内人已唱《春莺啭》，花下偬偬软舞来。"这些琵琶曲都有配舞（软舞）。

　　唐代十部乐里，大多数是源自西域的胡乐。与这些乐曲相伴随的是胡人乐师和乐器（琵琶、筚篥等），以及擅长胡舞的胡人乐舞伎。唐代的琵琶名手都出自西域。

　　唐代的"胡"，是相对于"汉"的另一族群，主要指出身中亚粟特地区、说东伊朗语的人群，这一族群在唐代以前就以"九姓胡"著称。史书里描述他们"深目，高鼻，多须髯"，具有高加索人种的体质特征。

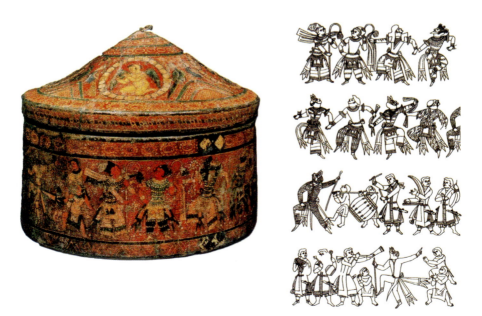

新疆库车苏巴什遗址发现的舍利盒及盒上所绘龟兹乐舞图像

他们是被丝绸之路吸引到中国来的。

民国时期，就有唐代的胡人形象俑被挖掘出来，流散到民间和国外。美国西雅图艺术馆就收藏有一件胡人抱皮囊三彩俑。

唐代的胡人俑出土众多，主要出自墓葬中，是随葬墓俑中一个很特殊的类别。随葬胡人俑的墓葬，在地域分布上，集中在唐两京（长安、洛阳）所在的今天的陕西省、河南省，说明当时的两京地区最流

美国西雅图艺术馆藏胡人抱皮囊三彩俑

行胡人俑。胡人俑流行的时间是盛唐时期，"安史之乱"后，胡人俑在墓葬中急遽减少直至消失。

当时的工匠们把胡人俑雕塑成不同的形象，从侍从、乐舞伎、百戏（杂技）艺人、商旅，到文武官吏、驼夫、马夫等，应有尽有，胡人的面谱甚至还出现在墓葬神煞——镇墓兽的面孔上。多样的题材，折射出胡人在唐朝的社会身份和生活情状。

胡骑俑，塑造的是骑马胡人的形象。有的胡人用巾（幞头）裹头，有的袒肩，在马上姿势各异。他们可能是官宦家里的仆从。

洛阳出土的三彩俑中，流行一种胡人牵骆驼或马的造型，表现的是胡人驼夫和马夫形象。洛阳还出土过一件胡人商旅俑，表现一位背负行囊、手持胡瓶的胡人，在丝绸之路上跋涉的形象。

胡姬俑，这是从女俑中识别出来的。这种俑的面目看上去不似华夏族

甘肃敦煌佛爷庙墓地出土的胡人驼商画像砖

河南洛阳唐三彩中的胡人牵驼俑和牵马俑

的形象。李太白诗句"胡姬貌如花，当垆笑春风"中的胡姬，大约就是指这种出身"九姓胡"族的女孩子。唐代禁止买卖人口，但允许从西域贩买。在高昌城中就有过一个人口买卖市场。阿斯塔那—哈拉和卓墓地曾出土一套买卖胡女的通关公文和契约，反映了当年胡姬输入京师的情形。

胡人百戏俑

洛阳出土的胡人商旅俑　　　　　　　　　　　　　　　　胡人拳击俑

在唐代胡人俑中，还有一组胡人拳击俑和胡人百戏俑。两位做拳击姿势的胡人，卷发，似乎是两个黑人。百戏俑表现的是叠罗汉场面，最下方的是一位胡人。

最出名的骆驼载乐俑，表现的是一个表演中的胡人小乐队。他们的舞台是驼背，站立在中央的穿绿袍、戴幞头的胡人，作演唱的姿势。四位乐手演奏着琵琶、筚篥、鼓等乐器。当年长安城的西市，可能经常看到这样的胡人小乐队的演出。

京师的居民们也许见惯了各种各样的胡人，以至于工匠们在创作时，要把这些胡人的形象塑造成俑吧。这是盛唐胡风的一个景观。

99. 交河城是怎样建成的

走在交河故城的废墟中，情不自禁地会想起唐朝李颀的《古从军行》：

白日登山望烽火，

黄昏饮马傍交河。

行人刁斗风沙暗，

公主琵琶幽怨多。

这个以边塞诗著称的诗人，一生中却没有来过交河城。

在交河故城，除了可以感受西域古城的悠久历史，还可以阅读到一部建筑史书。

这座古城就像一尊巨型的雕塑，是西域大地上的一件雄奇的作品。它被雕塑在一座深切的大陆之岛上，而这座岛又是被天山的雪水雕刻出来的。交河故城与高昌故城，西域大地的这两座明星级古城，在丝绸之路上熠熠生辉。

交河故城甚至比高昌故城更有风情和特色。

交河故城位于新疆吐鲁番市西 10 公里的雅尔乃孜沟，是中国乃至世界上保存最好、存在时间最长的大型生土结构的古代建筑群。它是第一批被列为全国重点文物保护单位的古迹之一，也是世界文化遗产"丝绸之路：长安—天山廊道的路网"沿线古迹之一。

交河的名称，最早出现在西汉王朝的史书上。《汉书·西域传》记载，这座城市是当时居住在吐鲁番盆地的车师人的王城。"河水分流绕城下，故号交河"，这分明是汉人的称呼，至于车师人怎么称呼，现在已不得而知了。

交河城时时出现在史书和诗词中。公元 450 年，北凉王朝的沮渠安周攻破交河，车师前国覆灭，交河成为东邻高昌的一部分。随后麴氏高昌王国在这里设立了交河郡。唐初平定高昌后设置的安西都护府，一度驻扎在

鸟瞰交河故城

这座城市里。在唐代，它还是交河郡的郡城。与高昌城的命运一样，在元代蒙古帝国西北宗王的叛乱中，交河城被毁灭了。

交河城最初可能创建于西汉初年甚至更早的公元前3世纪。当初，车师部落迁入吐鲁番盆地，选择了这块孤岛式的台地，开始建造他们的王城。南北向狭长的台地，四周被天山融水侵蚀出的深谷环绕着。这些深谷像天堑一样护卫着城市。

交河故城北郊的沟北墓地以及墓地出土的文物

　　现在已经无法知道，最初的城市建设是从哪里开始的。现存的故城，主要是高昌回鹘汗国时期的遗迹，分布在南北长约 1760 米、东西最宽处约 300 米的范围内，遗址的总面积达到 43 万平方米。像罗马城一样，交河城也不是一天建成的。

　　清光绪末年，俄、德、英探险家开始探察故城。英国考古探险家斯坦因测绘了第一幅交河故城简图，挖掘了一小区住宅。1928—1930 年间，黄文弼教授考察了交河故城，绘制了故城的平面图，并发掘了故城西郊台地的墓地（沟西墓地）。

　　1956 年 8 月，新疆首届考古专业人员训练班的师生，对交河故城进行了考古发掘，清理了寺院遗址和一批墓葬。在此后的时间里，对故城的调查、发掘、测绘一直持续着。

交河故城废墟

　　为了保护这一人类文化遗产的瑰宝，1993—1994 年，联合国教科文组织实施了对交河故城的保护项目。期间也发掘了故城内的西北佛寺、位于台地北端的地下佛寺，并发掘了故城北面的沟北台地墓地。1994—1995年，故城西面的沟西墓地也得到调查、测绘和发掘。

　　这些交河居民的墓地存在了很长的时间。其中，分布在故城北郊台地的沟北墓地中，可能有战国末年至汉代的车师王墓葬。沟西墓地的年代则从汉代延续到了唐代。

　　北郊的河谷断崖上，还保存了一些佛教石窟，被称作雅尔崖石窟遗址。

　　城市的设计因地制宜，处处体现出匠心和技巧。根据台地的地形设计的中央大道也是城市的中轴，大道连接了几条东西向的街道，形成了城市的道路网。

　　台地南部的城门是主城门，是瓮城形制。东西主街连接着东城门，它通向台地东侧的河谷，可能是为了方便取水以及耕种城东的农田。按说城西也应该设一座城门，但是没有发现。台地北端有一条隐秘的暗道通向河谷，不知是何时挖的。

尽管还不能厘清每个时期城市的布局和发展情况，但是目前的考古学研究也已能大体确认主要建筑——寺院、衙署、民舍的分布。作为城市行政中心的衙署区，位于中央大道、东西大道和东崖之间，形成了一个相对封闭的区域。数目众多的佛寺和佛塔，分布于城内北部和西部。

城内分布着众多的伽蓝。值得称道的有大佛寺、塔林，以及被称作西北小寺和东北小寺的两座寺院。大佛寺建在中央大道北端。它坐北朝南，有着高耸的围墙和大庭院。庭院中曾建有钟鼓楼，庭院北面是大佛殿。

另一处了不起的佛教建筑，是建在台地北部的塔林。它由一百零一座金刚宝座式塔组成，中央是一座大塔，从它的四角各延伸出二十五座小塔。

说交河故城是一座生土雕塑成的城市，是指它建筑在生土台地上，整

交河故城的中央大道

交河故城的衙署遗迹

交河故城的大佛寺遗迹

个城市基本上是用"减地留墙"的技术，从台地表面向下挖凿出来的。它的墙体大部分是生土墙，走在它的街巷中，能真切地感受到"幽深"的况味。

100. 泉州湾宋代沉船中发现了什么

1973 年 8 月，泉州湾后渚港的海滩，惊现一艘埋藏在泥沙中的沉船。考古人员经过调查和试掘，确认这是一艘年代久远的古船。在制定了周密的发掘和保护计划后，沉船于翌年 8 月被发掘出土。这艘船后来被称作泉州湾宋代沉船。

沉船深陷在海泥中，这也是它得以保存至今的原因。沉船的西面隔着海滩，海滩上是渔村后渚村，东面和北面海滩的尽头是港湾。这个古老海湾里发生的沧海桑田之变，由于这艘沉船的发现而呈现出来。

考古发掘显示了沉船的状态：保存下来的是甲板以下的船体部分，船身残长 24.2 米，残宽 9.15 米。这是一艘尖底船，有十三间隔舱，每舱都采取了水密设施。沉没时船体没有倾斜。第一、第六舱保存了桅杆座，船头保存了艏柱，船尾保存了舵承座。

船的龙骨是用两段松木连接成的。船壳用杉木、樟木制作，隔舱板采用了耐水性好的樟木。水密舱是中国古代造船技术的重要发明，这种技术在这艘古船里得到了运用。

除了船体，船舱里出土了各种各样的遗物。有船上使用的各种工具，船上装载的香料和药物，写有字的木牌和木签，还有各种生活用品，包括陶瓷器、铜钱、铜器、木器、编制物、皮革制品、装饰品、象棋子和印本

福建泉州后渚港出土的宋代沉船

书页，另外还有椰子壳，橄榄、荔枝、杨梅、桃、李、杏的果核，猪、羊、狗、鱼、鼠、鸟的骨骸。这真像是一个博物馆。

香料有多个品种，数量最大的是不易腐烂的降真香木，还剩余4700斤。此外是胡椒、檀香、名贵的乳香和龙涎香等。

木牌和木签有96件，上面墨书了一些地名、人名、货名、店铺号。显然，这是船载商货的标签之类。

通过对几种具有考古年代学特征的遗物的分析，尤其是根据两枚南宋度宗咸淳年间发行的咸淳元宝铜钱，这艘沉船的沉没年代，被推定在咸淳七年（1271）之后的某一年。这时的南宋王朝气数将尽，几年之后就覆灭了。

令人迷惑的是，这艘船是怎么沉没的呢？

福建泉州湾宋代沉船出土的象棋子

福建泉州湾宋代沉船出土的香料

　　由于海港的沉积作用，地形发生了巨大的变化。如何确认这艘沉船当年是搁浅在港湾里，还是遭遇了突发灾难而沉没呢？

　　循着沉船探察，考古队在沉船北面百余米处的港道底部，发掘出了用花岗岩石板建筑的古码头遗址。从建筑方法和出土的宋代瓷片与钱币上，码头被推定为宋代的遗址。这意味着这艘沉船在驶近海港的码头之时，由于某种原因而沉没了。

究竟发生了什么呢？

显然，这不是考古学一个学科所能够解答的，需要多学科的介入才能知其端倪。

沉积学家试图从埋藏沉船的地层中找到答案。问题的关键是确定船舶沉没时的海底和海水深度。

船体上方淤积了厚二米多的泥沙，分为三层，代表着船舶沉没后发生的地质过程。泥沙里面主要包含物的陶瓷片，提供了分析地层年代的依据，由此这三层沉积从上到下分别被推定为近现代、明清时期和宋元时期。

船底下方是带牡蛎壳的海泥层，意味着这是当时的海湾水底。这是潮间带低潮线的潮下带水底，经过测算，当时船沉没地点的水深有 7 米多。这样的水深，能否支持这艘满载时吃水线达 3 米的大海船停泊呢？

由于越靠近码头水越浅，船员通常将大船停泊在外港或码头附近水较深的潮下带，然后用小舶分运船货。这种情形在较早时候的一些港口都能看到。

一种流行的猜想是，这艘返航的海船在停泊后，先是被拆毁了，而后沉没在当地。这就是所谓的战乱沉没说。有人进一步猜测，这场事件发生在公元 1277 年（景炎二年）。那年的秋天，号称宋末三杰的大臣张世杰围困了泉州城的蒲寿庚。当时，出身"蕃客"的蒲寿庚已投降元朝。因为元军主帅唆都驰援泉州，张世杰撤兵了。有人甚至绘声绘色地说，兵荒马乱之时，一些士兵洗劫了这艘满载货物的商船，然后把它凿沉了。

关于沉没时间和沉没原因，以上仅仅是一个猜想。为什么一艘已经驶进母港的商船会沉没呢？我们知道著名的瑞典东印度公司商船"哥德堡号"，就是在公元 1775 年从广州返航驶入母港哥德堡湾后沉没的，据说是因为逃避纳税，冒险在深夜进港时触礁沉没，海难过后也没有打捞船上的货物。

泉州湾商船的航线是个有趣的问题。它装载的香料，证明它是当年海上丝绸之路上返航中国的商船。古代中国一直从海上大批量运送东南亚、南亚、西亚、东非等地的香料，这条海上商贸之路因此又被称作"香料之路"。

对出土香料的鉴定也证明了这一点。乳香产自索马里，而降真香木为印度黄檀。出土的贝壳产自海南岛以南的海域，这说明当年海船返航经过了那里，船上的水手顺带采集了贝壳把玩。

有意思的是，通过对沉船船底上附着的船蛆贝壳和面盘幼虫的检测，证明船沉没的时间是6—9月的夏秋时节。这个时节正是海上丝绸之路上的商舶回航中国之时。

当年在海滩发掘古沉船，还遭遇了考古发掘技术和文物保护的难题。沉船深陷在泥沙中，在发掘季节还受到每日潮汐的影响。巨量的有机质遗物，从提取到保存都面临挑战。今日再读当年的发掘报告，我们对那些考古前辈充满了敬意。